KB217577

고려대 디지털인문융합연구원 디지털인문학총서 01

디지털 휴머니티즈가
개척하는 인문학

한일 연구자의 대화

고려대 D-HUSS사업단·국제일본문화연구센터 편

보고사
BOGOSA

서문

　본서 『디지털 휴머니티즈가 개척하는 인문학』은 고려대학교 문과대학과 국제일본문화연구센터(国際日本文化研究センター, 일문연)의 지속적인 학술교류의 결과물이자 급변하고 있는 사회적, 기술적, 학문적 환경 속에서 두 기관이 디지털시대 인문학의 새로운 가능성을 탐색하고자 하는 의지의 결과물이기도 하다.

　원래 고려대 글로벌일본연구원은 일문연과 오랜 기간 학술교류 및 인적 교류를 쌓아왔으며, 최근에는 2024년 2월 일문연이 오랜 기간 기획하여 간행한 '일문연 대중문화연구총서(日文研大衆文化研究叢書)' 시리즈 전5권을 글로벌일본연구원에서 한국어로 완역하여 출판하였다. 이를 기념하여 고려대에서 한국의 일반시민과 젊은 학생들을 대상으로 주요 필자를 중심으로 한 일문연 교수 4분의 일본대중문화 시민강좌를 개최하기도 하였다. 그러나 이 책은 한국의 일본연구기관과 일문연의 협업이 아니라 고려대학교 인문학 분야 연구자와 일문연의 학술교류라는 점에서 그 의의가 결코 적지 않은데, 그 경위를 살펴보면 다음과 같다.

　신형코로나 감염증의 위세가 꺾이고 국제적인 이동이 다시 제자리를 찾아가던 2023년 1월 말에 고려대 문과대학의 학장으로서 소속 교수 및 대학원들과 더불어 학술공동세미나를 위해 일문연을 방문하였다. 그 과정에서 일문연과 문과대학의 학술교류협정을 제안하게 되었고 당해 3월에 정식으로 두 기관 사이의 학술교류 협정을 맺게 되었는데, 한국 내 일본연구기관이 아닌 14개의 학과와 20개의 연구소로 구성된 문과대학이 일문연과 폭넓은 학술교류협정을 체결하였다는 면에서 그 의미가 있었다. 그러는 중에 동년 6월에 한국의 교육부에서 실시하는 인문사회 융합인재양성사업(HUSS)에 문과대학이 '디지털 사회의 규범과 가치' 분야의 주관대학으로 선정되었다. 이 사업단의 책임자를 맡으면서 마침 본교의 아시아문제연구원에서 열린 연구서 번역 기념강연회로 방문하였던 마쓰다 도시히코(松田利彦) 부소장과 '디지털 휴머니티즈'를 테마로 한 실제적인 학술교류에 대한 의논의 자리를 가졌다. 일문연과 더불어 일본의 6개 국가연구기관으로 구성된 인간문화연구기구(人間文化研究機構)에서도 '디지털인문학 추진실'을 만들어 디지털과 인문과학을 결합한 다양한 형태의 연구·교육 사업을 실시하고 있었기 때문에 이 분야의 교류협력은 그렇게 어렵지 않게 추진될 수 있었다.

그래서 2024년 2월에 일문연과 본교 문과대학의 디지털 융합인재 양성사업단이 중심이 되어 「디지털 휴머니티즈와 데이터베이스로 보는 인문학의 세계(デジタルヒューマニティーズとデータベースから見る人文学の世界)」라는 테마로 고려대학교에서 제1회 국제학술심포지엄이 개최되었다. 그리고 곧바로 동년 7월 말에 역시 「인문지와 정보지의 접합─디지털 휴머니티즈의 가능성과 과제(人文知と情報知の接合─デジタル・ヒューマニティーズの可能性と課題)」를 테마로 하여 교토 일문연에서 국제심포지엄이 열렸다. 3일에 걸쳐 사업단 참여 학생들과 젊은 연구자들의 공동발표, 시민강좌 등도 함께 개최된 성대한 학술대회였다. 『디

지털 휴머니티즈가 개척하는 인문학』은 서울과 교토를 왕복하며 이루어진 이러한 두 번에 걸친 국제학술대회의 성과이며, 일본 내에서도 같은 제목으로 고요서방(晃洋書房)에서 간행되는데 디지털 인문학의 한일 동시출판이라는 점에서도 그 의의가 적지 않다고 할 수 있다.

디지털 인문학은 많은 연구자가 지적하고 있듯이 하나의 카테고리로 정의되지 않은 다양한 분야를 포괄하는 개념이다. 그러나 이 분야가 디지털 기술과 인문학 분야를 융합하여 디지털 환경 속에서 새로운 방식의 인문학적 지식을 생산한다는 점에서는 크게 이의가 없을 듯하다. 우리가 대학에서 교육하고 연구하는 종래의 인문학은 근대적 학문이 도입되면서 문학, 역사학, 철학, 사상, 언어학 등 개별 분과학문이 제도화하여 발전된 영역이다. 그렇기 때문에 초기에는 각국에서 근대국민국가가 요청하는 다양한 지식과 이데올로기를 생산하였으며 20세기 이후에도 각 시기의 주요한 시대적 과제와 다양한 문제의식을 반영하면서 인문학의 전성기를 구가하기도 하였다. 이제 바야흐로 ICT시대를 지나 AI를 중심으로 하는 4차산업혁명의 시대, 일본에서 자주 언급되는 이른바 소사이어티(Society) 5.0 시대에 돌입하고 있다.

디지털 기술의 비약적 발전이라는 환경은 이러한 기술을 인문예술 분야에서 그 활용 가능성을 증대시킬 뿐만 아니라, 인문학적 지식을 생산하고 확산하며 이를 활용하는 기반을 근본적으로 변화시키고 있다. 전통적으로 종이 위의 문자로 구현되었던 인문학적 지식과 문화예술의 표현들은 각 나라에서 데이터베이스나 디지털아카이브 등 디지털 형태로 재구성되고 있다. 그리고 인터넷이나 뉴미디어 등을 비롯하여 새로운 디지털 환경 속에서 무수한 콘텐츠가 엄청난 규모로 만들어지고 있다. 따라서 디지털 인문학은 종래의 인문학과 대척점에 위치하거나 전통적인 인문학이 내포하는 문제의식을 약화시키는 것이 아니라, 오히려 기존 학문영역의 분단을 뛰어넘어 이를 소통시키고 융합하여 새로운 인문지식의 확장을 가져올 것이다. 이것이 우리가 디지털 인문학을 진지하게 마주해야 하는 커다란 이유이기도 하다.

　이 책이 나오기까지 한분 한분 다 열거하지는 못하지만 두 번의 국제심포지엄에서 연구발표를 하고 옥고를 보내주신 필자 선생님은 물론 심포지엄의 토론과 사회를 맡아주신 여러 선생님께 다대한 은혜를 입고 있다. 더구나 한국어 원고를 일본어로 정성껏 번역해주신 홍익대학교의 나카무라 시즈요(中村靜代) 선생님, 성신여자대학교의 네고로 유키(根来ゆき) 선생님, 고려대학교의 소리마치 마스미(反町真寿美) 선생님께도 감사의 말씀을 드리고 싶다. 무엇보다도 일문연과 본교 문과대학의 학술교류협정에 많은 배려를 해주신 일문연의 이노우에 쇼이치(井上章一) 소장님, 저와 더불어 국제심포지엄과 연구서 출판을 함께 논의하고 기획해주신 마쓰다 도시히코 부소장님께는 고려대 측을 대표하여 특별히 감사의 말씀을 드리는 바이다. 또한 심포지엄의 통역과 번역 과정 등 전반의 업무를 담당한 고려대의 양성윤 선생님과 일문연의 사사키 아야코(佐々木彩子) 씨, 마지막으로 두 번에 걸친 국제심포지엄을 후원해 준 일본의 인간문화연구기구와 한국 교육부, 한국연구재단, 고려대 디지털 융합인재양성사업단 모든 구성원에게도 이 자리를 빌려 감사의 뜻을 표하고 싶다.

2025년 2월
고려대학교 디지털 융합인재양성 사업단
단장 정병호

목차

제1부

디지털 기술은
인문학을 구원할까?

제1장

문학 연구의 시각에서 본 디지털 인문학의 지향점

김준연

1. 시작하며

　최근 사회 전반에 걸쳐 일어나는 급격한 디지털 전환은 인문학 분야에도 지대한 영향을 미치고 있다. 과거에는 불가능했던 방대한 양의 정보에 대한 접근, 새로운 연구 도구의 활용, 다양한 학문 분야 간 협업 기회의 증가 등의 긍정적 변화도 있지만, 한편으로 인문학의 가치와 방법론에 대한 근본적인 질문이 제기되기도 한다. 이와 같은 새로운 양상은 인문학의 중핵을 이루는 문학 연구에서도 쉽게 찾아볼 수 있다. 텍스트 마이닝이나 네트워크 분석 등 종전에는 문학 연구에 흔치 않았던 낯선 방법론들이 속속 도입되면서 문학 연구자가 전산학 또는 데이터과학 연구자와 공동으로 수행한 연구 결과도 심심치 않게 접하게 되었다. 이런 의미에서 디지털 전환은 문학을 위시한 인문학 연구의 새로운 방향성 모색이라는 화두를 던지고 있다고 여겨진다.

　이와 관련하여 필자가 소속된 고려대학교 문과대학은 이러한 추세에 발빠르게 대응한 사례라고 할 만하다. 2021년 9월 디지털 전환의 시대를 맞아 문과대에서 학생들에게 무엇을 가르쳐야 할 것인가를 주제로 포럼을 개최했던 것이 일례다. 이 포럼에서 문과대 신입생들의 교양필수 과목으로 디지털 인문학을 도입하자는 쪽으로 참석자들의 공감대가 형성되었다. 고려대 소속 여러 단과대학 중 보수적인 성향이 강하다고 알려진 문과대로서는 획기적인 시도였다. 필자는 포럼 후에 설치된 디지털 인문학 교육위원회의 일원으로서 2022년 1학기에 새롭게 개설할 〈디지털인문학 입문〉 교과목 설계 책임을 맡았다. 또한 2022년 8월에 문과대 디지털 인문학 교육과 연구를 총괄할 기구로 디지털인문센터가 설립되면서 센터도 이끌게 되었다. 이와 같이 숨가쁘게 진행된 디지털 인문학 관련 업무를 통해 필자는 디지털 인문학의 의미에 대해 숙고해보는 기회를 가질 수 있었다.

  필자는 2023년 2월 디지털 인문학 경진대회 입상자들을 인솔해 미국의 컬럼비아대, 예일대, 뉴욕대, 펜실베니아대 등 유수의 대학들을 방문해 디지털 인문학 교육 현황을 둘러보았다. 우리보다 10년 이상 앞서 디지털 인문학 교육과 연구에 많은 투자를 하고 있는 모습에서 우리의 당면과제를 점검할 수 있는 좋은 기회였다. 그 첫 번째 과제는 디지털 인문학이 도대체 무엇이냐는 것이었다. 이미 문과대 신입생들이 〈디지털인문학 입문〉을 수강하고 있는 상황에서 이러한 질문을 제기한다는 것 자체가 부실한 준비 과정을 자인하는 일일 지도 모른다. 그러나 언제나 근본적인 질문을 제기하는 것이 인문학의 본질이라고 한다면, 그리 부끄러운 모습이 아닐 수도 있다. 필자가 디지털 인문학의 개념에 대해 자신만의 확고한 생각을 정리할 때까지 잠정적으로 미국 노스이스턴대 사학과 대니얼 코언(Daniel K. Cohen) 교수의 정의를 차용하고자 한다. "디지털 인문학은 인문학에서의 사고(thought)

와 실천(practice) 전 영역을 향상시키고자 하는 디지털 미디어와 기술의 사용이다."[1]

필자는 최근까지 디지털 인문학을 교육하거나 연구하고 있다는 생각을 해본 적이 거의 없다. 그러나 자의 반 타의 반 디지털 인문학에 깊숙이 발을 들여놓고 있는 현 시점에서 과거의 연구 결과물들을 돌이켜 보면, 디지털 인문학의 방법론과 암합(暗合)되는 것들이 적지 않다는 사실을 발견하게 된다. 그것을 두 개의 핵심어를 동원해 표현하자면 '데이터'와 '시각화'가 될 듯하다. 이 글에서 논하고자 하는 문제의 출발점이 또한 여기에 있다. 인문학 또는 문학 연구에서 '데이터'와 '시각화'가 어떤 중요한 의미를 가질 수 있는 개념인가? 아니면 (인)문학자가 직관적으로 파악할 수 있는 내용을 그럴 듯하게 포장하는 장식물에 불과한 것인가? 그래서 이 글에서는 디지털 인문학의 후발주자로서 문학 연구 분야에서 필자가 수행한 연구를 중심으로 그것의 의미를 되새겨보고자 한다. 이 과정에서 디지털 인문학의 지향점에 대한 필자의 생각도 펼쳐볼 것이다. 이러한 논의가 디지털 인문학에 대한 이해를 심화시키는 데 일조하기를 기대한다.

2. 멀리서 읽기

문학 분야의 디지털 인문학 연구에서 빠짐없이 거론되는 인물로 프랑코 모레티(Franco Moretti)를 들 수 있다. 이는 그가 문학 연구에서

---

1) 출처: https://www.youtube.com/watch?v=Xu6Z1SoEZcc(검색일: 2025.1.7.)

제안한 '멀리서 읽기(distant reading)'가 디지털 인문학적 방법론의 목표와 부합하는 측면이 많기 때문일 것이다. 이 '멀리서 읽기'라는 표현은 모레티가 2000년에 발표한 논문 〈세계문학에 대한 견해〉에 보인다.

> 미국은 가까이서 읽기(close reading)의 나라이기 때문에 이 아이디어가 특별히 인기가 있을 거라고 생각하지 않는다. 그러나 가까이서 읽기의 문제는 필연적으로 극히 소수의 정전(canon)에 의존하게 된다는 것이다. 우리는 텍스트를 읽는 방법을 알고 있으니 이제 텍스트를 읽지 않는 방법을 배워 보자. 멀리서 읽기. 다시 한 번 말하지만 거리는 지식의 조건이다.[2]

이른바 '가까이서 읽기'란 단어, 문장, 구조 등 텍스트의 세밀한 요소와 시대적 배경 등의 맥락을 두루 고려하면서 텍스트를 깊이 있게 이해하고자 하는 독서 방식을 가리킨다. 이러한 방식은 텍스트의 내재적 구조와 의미에 초점을 맞춘 신비평의 발흥 이후로 문학 교육과 연구에서 크게 유행했다. 텍스트를 꼼꼼하게 읽고 다양한 해석 가능성을 탐색하자는 데 이의를 제기할 문학 연구자는 거의 없을 것이기 때문이다.

그러나 모레티의 지적처럼 '가까이서 읽기'는 소수의 정전(正典) 위주로 문학 텍스트에 접근해야 한다는 근본적 결함도 안고 있다. 해마다 어마어마한 분량의 문학 텍스트가 새로 출판되는 까닭에 이를 모두

---

[2] Franco Moretti, Conjectures on World Literature, *New Left Review*, Jan-Feb 2000, p.57.

'가까이서 읽기'란 불가능에 가깝기 때문이다. 이와 관련해 모레티가 〈문학의 도살장〉이라는 글에서 제기한 문제를 살펴보자.

> "세계의 역사는 세계의 도살장이다"라는 헤겔의 유명한 경구가 있다. 이는 문학에 관한 것이기도 하다. 대다수의 책들은 영원히 사라졌다. 그리고 '대다수'라는 말은 실제 핵심을 놓친 것이다. 만일 우리가 오늘날 19세기 영국 소설의 정전을 200권 정도로 정한다면, 그것은 여전히 출판된 전체 소설 중의 약 0.5퍼센트에 불과할 것이다.[3]

모레티는 정전 목록에 포함되지 못해 우리의 시야에서 사라진 99.5퍼센트의 책을 찾아 읽는 것이 이 문제의 근본적인 해결책이 될 수 없다는 사실로부터 출발해 '멀리서 읽기'-더 도발적인 표현에 따르면 '읽지 않기'-를 그 대안으로 제시했다. 그러나 이 '멀리서 읽기'는 '가까이서 읽기'에 익숙한 이들로부터 날선 비판을 받았다. 이를테면 조너선 애럭(Jonathan Arac)이 〈세계문학에 대한 견해〉를 '가까이서 읽기 없는 형식주의'라고 일축한 것이 그러하다.[4] 모레티가 이에 대한 대응으로 내세운 개념이 '양적 형식주의(Quantitative Formalism)'였다.

> 이 글의 제목은 '양적 형식주의'이다. '형식주의'는 우리 모두가 어떤 식으로든 장르의 형식적 관습에 관심이 있었기 때문이다. '양적'은 우리가 (장르 간의) 일반적인 차이를 확립하기 위해 보다 정확한-이상적이고 측정 가능한-방법을 찾고 있었기 때문이다.[5]

---

3) 프랑코 모레티, 김용규 역, 『멀리서 읽기』, 현암사, 2021, p.101.
4) 위의 책, p.99.

인용한 내용은 모레티가 주축이 되어 설립한 스탠포드 대학 문학
랩(Literary Lab)의 첫 번째 팸플릿에서 발췌한 것이다. 모레티는 '멀리
서 읽기'의 구체적 방법 가운데 하나로 '양적 형식주의'를 제안했다.
측정 가능한 '양적' 방법으로 텍스트 너머의 장르적 관습, 즉 '형식'을
살펴 문학사의 관점에서 텍스트보다 거대한 실체에 접근해보자는 것
이다. 이는 그가 사회사 연구에서 나타난 아날(Annales) 학파의 양적
방법론과 러시아 형식주의에 대한 관심이 한데 어우러진 결과로 볼
수 있다.[6]

'양적 형식주의'라는 개념적 표현보다 모레티의 '멀리서 읽기'를 더
인상적으로 보여준 것이 2005년에 출간한 『그래프, 지도, 나무』라는
책이다. 이 책의 서문 가운데 일부를 읽어보자.

> 이 해묵은 영토 안에는 새로운 연구 대상이 있는데, 그 대상은 구체적
> 이고 개별적인 작품들이 아닌, 세 개의 인위적인 구조물, 즉 그래프,
> 지도, 나무가 그것이다. 이 구조물 속에서 텍스트의 실재는 의도적으로
> 환원과 추상화의 과정을 거친다. 일전에 나는 이런 식의 접근을 '멀리서
> 읽기'라고 한 적이 있다. 그러나 이때의 거리는 장벽이 아닌, 특정한
> 연구 형식으로 작용한다. 보다 적은 구성 요소로, 따라서 좀 더 선명하
> 게 형태, 관계, 구조, 형식, 모델 간의 상호연결성을 조망할 수 있다.[7]

---

5) Sarah Allison et. al, Literary Lab Pamphlet1, Quantitative Formalism: an Experiment,
   2011, p.6.
6) 김지선, 「멀리서 읽기와 디지털 인문학」, 『한국근대문학연구』 24, 한국근대문학회,
   2023, p.50.
7) 프랑코 모레티, 이재연 역, 『그래프, 지도, 나무: 문학사를 위한 추상적 모델』, 문학동
   네, 2020, p.7.

모레티는 여기에서 '멀리서 읽기'의 개념을 자세히 소개한다. '멀리서 읽기'는 '가까이서 읽기'와 달리 문학 텍스트의 모든 세부 사항을 검토하는 대신 단어의 선택이나 문장의 구조처럼 특정한 요소에 초점을 맞춘다. 그 결과 세부 사항에 대한 정보가 부족해지는 대신 전반적인 조감이 가능해진다. 또한 이렇게 파악한 특정 문학 텍스트의 구성 요소를 통해 그 텍스트 내부 또는 다른 문학 텍스트 간 연결 패턴, 즉 상호연결성을 확인할 수 있다는 것이다.

이상에서 프랑코 모레티의 '멀리서 읽기'에 대해 살펴보았다. 그가 제안한 '멀리서 읽기'라는 방법론은 디지털 인문학이 자신의 지향점을 마련하는 데 크게 기여했다고 평가할 만하다. 특히 초기의 계량적 통계 분석에서 벗어나 디지털 인문학적 방법을 적극적으로 모색함으로써 문학 연구에서 널리 통용될 수 있는 전산 비평(Computational Criticism)으로 나아가는 길을 도모한 것은 의미 있는 성과라 하겠다.[8]

3. 숫자, 지도, 연결망

모레티가 『그래프, 지도, 나무』를 출간한 지 벌써 20년 가까운 시간이 지났고, 그동안 디지털 인문학도 면모를 일신했다. 컴퓨팅 성능과 데이터 용량이 비약적으로 제고되면서 빅데이터를 손쉽게 다루는 기술이 동반 성장했던 것이다. 특히 문학 연구에 긴요한 텍스트 마이닝과 자연어 처리 기술의 발전으로 인해 전에 볼 수 없었던 새로운 방법

---

8) 김용수, 「세계문학과 디지털인문학 방법론: 한국 학계의 모레티 연구」, 『비평과 이론』 24(3), 2019, 한국비평이론학회, p.68.

론이 적용된 성과가 쏟아져 나왔다. 필자에게 이러한 최신 연구 성과를 다 섭렵하고 이해할 능력은 없다. 다만, 몇 가지 관심 분야에서 초보적으로 디지털 인문학적 방법론을 적용한 결과에 비추어 보면, 모레티가 2005년에 출간했던 『그래프, 지도, 나무』의 최신 개정판은 『숫자, 지도, 연결망』이 되지 않을까 싶다. 그래서 이 절에서는 숫자, 지도, 연결망이라는 세 개의 핵심어를 중심으로 필자가 수행했거나 수행 중인 디지털 인문학 연구를 소개하고자 한다.

1) 숫자

'디지털'이라는 단어의 어근을 이루는 영어 단어 'digit'는 '손가락'을 뜻하는 라틴어 'digitus'에서 유래한 말이다. 손가락으로 숫자를 센 데서 '숫자'라는 의미가 파생되었다.[9] 문학 연구에서 이 '숫자'는 '빈도(frequency)'라는 용어로 더 점잖게 표현된다. 어떤 시인이 자신의 시집에서 '사랑'이라는 말을 몇 번 사용했는지, 어떤 소설가의 작품에 몇 명의 인물이 등장하는지 빈도를 파악하는 작업이 인문학의 본질과 동떨어진다거나 무의미하다고 할 수는 없을 것이다. 빈도를 계산해야 할 대상 텍스트의 크기가 커지면 사람의 '손가락'만으로는 다 파악하기 어렵기에 컴퓨터를 동원해야 한다.

(1) 한시 선집 계보 연구

필자의 연구를 예로 들어보자. 필자는 중국 당나라의 시를 전공하

---

9) 이런 의미에서 중국어에서 '디지털'을 '數字'로 표현하는 것은 일리가 있다.

고 있기에 7세기부터 10세기 사이에
발생한 문학 현상에 관심이 많다. 최
근 주목하고 있는 대상은 8세기부터
9세기 사이에 중국과 일본에서 펴낸
시선집이다. 이를테면 중국에서 간행
된 『국수집(國秀集)』, 『하악영령집(河

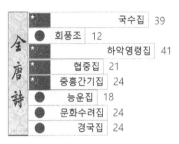

[그림 1] 바이그램 일치도

嶽英靈集)』, 『협중집(篋中集)』, 『중흥
간기집(中興間氣集)』과 일본에서 간행된 『회풍조(懷風藻)』, 『능운집
(凌雲集)』, 『문화수려집(文華秀麗集)』, 『경국집(經國集)』 등이 있다.[10)]
필자가 검토하고자 하는 것은 청나라 때 편찬된 당시 총집 『전당시(全
唐詩)』를 기준으로 삼았을 때, 이들 시선집의 빈도순 상위 바이그램
(bigram)이 얼마나 일치하는지, 그리고 시선집 상호간에 어떤 계보적
관계가 존재하는가라는 점이다. 필자는 먼저 『전당시』의 바이그램 빈
도[11)]와 각 시선집의 바이그램 빈도 상위 100개를 각각 비교했다. 이는
달리 말하면 각 시선집의 바이그램이 당시의 평균이라 할 수 있는 『전
당시』 상위 바이그램과 얼마나 유사한 지 평가하는 일이다. 상위 100
개 가운데 일치하는 바이그램의 수는 [그림 1]과 같다.[12)] 대체로 중국
에서 간행된 시선집이 일본의 그것에 비해 『전당시』와의 일치도가 높
다. 이는 동일한 한자문화권의 한시집이라 하더라도 주제와 표현에서

---

10) 이 가운데 일본 시선집 4종의 원문은 浦木 裕라는 필명으로 활동하는 대만인 黃祖虹의
홈페이지 '久遠の絆'(miko.org/~uraki/kuon)에서 다운로드했다.

11) 김준연, 「바이그램(bigram) 분석을 통한 《전당시》 상용 어휘 연구」, 『중국문학』 118,
한국중국어문학회, 2024.

12) 시선집 간행 연도에 따라 위에서 아래로 배열되어 있다.

저마다 특징적 면모가 있으리라는 점을 시사한다.

각 시선집의 바이그램 종류와 빈도를 토대로 계층적 군집분석을 실행하면 아래 덴드로그램(dendrogram)과 같은 결과를 얻을 수 있다.

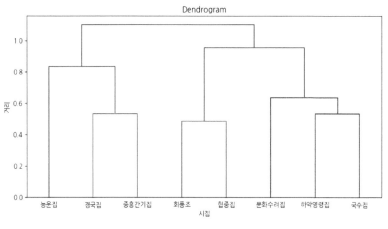

[그림 2] 8종 시선집의 덴드로그램

일본의 시선집과 함께 왼쪽에 배치된 중국의 『중흥간기집』과 중국의 시선집과 함께 오른쪽에 배치된 일본의 『문화수려집』이 이채롭다. 이 연구는 이러한 결과를 출발점으로 앞으로 더 심화시켜 진행해나갈 계획인데, 그 토대가 바이그램의 빈도라는 점을 기억해두면 좋을 듯하다.

(2) 한시 저자 예측 모델

디지털 인문학에서 '숫자'가 중요한 이유는 컴퓨터가 '숫자'만 해독할 수 있기 때문이다. 따라서 문학 텍스트 분석을 위해서는 텍스트에 사용된 단어를 고유한 숫자 벡터로 표현해야 하는데, 이를 워드 임베딩(word embedding)이라고 한다. 예를 들어 대한민국의 수도 '서울'과 일본의 수도 '도쿄'는 다음과 같은 벡터로 표현될 수 있다.

[표 1] '서울'과 '도쿄'의 숫자 벡터

	① 대한민국	② 일본	③ 수도	④ 일반 도시
서울	1	0	1	0
도쿄	0	1	1	0

'① 대한민국'부터 '④ 일반 도시'까지 4개의 차원이 있다고 가정할 때, 숫자 벡터를 만들면 '서울'은 [1,0,1,0]으로 표현되고, '도쿄'는 [0,1,1,0]으로 표현된다. '서울'과 '도쿄'를 이처럼 숫자로 표현할 수 있게 되면, 이로부터 문서 분류(document classification) 등 다양한 자연어 처리 작업에서 머신러닝 모델의 성능 향상을 기대할 수 있다.[13] 필자는 현재 머신러닝을 통해 중국 당나라의 시인 한유(韓愈)의 시를 예측하는 모델의 성능을 높이는 연구를 수행하는 중이다. 한유 시와 더불어 대조 학습을 위해 이백(李白), 두보(杜甫), 유우석(劉禹錫) 시를 각 3,000구씩 임의로 추출해 머신러닝 모델 학습[14]을 진행해 얻은 결과는 [그림 3, 4]의 그래프와 같다.

---

13) 워드 임베딩 모델에서 [서울-대한민국+일본]을 계산하면 결과값으로 '도쿄'가 나온다. 이는 [1,0,1,0]에서 ①의 '1'(대한민국이다)을 빼면 '0'(대한민국이 아니다)이 되고, ②에서 '0'(일본이 아니다)에 '1'(일본이다)을 더하면 [0,1,1,0]이 되기 때문이다. 이런 식으로 숫자 벡터를 쓰면 단어 간 연산이 가능해진다.

14) 학습에는 Keras 모델을 활용했다. Keras는 TensorFlow의 하위 모듈 중 하나로, 딥러닝 모델을 간단하고 직관적으로 설계할 수 있는 고수준 API이다. 복잡한 딥러닝 모델도 적은 코드로 구현하는 장점이 있다.

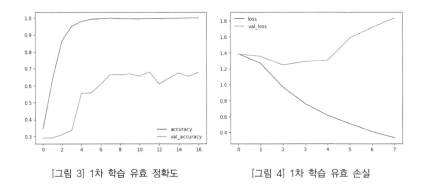

[그림 3] 1차 학습 유효 정확도   [그림 4] 1차 학습 유효 손실

1차 학습의 결과 유효 정확도(val_accuracy) 0.5 미만, 유효 손실 (val_loss) 1.4 이상으로 모델의 성능이 그리 높지 않은 것으로 확인되었다. 이 모델이 임의의 시구가 한유의 것인지 정확히 예측하는 정도가 50% 미만이고, 검증 데이터의 14% 이상에서 오류가 발생한다는 의미이기 때문이다. 이에 따라 1차 학습 데이터에서 각 시인의 시구로 예측한 확률이 70퍼센트 이상인 것 3,312개만 따로 모아 2차 학습 데이터셋(dataset)을 구성했다. 이 데이터셋으로 2차 학습을 진행한 결과, 다음 [그림 5, 6]에서 보는 것처럼 유효 정확도는 상승하고 유효 손실은 감소하는 효과를 거둘 수 있었다.

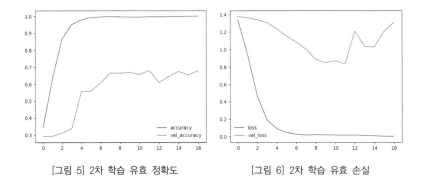

[그림 5] 2차 학습 유효 정확도   [그림 6] 2차 학습 유효 손실

학습 데이터를 더 정밀하게 조정한 2차 학습에서 유효 정확도는 60 퍼센트 후반대로 상승하고 유효 손실은 1.0 이하로 감소해, 예측 품질이 크게 향상되었다. 이 예측 모델로 『전당시』에 수록된 한유 시구 8,563개를 예측한 결과는 [표 1]과 같다.

[표 5] 한유 시구 예측 결과

한유	이백	두보	유우석	소계
4,848	1,918	1,189	608	8,563

한유의 시구로 예측한 것이 8,563개 중 4,848개로 56.6퍼센트에 이르러 일정 정도 신뢰도가 높아졌다. 이 가운데 예측도 상위순으로 데이터를 더 정련한다면 한유 시의 특성을 더 잘 보여주는 시구를 추출할 수 있을 것이다. 오언구와 칠언구에서 예측도가 가장 높게 나타난 것 5개씩 살펴보면 다음과 같다.

瀾漫不可收 넘쳐나서 거둘 수가 없네 〈遠遊聯句〉
巨細各不同 크고 작음이 각각 같지 않다 〈海水〉
密坐列珠翠 빼곡한 자리에 진주와 비취가 줄지어 있다
　　　　　　〈晚秋郾城夜會聯句〉
骨肉不可分 골육은 나뉠 수 없는 법 〈送陸暢歸江南〉
孰不謂汝妍 누가 너를 아름답다 하지 않으리 〈示爽〉

偶上城南土骨堆 성 남쪽 진토와 뼈가 쌓인 곳을 우연히 올랐다
　　　　　　〈飲城南道邊古墓上〉
豈比恒人長蠢蠢 어찌 일반인이 늘 잡스러운 것과 같겠는가?
　　　　　　〈贈崔立之評事〉

蜂喧鳥咽留不得 벌이 시끄럽고 새가 울어도 붙잡을 수 없다
〈感春四首 其二〉
梨花數株若矜誇 배꽃 몇 그루가 뽐내는 듯하다 〈李花二首 其一〉
間之不肯道所以 내가 물어도 그 이유를 말하려 하지 않는다
〈李花二首 其一〉

위의 결과를 보면 예측 모델의 수치가 높게 나타난 한유 시구는 대
체로 '불(不)' 자를 많이 포함하고 있다. 여섯째 구절에 보이는 '진토와
뼈(土骨)'라는 시어는 『전당시』에서 유일한 용례이다. 예측 모델은 이
러한 빈도를 종합적으로 계산해 예측도를 산출한다. 또한 이백의 시구
로 예측된 것이 두보의 그것보다 훨씬 많다는 점에서 한유가 두보보다
이백의 시를 더 학습했다고 추정할 수 있다. 물론 이는 단순한 추정일
뿐이므로 향후 연구를 진행하면서 더 면밀히 검증해야 할 것이다.

요컨대 8~9세기에 간행된 중국과 일본의 시선집을 『전당시』와 비
교하고, 계층적 군집분석을 시도할 수 있는 것은 각 시집에 담긴 텍스
트에서 바이그램의 빈도라는 '숫자'를 추출할 수 있기 때문이다. 또한
한유 시를 직접 읽지 않고도 한유 시의 특징을 더 잘 보여주는 시구를
추출할 수 있는 것은 한유 시 텍스트에 사용된 시어를 숫자 벡터로
바꾸어 컴퓨터가 계산할 수 있게 만든 덕분이다. 이러한 점에서 문학
연구의 시각에서 바라본 디지털 인문학의 첫 번째 지향점은 '숫자'라
고 할 수 있겠다.

시카고 대학 일본문학 교수인 호이트 롱(Hoyt Long)의 저서 『숫자
의 가치(The Values in Numbers)』도 필자와 같은 생각을 공유하는 것
으로 보인다. 롱은 계산적 방법을 통해 일본문학을 재해석하고 '숫자'
를 통해 문학을 관찰하는 접근법을 탐색한다. 예컨대 1887년부터

1957년까지 70년 동안 비소설 말뭉치의 어휘 빈도를 조사해 '일본인'과 더불어 가장 많이 함께 언급된 어휘가 '서양인', '중국인', '동양인' 순이라는 사실을 보여주었다.[15] 이는 19세기 후반부터 일본이 근대화 과정 속에서 서구 문명과 접하며 정체성을 확보하고자 했던 노력이 반영된 것으로 분석된다. 당시의 문학작품 또한 이러한 경향에서 자유롭지 않았을 것이다.

[그림 7] 호이트 롱,
『숫자의 가치』

'숫자'는 이처럼 문학 연구에서 현상 이면으로 나아가는 디딤돌이 될 수 있다.

2) 지도

문학 연구에서 '문학 지도'를 잘 활용하면 작품, 작가, 시대적 배경 등을 시각적으로 표현하여 연구의 효율성과 이해도를 높일 수 있다. 특히 디지털 문학 지도는 단순히 지리적 정보를 제공하는 데 그치지 않고 방대한 양의 정보를 체계적으로 정리하여 시각적으로 표현해줄 뿐만 아니라 작품의 여러 요소를 연결함으로써 작품 간의 다양한 연관성을 파악할 수 있게 해준다는 점에서 '멀리서 읽기'를 위한 훌륭한 도구가 될 가능성이 높다. 모레티의 말을 들어보자.

문학 지도는 어떤 역할을 할까. 지도는 분석을 목적으로 텍스트를

---

15) Hoyt Long, *The Values in Numbers*, Columbia University Press, 2021, p.226.

정리하는 좋은 방안이다. 텍스트 분석을 위해서는 어떤 단위를 선택하고, 그런 사건을 찾고, 특정 공간에 그것을 위치시킨다. 혹은 달리 표현하면, 텍스트를 몇 가지 요소로 환원하고 그것들을 서사의 흐름에서 추상화하며, 앞서 계속 논의해온 지도와 같은, 새롭고 인위적인 대상을 구성한다. 좀 더 운이 따른다면, 그렇게 만들어진 지도는 부분의 합보다 더 커질 것이다. 새롭게 발현하는 개별 지도의 특성은 하위 단계에서는 볼 수 없었던 것이다.[16]

(1) 조선 사행시 연구 지도

필자가 2014년에 펴낸 책『중국, 당시의 나라』는 현대 중국 도처에 남아 있는 당시 관련 유적을 찾아나선 문학 기행기이다. 10년 넘는 기간 동안 중국 13개 성에 산재한 유적을 찾아 12,500km를 이동했다고 책에 썼다. '당나라 지도'를 들고 방학 때마다 꼬박꼬박 중국 현지를 답사한 것은 당시 200여 수를 더 '가까이서 읽기' 위한 노력의 일환이었다. 그 덕분인지 이 책은 일간지 신간도서 소개란에 대서특필되었

[그림 8] 김준연,
『중국, 당시의 나라』

고, 필자도 지상파 방송인 KBS의 도서 관련 프로그램 「TV, 책을 보다」에 출연하여 이 책이 나오기까지의 에피소드들을 시청자에게 들려줄 수 있었다. 종이 지도를 들고 땀을 쏟으며 문학 현장을 누비는 것은 문학 연구자만이 누릴 수 있는 즐거움이자 호사라는 생각이 든다.

---

16) 프랑코 모레티, 이재연 역, 앞의 책, p.71.

『중국, 당시의 나라』를 출간한 지 꼭 10년이 지난 2024년에 필자는 미국 애리조나 주립대의 조숙자 교수가 주관한 워크숍[17])에 초청되어 「조선 사행시에 묘사된 명 제국: 디지털 인문학적 접근」이라는 논문을 발표했다. 조선 사행시(使行詩)란 조선의 사신들이 조선의 수도 한양을 출발해 명나라 수도 북경까지 오가는 왕복 2,600km의 여정 동안 창작한 시를 가리킨다. 『중국, 당시의 나라』에서와 같은 아날로그 인문학의 방식이라면 중국 단둥(丹東)에서 출발해 베이징까지 현장 답사를 병행하며 연구를 진행할 수도 있었을 것이다.

그러나 워크숍 발표까지 주어진 시간의 제약으로 인해 디지털 인문학에 의지하게 되었다. 먼저 한국고전종합DB[18])에서 제공하는 디지털 텍스트로부터 조선 시인 19명의 사행시 2,716수를 확보했다. '가까이서 읽기' 방식으로 이들 시편에서 지리 정보가 포함된 718편을 추출한 후, 이를 토대로 구글 지도(google Maps)를 이용해 [그림 9]와 같은

[그림 9] 조선 사신의 명나라 사행지 지도

17) Sinocentric Involution and Oscillation in Choson Korea: Understanding China and the East Asian World from Choson, 1392~1910, February 23~24, 2024, Arizona State University, Tempe.
18) https://db.itkc.or.kr/

'사행시 지도'를 작성했다.

이 '사행시 지도'를 통해 조선의 사신들이 이동한 경로를 한눈에 파악할 수 있을 뿐만 아니라 장소별로 창작된 사행시 수량을 기호로 표시[19]해 조선의 사신들이 사행 노선 중 어디에 더 많은 관심을 보였는지 확인할 수 있다. 또한 이 구글 지도는 3D 지도인 구글 어스(google earth)와 연동되기 때문에 3D 지도로 바로 이동해 사행시 창작 현장의 위치와 지형을 살필 수 있다.[20] 아래 [그림 10]을 보자.

[그림 10] 구글 어스로 본 봉황산의 위치와 지형

이 그림은 🏃 기호(창작 빈도 16~29회)로 표시된 주요 사행시 창작 지점 가운데 하나인 봉황산(鳳凰山)의 위치와 지형을 구글 어스로 확인한 것이다. 사행 노선 중 조선 국경에서 그다지 멀지 않은 통원보(通

---

19) 예컨대 🏃 기호는 30수 이상의 사행시가 창작된 곳을 가리킨다.
20) 한누 살미, 최용찬 역, 『디지털 역사란 무엇인가』, 앨피, 2024, p.121: 디지털 지도는 2차원 세계를 뛰어넘어 3차원을 재현할 수 있고, 그에 따라 과거에 대한 더 넓은 시각적 관점을 제공한다.

遠堡) 인근에 위치한 봉황산은 해발 836미터로 제법 높이를 자랑한다. 그림을 보면 거무스름한 산빛이 눈에 띄는데, 이러한 정보를 통해 윤근수(尹根壽)라는 시인의 사행시[21]에 이 산이 '미인의 머리카락(美人鬢)'으로 묘사된 이유를 짐작해볼 수 있다. 직접 현장을 답사하면 더 많은 연구 자료를 얻을 수 있겠으나, 디지털 지도가 제공하는 정보의 수준도 이제 크게 향상되었다는 사실을 알 수 있다.

(2) 당시 '하늘가' 이미지 연구 지도

필자가 2024년에 『중국학보(中國學報)』에 발표한 논문 「당시(唐詩) '하늘가' 이미지 연구」[22]에서도 부분적으로 디지털 지도를 활용했다. 『전당시』에는 '천애(天涯)' 또는 '천변(天邊)'과 같이 '하늘가'를 뜻하는 시어가 쓰인 용례가 479개나 산재한다. 필자는 이 가운데 '하늘가'가 가리키는 지역을 특정할 수 있는 시 257수를 추출하고, 시어에 따라 레이어를 달리하여 구글 지도에 표시하였다. [그림 11]은 전체 레이어를 활성화 한 결과이다.

[그림 11]은 당시에 보이는 '하늘가' 이미지를 '멀리서 읽게' 해준다. 당나라 시인의 입장에서 '하늘가'는 서쪽 신장 위구르 자치구, 동쪽 일본, 남쪽 베트남만 아니라 당나라 영토 전체를 포함했다는 사실을 새로이 알 수 있기 때문이다. 이것은 수도인 '장안(長安)'에 대한 강한 애착을 반영한다. 당나라 시인 유우석(劉禹錫)의 시[23]에 "춘명문

---

21) 尹根壽, 〈鳳凰山〉: 길 가는 수레 다시 봉황산을 지나는데, 고개 돌려 바라보니 구름이 아득하다. 하늘 끝 몇 봉우리 누구를 닮았을까? 경대 앞에서 화장을 마친 미인의 머리카락이다.(征車又過鳳凰山, 回首煙雲縹緲間. 天外數峯誰得似, 鏡臺粧罷美人鬢.)
22) 김준연, 「唐詩 '하늘가' 이미지 연구」, 『중국학보』 108, 한국중국학회, 2024.

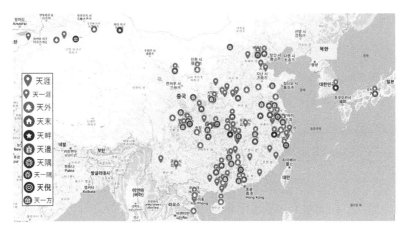

[그림 11] '하늘가' 이미지가 포함된 시의 창작 지점

(春明門) 밖이면 곧 하늘가"라고 했던 구절이 그렇게 과장이 심한 표현
이 아니었던 것이다.

마틴 이브(Martin Eve)의 지적처럼, 문학 지도는 지난 수 세기 동안
꾸준히 제작되었고 컴퓨터의 도움 없이도 얼마든지 이 작업을 수행할
수 있지만, 컴퓨터 지도 소프트웨어가 지도에 대한 문학 연구자의 접
근성을 크게 확대시켜주고 있다.[24] 특히 디지털 지도는 다수의 연구자
가 동일한 지도에서 작업할 수 있는 환경을 제공해 주기에 협업을 통
한 대규모 연구도 가능하다는 장점이 있다.

---

23) 劉禹錫, 〈和令狐相公別牡丹〉: 평장사 댁 난간의 모란꽃, 필 때가 되어가자 집에 계시지
   않네요. 두 경사가 먼 이별이 아니라는 말씀 마십시오, 춘명문 밖이면 곧 하늘가랍니
   다.(平章宅裏一欄花, 臨到開時不在家. 莫道兩京非遠別, 春明門外即天涯.)

24) Martin Paul Eve, *The Digital Humanities and Literary Studies*, Oxford University
   Press, 2022, p.127.

3) 연결망

일반적으로 문학 연구는 작품 자체에 대한 분석에 초점이 맞춰져 있다. 그러나 최근에는 작품을 단순히 텍스트로만 여기지 않고, 작품 속 등장인물, 작가, 시대적 배경 등이 서로 관련된 연결망(network)으로 파악하는 경향이 대두되고 있다. 연결망의 관점에서 문학을 바라보면, 작품 속 등장인물의 관계, 작가의 사회적 위치와 영향력, 시대적 배경과 작품의 관계에 대한 이해도를 높일 수 있다. 그 결과로 새로운 연구 주제를 발견하거나 선행연구를 새로운 방향에서 해석할 수 있는 계기가 마련될 수 있다는 것이다.[25]

데이비드 엘슨(David K. Elson) 등이 2010년에 발표한 논문 「문학 소설에서 사회 연결망 추출하기」[26]는 문학 연구에 연결망을 어떻게 활용할 수 있는지에 대해 좋은 시사점을 남겼다. 저자들은 등장인물의 대화를 중심으로 19세기 영국 소설 60편에 나타난 사회 연결망을 분석했다. 그 결과 소설 작품의 등장인물 수가 많으면 대화량이 줄어들고, 도시를 배경으로 한 소설이 농촌을 배경으로 한 소설보다 연결망이 복잡할 것이라는 통념을 수정해야 한다는 주장을 펼쳤다. 이는 연결망이 문학 연구에서 '멀리서 읽기'의 방식으로 새로운 통찰을 제공하거나 기존의 이론을 보완하는 데 기여할 수 있음을 보여주었다고 할 만하다.

25) 김용수, 「사회 연결망 분석과 문학 연구: 영미문학과 한국문학을 중심으로」, 『비평과 이론』 26(2), 한국비평이론학회, 2021, p.60.
26) David K. Elson, Nicholas Dames, Kathleen R. McKeown, Extracting Social Networks from Literary Fiction, *ACL '10: Proceedings of the 48th Annual Meeting of the Association for Computational Linguistics*, July 2010, pp.138~147.

(1) 당대 시인의 사회 연결망 분석

필자도 연결망의 개념을 문학 연구에 적용한 이러한 선행연구로부터 큰 시사점을 얻게 되었다. 그리하여 2016년 한국연구재단의 지원으로 「당대 시인의 사회 연결망 분석」이라는 연구과제를 수행하고, 그 결과물로 두 편의 논문을 학술지에 게재한 바 있다.[27] 이 연구과제는 『전당시』에 수록된 사교시(社交詩)를 모두 추출하여 이를 연결망으로 정리하는 작업을 토대로 진행되었다. 사교시는 장르적 특성상 시를 보내는 송신자와 그 시를 받는 수신자가 존재하기 마련인데, 필자는 이들 송신자와 수신자의 신원 정보를 확인한 후 시기와 유파 등 다양한 각도에서 연결망을 분석해 보았다. [그림 12]와 함께 연구 결과의 일부를 소개한다.

[그림 12] 초·성당 시인의 연결망

27) 김준연, 「당대 시인의 사회 연결망 분석 (1)」, 『중국학보』 82, 한국중국학회, 2017; 김준연, 「당대 시인의 사회 연결망 분석 (2)」, 『중국학보』 91, 한국중국학회, 2020.

[그림 12]는 초당(初唐)과 성당(盛唐) 시기 시인들의 연결망을 '연결 중심성' 기준에 따라 노드엑셀(NodeXL)로 정리한 것이다. 점으로 표시된 노드의 크기가 클수록 연결 중심성이 강하다는 의미인데, 이 기준으로 보면, 초·성당 연결망의 핵심을 이루는 시인은 왕유(王維), 두보(杜甫), 유장경(劉長卿) 세 사람을 꼽을 수 있다. 노드의 위치와 밀집도를 통해서 시인 군집에 대한 윤곽도 그려볼 수 있다. 이백(李白)은 맹호연(孟浩然), 저광희(儲光羲)와 군집을 이루고, 두보는 고적(高適), 잠삼(岑參)과 군집을 이룬다. 군집을 이루는 시인들끼리 더 많은 영향을 주고받게 된다는 것이 필자의 주장이다. 따라서 연결망의 중심을 이루기는 하지만 군집과는 다소 거리를 둔 것으로 나타난 왕유의 시 세계가 보다 독립적이라고 추정할 수 있다. 또한 왕유, 이백, 두보에 비해 상대적으로 덜 알려진 유장경도 황보염(皇甫冉), 이가우(李嘉祐) 등과 군집을 이루고 있으므로, 그의 위상과 역할에 대한 더 면밀한 분석도 필요해 보인다.

(2) 당시 역사 인물 이미지 연구

필자는 사교시 연결망 분석 경험을 살려 2023년부터 다시 「당시 역사 인물 이미지 연구」라는 제목의 연구과제를 한국연구재단 지원으로 수행 중이다. 이 연구의 최종 목표는 당시에 활용된 역사 인물의 빅데이터를 구축하고 이를 분석해 당시 역사 인물 이미지의 총체적 양상을 밝히고자 하는 것이다. 『전당시』 등의 자료를 검토한 결과 782명의 시인이 10,700수 가량의 당시에서 2,600여 명의 역사 인물을 활용한 사례가 2만 건 이상 되는 것으로 추산된다. 이 연구에서는 빅데이터 구축을 기반으로, 연결망 분석을 통해 시기별, 시인별, 역사

인물별 특징과 문학적 효과를 파악하고자 한다. [그림 13]을 통해 현재까지 진행된 연구 결과의 일부를 소개한다.

[그림 13] 이백과 두보 시에서의 역사 인물 인용

　　[그림 13]은 당대 시인 이백과 두보가 그들의 시에서 두 차례 이상 인용한 역사 인물을 연결망 분석 도구인 게피(Gephi)를 이용해 시각화한 것이다. 이 그림이 의미하는 것이 무엇인지에 대해 더 자세한 분석이 필요하지만, 직관적으로 두 가지 특징적 면모를 감지할 수 있다. 첫째는 인용한 역사 인물 수량에서 이백이 두보보다 월등히 많다는 점이다. 이는 이백과 두보가 주는 인상[28]과 다소 배치되는 결과이므로 더 세밀한 검토가 요구된다고 하겠다. 둘째는 이백과 두보가 자

---

28) 이백은 상인 집안 출신으로 선천적 재능이 뛰어나고, 두보는 문인 집안 출신으로 후천적 학습에 많은 노력을 들였을 것으로 생각하는 경향을 말한다.

주 인용한 역사 인물의 면면이 상이하다는 것이다.[29] 이백은 도잠(陶潛), 사안(謝安), 사영운(謝靈運) 등을 많이 언급한 반면, 두보는 사마상여(司馬相如), 가의(賈誼), 제갈양(諸葛亮), 완적(阮籍) 등을 많이 언급했다. 이는 두 시인에 대한 기존의 평가와 대체로 일치하는 부분이다. 이백은 자연, 은거, 풍류, 낭만 등과 관련된 시를 많이 창작하고, 두보는 사회, 정치, 비판, 현실 등과 관련된 시를 많이 창작했기 때문이다.

필자가 수행을 완료했거나 현재 수행 중인 연구로 보건대 연결망은 '멀리서 읽기'의 효과를 충분히 기대할 수 있는 방법이라고 판단된다. 노드엑셀이나 게피 같은 연결망 분석 도구는 전통적인 연구 방법으로는 파악하기 어려운 복잡한 사회적 상호작용을 효율적으로 시각화하는 데 도움이 된다. 이로부터 문학사 연구 분야에서 새로운 통찰을 기대할 수도 있고, 작가나 문학 작품이 현재 또는 과거와 어떻게 연결되는지에 대한 구조적 분석이 가능해진다.

4. 기회와 도전

필자는 2024년 1학기에 처음으로 대학원 수업에 디지털 인문학 관련 강의를 개설했다. 필자의 수준이 아직 전문가라 하기에는 부족한 점이 많지만, 디지털 인문학 교육이 당장 시급하다는 생각이 강했기 때문이었다. '교학상장(教學相長)'을 내세우며 한 학기 동안 이론과 실

---

29) 게피 시각화 그림에서 자주 언급한 인물이 굵고 진한 화살표로 표시된다.

습을 병행한 결과, 미약하나마 첫걸음을 뗐다는 데서 의미를 찾을 수 있었다. 대학원 학생들, 그리고 박사급 청강생들과 디지털 인문학 관련 내용을 함께 토의하고 느낀 바를 정리하면서 향후 더 강력해질 디지털 인문학의 기회와 도전에 어떻게 대응해야 할지 생각해 보고자 한다.

1) 데이터 전처리

디지털 인문학의 가장 큰 특징은 '데이터'와 '시각화'라고 할 수 있다. 정제하기 전의 데이터를 원자료(raw data)라고 부르는데, 이 원자료를 얼마만큼 연구 목적에 맞게 전처리할 수 있느냐가 연구 결과의 품질을 좌우한다고 해도 과언이 아니다. 문학 연구에서는 일반적으로 원자료가 언어 텍스트이기 때문에 자연어 처리 기술을 연마해야 한다. 이 과정에 특히 필요한 것이 정규 표현식(regular expression)이다. 개별 언어에서 발견되는 복잡한 문법 규칙도 정규 표현식을 쓰면 간결하게 나타낼 수 있는 경우가 많으므로, 데이터 전처리를 위해 정규 표현식을 익히는 것은 필수불가결하다고 하겠다.[30]

언어 데이터 전처리에서 중요한 작업 가운데 하나는 토큰화(token-ization)이다. 토큰(token)이란 문법적으로 더 이상 나눌 수 없는 언어 요소를 뜻하는 용어로, 토큰화란 말뭉치로부터 토큰을 분리하는 작업을 가리킨다. 토큰화의 유형은 문장 토큰화와 단어 토큰화로 나눌 수 있다. 문장 토큰화는 텍스트에서 문장을 분리하는 것이고, 단어

---

30) 홉슨 레인 외, 류광 역, 『파이썬으로 배우는 자연어 처리 인 액션』, 제이펍, 2020, p.13.

토큰화는 문장에서 단어를 분리하는 것이다.[31] 그런데 언어 유형별로 토큰화 방법도 차이를 보일 수 있기에 주의를 요한다. 이를테면 한국어, 일본어, 영어, 중국어가 첨가어, 굴절어, 고립어 등으로 그 유형이 상이하고, 한국어와 영어는 일반적으로 띄어쓰기를 하는 반면 일본어나 중국어는 그렇지 않기에 서로 다른 토큰화 방법을 적용해야 한다.

2) 코딩

문학 연구자가 디지털 인문학에 입문해서 맞닥뜨리는 최대 난관은 코딩(coding)이 아닐까 한다. 문학 연구를 위한 데이터를 충분히 확보했다 하더라도 방대한 데이터를 연구자가 직접 분석하기는 어려운 일이다. 따라서 컴퓨터에게 데이터 분석 작업을 지시해야 하는데, 이때 지시사항을 컴퓨터가 알아들을 수 있는 언어로 바꿔주는 것이 코딩이다. 대개의 외국어 학습이 그렇듯이 코딩을 배우기도 쉬운 일이 아니다.[32] 필자도 2020년 무렵부터 파이썬(python) 코딩 관련 서적을 구입해 독학을 시도해 보았지만 작심삼일에 그치기 일쑤였다. 이를테면 스페인어로 작성된 중국문학 관련 선행연구를 참고해 보자고 스페인어를 새로 배우는 느낌이어서 동기부여가 크지 않았던 것이다.

31) 박상언·강주영, 『파이썬 텍스트 마이닝 완벽 가이드』, 위키북스, 2023, pp.16~20.
32) 스탠포드 대학에서 디지털 인문학을 가르치는 퀸 돔브로스키(Quinn Dombrowski)는 "코딩을 배우고자 하는 사람에게 높은 수준의 컴퓨팅 능력을 가진 연구자가 코드를 작성하는 것을 보는 것은 몇 주 동안 공부하지 않은 언어로 완전히 유창한 두 명의 화자가 빠른 속도로 대화를 진행하는 것을 보는 것만큼이나 위협적일 수 있다."라고 지적한다.(James O'Sullivan, The Bloomsbury Handbook to the Digital Humanities, Bloomsbury Publishing Plc, 2023, p.139)

코딩 학습을 거의 포기하려던 즈음에 '알라딘의 마술 램프'처럼 등장한 것이 챗지피티(Chatgpt)였다. 챗지피티가 훈련을 위해 학습한 데이터에 프로그래밍 언어도 포함되었기에 가능한 일이었다. 그렇기에 기계번역과 마찬가지로 챗지피는 필자가 디지털 인문학 작업을 위해 지시한 한국어를 파이썬과 같은 코딩 언어로 번역해 준다. 물론 일반 언어처럼 알파벳과 기본 문법을 전혀 모르고서는 여전히 만만치 않은 것이 사실이다. 그러나 어려운 단어나 문법을 몰라도 의사소통이 가능해졌다는 점이 중요하다. 최근에는 널리 쓰이는 코딩 플랫폼인 구글 코랩(colab)에도 생성형 AI가 장착되어 코드 작성 시 바로 도움을 받을 수 있게 되었다.

3) 라이브러리

연구자가 심혈을 기울여 개발한 우수한 성능의 오픈 소스 라이브러리(library)를 무료로 활용할 수 있다는 점은 디지털 인문학의 큰 매력이다. 독자적인 라이브러리를 개발할 능력이 전혀 없는 문학 연구자의 경우에도 비용 부담 없이 최신 기술을 적용해 문학 텍스트를 분석할 수 있기 때문이다. 코드 공유와 개선이 자유로우므로 자신의 연구 목적에 맞게 코드를 변형하는 것도 가능하다. 또한 이렇게 개선한 코드를 동료 연구자에게 다시 공개함으로써 연구의 투명성과 재현성을 확보하고, 기술 개발의 선순환 경로를 구축할 수 있으며, 학생들에게 실습용으로 제공할 수도 있다.

제3장 제1절에서 소개한 필자의 연구도 수많은 오픈 소스 라이브러리의 도움을 받았다. 파이썬 코딩에서는 수치 계산과 시계열 데이

터 분석을 위해 넘파이(Numpy)와 판다스(Pandas)를 기본적으로 사용하고, 데이터 분석 결과물의 시각화를 위해 맷플롯립(Matplotlib) 또는 시본(Seaborn)과 같은 라이브러리가 잘 쓰인다.[33] 이러한 기본적 라이브러리 외에 한시집의 계층적 군집분석은 사이킷런(Scikitlearn)의 Tfidfvectorizer, 싸이파이(Scipy)의 dendrogram과 linkage 라이브러리를 활용했고, 한유 시 예측 머신러닝은 텐서플로(Tensorflow)의 keras 라이브러리가 담당했다. 그런데 이러한 라이브러리들을 문학 연구에 활용하기에 앞서 개발 소관 영역에서 어떤 성과와 한계가 논의되고 있는지 살펴볼 필요가 있다. 예컨대 어떤 문학비평 이론이 멋지게 보인다고 자신의 문학 연구에 무비판적으로 수용해서는 곤란한 것과 비슷하다.

4) 툴과 소프트웨어

문학 연구에 한정해서 보자면 디지털 인문학은 데이터를 전처리·분석하고 때에 따라 시각화하는 작업이다. 이러한 작업은 컴퓨터를 이용하는 툴(tool) 또는 소프트웨어(software)를 필요로 한다. 필자가 지금까지 수행한 연구에 의하면 데이터 전처리와 분석에는 노트패드(Notepad++), 앤트콩크(AntConc), 엑셀, 구글 코랩, 시각화에는 구글 지도, 노드엑셀, 게피 등이 요긴했다. 문제는 문학 연구자들이 이들 툴 또는 소프트웨어를 잘 활용할 수 있도록 안내하는 지침서가 거의 없다는 점이다. 일부 툴이나 소프트웨어를 내려받을 수 있는 홈페이

---

33) 전창욱 외, 『텐서플로 2와 머신러닝으로 시작하는 자연어 처리』, 위키북스, 2023, p.16.

지에는 지침서가 구비되어 있는 경우도 있지만, 대개 영문 텍스트 사용자 위주로 되어 있다. 그런 까닭에 중국어나 일본어 텍스트를 분석하고자 할 때 난관에 부닥칠 때가 많다. 문학 연구자를 위해 툴과 소프트웨어 사용 안내서 제작과 보급이 시급해 보인다.

챗지피티 4.0에서 제공하는 데이터 애널리스트(Data Analyst)와 코드 코파일럿(Code Copilot)도 유용하다. 챗지피티 4.0이상의 버전에서는 사용자가 파일을 업로드 해 챗피티에게 데이터 전처리 또는 분석을 지시할 수 있다. 예를 들어 『구당서(舊唐書)』와 『신당서(新唐書)』의 〈왕유전(王維傳)〉을 업로드하고, "두 텍스트에 공통으로 사용된 바이그램을 추출하라"고 지시하면, 챗지피티가 스스로 이 작업에 필요한 코드를 작성한 후 분석 결과를 제시한다. 코드 코파일럿은 코드 작성과 수정, 코드의 버그를 찾아내는 디버깅, 코드의 품질을 검토하고 개선 사항을 제안하는 리뷰 등을 제공한다. 8종의 한시집 간 계층적 군집분석을 수행하는 코드도 필자가 챗지피티의 코드 코파일럿을 이용해 만든 것이다.

5) 인문학의 길 잃지 않기

필자가 생각하는 바람직한 디지털 인문학의 지향점은 인문학의 영역에서 기존의 방법론으로 해결하기 어려운 과제를 컴퓨터의 힘을 빌려 해결하는 것이다. 따라서 디지털 인문학의 출발점은 어디까지나 인문학이어야 한다. 그렇지 않고 단순히 디지털 기술을 개발하거나 테스트하기 위해 인문학 데이터를 사용하는 것이라면 그것은 데이터 과학이지 디지털 인문학이라 부르기 어렵다. 그래서 디지털 인문학이 인문학적 문제의식의 심화와 무관하게 디지털 기술 적용에만 초점을 둔 연구로 흐르는 경향을 경계하는 류인태의 지적은 올바르다.[34] 여기서 한 걸음 더 나아가 디지털 인문학이 기존의 인문학과 궤를 달리하는 새로운 방식으로 알찬 지식을 생산하고 인간의 상상력을 더 끌어올릴 수 있다면 금상첨화일 것이다.[35]

디지털 인문학이 인문학의 길을 잃지 않기 위해 유의해야 할 일이 몇 가지 더 있을 것으로 생각한다. 첫째, 디지털 기술 자체에 문제점이나 편향성이 존재할 수 있다. 따라서 기술이 근본적으로 가지고 있는 한계에 대해서도 분명히 인식해야 한다. 둘째, 확증 편향에 빠져 자신의 주장에 도움이 되는 데이터만 취사선택하지 않도록 유의할 필요가 있다.[36] 인문학은 항상 데이터의 신뢰성을 평가하고 비판적으로 분석하는 데 힘써야 한다. 셋째, 디지털 인문학 연구로 야기될 수 있는 윤리적 문제를 살펴야 한다. 데이터를 수집, 분석, 공개하는 과정에서 개인 정보와 지적 재산권 보호, 연구 윤리 준수 등에서 책임 있는 모습을 보여야 한다.

요컨대 명확한 인문학적 연구 질문 하에서 디지털 기술을 이용하는 혁신적 방법론을 설계하고, 풍부한 데이터를 활용하여 심층적인 분석을 진행함으로써 인문학 분야에 의미 있는 결과를 도출하는 것이 디지털 인문학의 궁극적 지향점이 되어야 할 것이다.

---

34) 류인태, 「디지털 인문학은 인문학이다」, 『인문논총』 77(3), 서울대학교인문학연구원, 2020, p.392.
35) 김현·임영상·김바로, 『디지털 인문학 입문』, HUE BOOKS, 2018, p.246.
36) 류인태 외, 『디지털로 읽고 데이터로 쓰다』, 박문사, 2023, p.142.

5. 마치며

이 글에서는 필자의 실제 연구 경험을 토대로 디지털 인문학이 문학 연구에 미치는 영향을 다양한 측면에서 살펴보았다. 디지털 전환은 방대한 양의 텍스트 데이터를 처리하고 분석할 수 있는 도구를 제공함으로써, 문학 연구에 새로운 지평을 열어주었다. 텍스트 마이닝, 네트워크 분석, 머신러닝 등의 기술을 통해 전통적인 연구 방식으로는 접근하기 어려웠던 문학적 현상들을 탐구할 수 있게 되었다.

필자가 보기에 문학 연구에서 디지털 인문학이 기여할 수 있는 부분은 다음과 같다. 첫째, 방대한 문학 텍스트를 분석함으로써 새로운 연구 질문을 도출할 수 있다. 둘째, 다양한 시각화 도구를 활용하여 연구 결과를 직관적으로 이해할 수 있게 한다. 셋째, 다양한 학문 분야와의 협업을 통해 더 풍부하고 다각적인 연구가 가능해진다. 이러한 장점들은 문학 연구의 깊이를 더하고, 연구자의 창의성을 극대화할 수 있는 잠재력을 지니고 있다고 여겨진다.

특히 이 글에서는 문학 연구에서 디지털 인문학의 지향점을 '숫자', '지도', '연결망'으로 설정하고 이에 대해 중점적으로 논의하였다. 첫째, '숫자'의 개념은 텍스트의 단어와 문장을 양적으로 분석하는 것을 의미한다. 이는 빈도 분석이나 워드 임베딩과 같은 방법을 통해 문학 텍스트의 구조적 특징을 파악하는 데 유용하다. 예를 들어, 특정 시기의 시집에서 공통으로 나타나는 바이그램의 빈도를 분석하여 문학적 경향을 도출할 수 있다. 이러한 분석은 문학 연구에 있어 새로운 인사이트를 제공하며, 텍스트의 숨겨진 패턴을 발견하는 데 기여할 수 있을 것으로 보인다.

둘째, '지도'의 개념은 문학 텍스트에서 언급된 지리적 정보를 시각화하는 것이다. 디지털 문학 지도는 단순히 지리적 위치를 표시하는 것을 넘어, 텍스트 간의 연관성을 시각적으로 표현함으로써 문학적 해석을 돕는다. 예를 들어, 조선 사신의 사행시를 바탕으로 사행 경로를 시각화하면, 사신들이 어느 지역에 더 많은 관심을 가졌는지, 어떤 경로를 통해 이동했는지를 한눈에 파악할 수 있다. 이는 문학 텍스트의 지리적 맥락을 이해하는 데 중요한 도구로 작용한다.

셋째, '연결망'의 개념은 문학 텍스트 내의 등장인물, 작가, 시대적 배경 등의 상호 연관성을 분석하는 것이다. 이를 통해 작품 간의 상호작용과 문학적 영향 관계를 시각화할 수 있다. 예를 들어, 당대 시인의 사회적 연결망을 분석하면, 특정 시인이 다른 시인들과 어떤 관계를 맺고 있었는지 알 수 있다. 이는 문학 연구에서 새로운 연구 주제를 도출하거나 기존 이론을 보완하는 데 큰 도움이 될 것으로 평가된다.

그러나 디지털 인문학에 대한 맹신이 가져올 수 있는 위험성도 경계해야 할 듯하다. 데이터의 양적 분석에 치중하여 문학 텍스트의 본질적 가치와 의미를 간과할 위험이 있기 때문이다. 디지털 기술 자체가 가지고 있는 한계와 편향성을 인식하지 못하면 연구 결과의 신뢰성을 확보하기 어려울 수 있다. 이에 더하여 디지털 인문학 연구 과정에서의 윤리적 문제를 간과해서는 안 될 것이다. 데이터 수집과 분석, 공개 과정에서 개인 정보 보호와 지적 재산권을 준수하는 책임 있는 연구가 이루어져야 한다.

향후 디지털 인문학은 기술 발전과 더불어 더 많은 가능성을 열어 줄 것으로 기대된다. 고도화된 자연어 처리 기술과 인공지능을 활용한 문학 텍스트 분석은 더 정교하고 심층적인 연구를 가능하게 할 것이다. 이를 통해 문학 연구는 새로운 방법론과 관점을 도입하여 더 넓은 범위의 문학적 현상을 탐구할 수 있게 될 것이다. 요컨대, 디지털 인문학은 문학 연구의 새로운 패러다임을 제시하고 있다. 그러나 이 과정에서 인문학적 본질을 잃지 않고, 기술과 인문학이 조화롭게 공존할 수 있는 방향을 모색해야 한다. 이러한 균형 잡힌 접근을 통해 디지털 인문학은 문학 연구의 혁신을 이끌어 나갈 것이다. 디지털 인문학은 전통적 문학 연구 방법론과 조화를 이루며, 더 풍부한 연구 결과를 도출하는 도구로서의 역할을 수행할 것이다.

제2장

디지털 인문학의 아포리아

인문지(人文知)과 정보지(情報知)의 경계에서

야마다 쇼지

1. '디지털 인문학의 아포리아'란?

인문학에 관한 디지털 정보가 대규모로 축적되고 있으며 공개되고 있다. 그 양은 21세기 초와 비교해도 극적으로 증가했다. 일본 국립국회도서관의 「디지털 컬렉션」[1]이나 국문학연구자료관(國文學硏究資料官)의 「국서데이터베이스(國書データベース)」[2], 자원봉사자들의 「아오조라 문고(靑空文庫)」[3]와 같은 노력 덕분에, 국내외에서 인터넷을 통해 접근할 수 있는 자료가 비약적으로 증가했다. 공학적 지식이 깊지 않더라도 활용할 수 있는 디지털 도구들이 증가하면서, 누구나 손쉽게 시각적으로 매력적인 프레젠테이션을 제작할 수 있는 시대가 된지 오래다. 또한, 지리정보시스템(GIS)의 발전 덕분에 위치 정보를 포함한 데이터를 분석하고 시각화하는 작업도 쉬워졌다. 이러한 흐름은

---

1) https://dl.ndl.go.jp (2024년 7월 12일 검색, 이하 동일)

2) https://kokusho.nijl.ac.jp

3) https://www.aozora.gr.jp

'디지털 인문학(Digital Humanities, DH)'이라는 명칭으로 불리며, 이
제는 전 세계적으로 주목 받는 유행어가 되었다.[4] 인문학 분야에서는
이제 DH가 아니면 연구비를 확보하거나 새로운 일자리를 창출하기
어려운 시대에 접어들었다고 해도 과언이 아니다. 대학에 경제와 혁
신에 대한 기여를 요구하는 정책 아래에서 축소 압박을 받아온 인문학
계열 학부에 DH는 '구원의 배'로 작용하고 있다는 점을 부정하기 어
렵다. 다양한 의미에서 DH는 인문학 안팎의 기대를 모으고 있다.

이 논의를 진전시키기 위해서는 DH란 무엇인가에 대한 정의가 공
유되어야 한다. 그러나 모두가 납득하는 DH의 정의는 아직 존재하지
않는다고 해도 과언이 아니다. DH를 학제적 프로젝트 형태로 보는
의견도 있고, 자율적인 학문체계를 지향하는 것으로 간주하는 견해도
있다. 디지털은 정보의 형태를 의미하고, 인문학은 학문 영역을 의미
한다. 따라서 학문으로서 DH의 중심축은 인문학에 있다고 볼 수 있
다. 시드니 공과대학의 앤 버딕(Anne Burdick) 등이 작성한 DH에 관
한 짧은 가이드에 따르면, DH가 개척할 기회로 '인문학에 관심을 갖
는 집단과 사회적 영향력을 확대하며', '인문학의 연구 범위를 넓히고
연구의 질을 향상시키며, 주목도 높은 연구방법으로 발전시키는 것'
을 꼽고 있다.[5] 요컨대, 이 가이드는 DH의 공헌 대상이 인문학임을
명확히 밝히고 있는 셈이다.

---

[4] '디지털 인문학'은 '디지털 휴머니티즈(Digital Humanities)', '인문정보학' 등으로 표
기되기도 한다. 이들은 동의어로 간주하며, 이 글에서는 '디지털 인문학'으로 통일하여
사용한다.

[5] Anne Burdick et. al. *A Short Guide to the Digital Humanities*, 2012, p.2. 〈도쿄대학
인문정보학 거점〉이 공개한 일본어 번역을 인용. https://21dzk.l.u-tokyo.ac.jp/DHI
/index.php?sg2dh

국립정보학연구소에서 다수의 DH 프로젝트를 이끄는 기타모토 아사노리(北本朝展)는 DH를 다음과 같이 정의하고 있다. "DH는 인문학적 문제를 정보학적 방법을 활용해 해결함으로써 새로운 지식과 관점을 얻거나 인문학적 문제를 계기로 삼아 새로운 정보학 분야의 개척을 지향하는, 정보학과 인문학의 융합 분야이다."[6] 이 정의에는 인문학과 정보학을 넘나드는 시각이 담겨 있지만, 인문학적 문제를 '해결'하거나 그것을 '계기'로 삼아 발전하는 정보학이 이미지화되어 있다.

DH에서 활발하게 진행된 프로젝트는 정보의 축적과 탐색, 시스템 개발, 그리고 프레젠테이션 부분일 것이다. 이들은 연구 프로세스의 상류에 해당하는 조사 부분과 하류에 해당하는 발표 단계에 위치하는 것이다. 인문학 연구의 핵심은 자료의 읽기, 비판, 분석, 비교, 검토를 거쳐 최종적으로 새로운 지견을 도출하는 데 있다고 생각한다. 자료의 분석과 비교 단계에서 디지털 기술을 통한 시각화의 도움을 받을 수는 있을 것이다. 그러나 연구적 사고를 하는 것은 어디까지나 인간이며, 수치적-기계적 추론이 인문학자의 사고를 대체하는 일은 아직까지는 거의 일어나지 않고 있는 것 같다.

DH를 자료에 대한 검색성과 접근성을 높이고 시각적 표현을 부여하는 것으로 이해하는 한, 이는 인문학에 공헌하는 도구로 평가될 수 있다. 또한, 인문 자료를 대중에게 더욱 널리 개방하기 위한 기술적 기여로 DH를 바라본다면, 이는 분명히 의의가 있다. 그러나 연구라는 활동의 본질상, 그것은 인류의 지적 영위에 새로운 무언가를 추가하는 것을 목표로 해야 할 것이다.

---

6) http://agora.ex.nii.ac.jp/~kitamoto/research/dh/

그런데 DH가 인문학에 혁신적인 새로운 지식을 제공할 수 있을 것이라는 기대는 종종 실망으로 이어진다. 그 원인 중 하나는 DH가 근원적으로 내포하고 있는 아포리아(aporia)에 있지 않을까 생각한다. 필자는 '디지털 인문학의 아포리아'를 다음과 같이 정의한다.

디지털 인문학적 방법으로 도출된 지견(知見)은 기존의 인문지식(人文知)을 뒤집지 않는다. 왜냐하면, 그 문제 설정과 지견의 타당성은 기존 인문학적 지식에 의해 평가되기 때문이다.

DH의 성과는 인문지식에서 벗어나지 않는 한에서 인정되며, 만약 DH가 기존 인문학과 다른 방법론으로 인문지식을 뒤엎는 결과를 내놓는다면, 그것은 인문학 커뮤니티에서 받아들이기 어려운 것이 된다. 그 결과, DH의 연구 성과는 기존의 인문지식을 보강하거나 재해석하는 수준에 그치게 된다. DH가 인문학에 진보를 가져올 수 있다면, 현재로서는 기존의 인문지식에 가설을 추가하는 것이 고작일 것이다. 인문지식을 통해서만 문제 설정의 타당성과 결과를 검증할 수 있기에, 그것과 다른 방법론을 취하는 DH에 의한 새로운 지견은 인정받기 어렵다. 이것이 '디지털 인문학의 아포리아'이다.

같은 견해는 다른 연구자들에 의해서도 표명되고 있다. 예를 들어, 일본의 DH를 이끌어 온 인문정보학연구소의 나가사키 기요노리(永崎研宣)는 2024년 3월 13일에 규슈대학교에서 개최된 DH 국제 심포지엄 '접속하는 인문학'에서 자신의 강연을 통해 인문정보학은 '인문학적으로 의미 있는 성과를 발견하고 도출할 수 있어야 한다.'라는 점이 중요하다고 강조하고, DH의 성과에 대한 평가 기준은 어디까지나 인

문학 측에 있다는 견해를 밝히고 있다.[7]

물론 DH가 지향하는 것은 기존의 인문지식을 뒤엎을 수 있는 지견의 발견만이 아니다. 디지털 기법을 적용하기 위한 기본 전제로서, 자료의 디지털화와 축적이라는 꾸준한 작업을 지속하는 것의 중요성은 여전히 변함이 없다. 이렇게 구축된 디지털 아카이브를 활용하여 자료에 대한 접근성을 높이고 미발견 자료의 탐색을 쉽게 만드는 것도 DH의 큰 역할 중 하나다. 또 DH 기법을 활용한 알기 쉽고 매력적인 프레젠테이션도 연구 성과에 대한 이해를 촉진하는 데 여전히 효과적이다. 무엇보다도 인문학과 정보학이 협업하는 것의 의의는 크다. 그럼에도 불구하고, DH가 인문학에 새로운 지견을 가져다 주는 것을 목표로 삼는 순간, 곧바로 아포리아가 나타난다.

독자들 중에는 DH로 인해 자료의 탐색과 접근이 쉬워져 인문학에 새로운 지견을 얻을 수 있게 되었으며 아포리아 따위는 존재하지 않는다는 의견을 가진 이들도 있을 것이다. 그러나 그것은 종이로 된 장서 카드가 전자 카탈로그로 대체된 결과의 연장선상에 불과하며, DH에 의한 새로운 지견이라고 보기 어렵다고 필자는 생각한다. OPAC[8]에서 검색하여 찾은 자료를 바탕으로 논문을 썼다고 해서 그것을 DH가 제공한 새로운 지견으로 간주할 수는 없을 것이다. 연구 과정의 핵심인 사고와 추론의 과정에 정보학적 방법이 본격적으로 개입해야만 DH에 의한 인문학의 신지견을 창출했다고 말할 수 있지 않을까?

---

7) https://dh.kyushu-u.ac.jp/post-204/
8) (역자주) 온라인 공용 검색 카타로그(Online Public Access Catalog)의 약자. 일본의 대학교 및 공공 도서관의 온라인 열람 시스템으로, 기관 간의 협정을 통해 전국단위의 학술 네트워크 시스템이 구축되어 있다.

이 글에서는 DH에 관한 필자의 연구 활동을 되돌아보며, '디지털 인문학의 아포리아'에 대해 고찰하겠다.

2. DH의 사례 연구

1) 모든 것의 기초로서 디지털 데이터 축적과 공개

먼저 자료가 디지털화되고 이에 접근할 수 있어야만 DH 연구가 시작될 수 있다. 그러나 단순히 디지털화하거나 데이터베이스(DB)를 구축하는 것만으로는 '연구'로서 가치를 인정받기 어렵다. 일본학술진흥회(JSPS)의 과학연구비('과연비'로 약칭)를 통해 디지털화를 수행하려면 '데이터베이스 과연비' 종목에 지원하거나, 다른 기타 연구비에서는 연구과제 수행하기 위한 일부로 소규모의 디지털화를 포함시키는 방법밖에 없다. 대규모 디지털화와 DB 개발은 조직이나 학계 전체가 참여하는 차원의 프로젝트를 추진하지 않는 한 실현하기 어려울 것이다.

본 절에서는 필자가 참여했던 디지털화 및 데이터베이스(DB)화 프로젝트 중 세 가지를 소개한다. 이들 중에는 조직 전체가 참여한 대규모 프로젝트도 있고, 소규모 작업을 오랜 기간에 걸쳐 축적해온 사례도 있다. 첫 번째로 소개할 프로젝트는 필자가 근무하는 국제일본문화연구센터(이하, '일문연'으로 약칭)에서 2002년에 공개한 「괴이·요괴 전승 데이터베이스」이다.[9] 이것은 일본에서 출판된 민속학 잡지,

---

9) https://www.nichibun.ac.jp/YoukaiDB/

근세 수필, 현사(縣史)에서 괴이·요괴 사례를 추출하여 그 서지 정보
와 사례의 내용 요약을 공개하고 있는 데이터베이스로, 2024년 4월
기준으로 35,257건의 보고가 수록되어 있다. 요괴 연구의 권위자인
고마쓰 가즈히코(小松和彦) 전 일문연 소장의 감수 아래, 수십 명의
(당시) 젊은 연구자들과 대학원생들이 열심히 사례를 수집하여 만든
것이다. 일본의 요괴 문화에 관한 가장 기본적인 DB로서 연구자뿐만
아니라 창작자나 요괴 애호가들 사이에서도 널리 이용되고 있다. 필
자는 수집 항목의 수립과 시스템 개발, 업데이트 유지보수, 분석을 담
당해 왔다. 이 DB는 2007년에 일단 '완성'되었지만, 본서 간행 시점
에도 지속적으로 내용의 검토와 수정 작업이 이루어지고 있다.

　두 번째는 일문연의 「고사류원(古事類苑) 전문(全文) 데이터베이스」
(2008년 공개)이다.[10] 이것은 메이지(明治) 시대부터 다이쇼 시대에 걸
쳐 국가 프로젝트로 편찬된 『고사류원(古事類苑)』의 전체 67,206쪽을
전자 텍스트로 만드는 것을 목표로 한 것이다. 전 국문학연구자료관
교원이자 중일 비교문학자인 아이다 미쓰루(相田滿)와 필자가 협력하
여 추진했으며, 2008년부터 매년 조금씩 데이터를 추가해 왔다. 그러
나 다양한 조판 방식과 유니코드에 없는 외자(外字, 일본의 이체자 및
특수기호)의 빈번한 출현으로 작업은 어려움을 겪었다. 중간에 작업속
도를 높이기 위해 OCR(광학 문자 인식)을 전면적으로 활용하고 외자
제작을 단념하며 교정 방침을 변경하기도 했다. 그럼에도 불구하고
2024년 4월 기준으로 20,704페이지 분량을 간신히 공개할 수 있었
다. 이 DB는 전근대 일본의 여러 개념에 대한 학습이나 연구의 단초

---

10) https://ys.nichibun.ac.jp/kojiruien/

를 얻기에 적합한 자료로, 그 제작 의의는 매우 크다고 생각한다. 최근
에는 생성형 AI에 적합하고 양질의 학습 데이터로 활용되고 있는 듯하
며, 관련 기업들의 크롤링으로 인해 트래픽이 급증하고 있다. 이처럼
인문학 연구를 넘어선 활용 가능성이 열리고 있다는 점에서, 전 권의
전자 텍스트화가 더욱 요구된다. 그러나 압도적으로 부족한 예산 문
제로 인해, 필자가 현직에 있는 동안 이를 실현하는 것은 어려울 것으
로 보인다.

　세 번째는 일문연에서 제작한 'TV 광고 영상 데이터베이스'이다.
인터넷 광고가 널리 보급되기 전까지 텔레비전 광고는 한 시대를 비추
는 거울이라고 평가되었다. 그러나 TV의 CM을 기초자료로 삼아 문화
연구를 시도하려 해도 저작권 문제나 아카이브의 부재로 인해 과거의
작품을 참조하는 것이 어려웠다. 이를 극복하기 위해 일본 TV 광고계
에서 가장 권위 있는 ACC 상(전국 일본CM방송연맹 주관하는 광고/커뮤
니케이션 분야의 권위 있는 상)을 수상한 1961년부터 1997년까지 4,411
편의 작품을 주최 단체의 승인을 얻어 일문연에서 디지털화했다. 일문
연은 이 데이터를 2002년부터 연구 목적으로만 일문연 내부에서 스트
리밍 방식으로 열람할 수 있도록 시스템을 구축했다.[11] 현재는 불법으
로 업로드 되는 등, 과거의 TV CM을 포함한 상당수의 자료가 유튜브
와 같은 플랫폼에서 쉽게 볼 수 있으며, 연구자가 이용할 수 있는 디지
털 아카이브도 존재한다.[12] 그러나 당시로서는 일문연의 데이터베이
스가 귀중한 자산이었다. 이를 바탕으로 2003년부터 3년간의 공동

---

11) 현재 도서관 내 한정된 PC엣 온라인으로 열람할 수 있다.
12) https://www.arc.ritsumei.ac.jp/database/cmdb/

연구회를 열어 CM을 문화로서 바라보는 학제적 시각을 개척했고, 2007년 그 성과를 출판했다.[13] 이 DB를 공유하고 연구자 간 논의의 토대로 삼는 연구 스타일은 매우 효과적이었다. 이 연구회를 계기로 교토세이카대학, 리쓰메이칸대학, 오사카시립대학 등에서 파생 프로젝트가 탄생했다. 당시 참가했던 젊은 연구자들 중에는 각 분야에서 일본을 대표하는 학자로 성장한 이들도 다수 있다. 이 사례는 연구 영역의 창출과 연구자 육성 측면에서도 DH적인 방법이 기여한 하나의 예라고 생각한다.

이상과 같이, 기존에는 접근할 수 없었던 자료나 인간의 힘으로는 도저히 찾아낼 수 없었던 것들이 DH를 통해 검색 가능해지고, 이를 통해 새로운 발견으로 이어진 연구 사례는 꾸준히 축적되고 있다. 그러나 이것은 어디까지나 자료에 대한 검색과 접근이 쉬워졌다는 것에 불과하며, DH가 잠재적으로 가지고 있을 인문학을 혁신할 힘을 충분히 드러내지 못했다고 자성하고 있다.

인문 자료의 활용이라는 관점에서 빼놓을 수 없는 또 하나의 논점이 있다. 자료의 디지털화는 중요하지만, 그것에 접근할 수 없다면 의미가 없다. 이 관점에서 저작권법의 규정과 그 운용은 매우 중요한 열쇠가 된다. 필자는 일본 저작권법 개정에 작용하는 역학을 밝히는 한편, 저작물에 대한 적법한 접근을 저해하는 요인을 제거하기 위해 여론을 환기하는 데 힘써왔다.[14]

최근에는 북미 지역 연구 도서관의 일본 담당 사서들로 구성된 북

13) 山田奨治(編), 『文化としてのテレビ・コマーシャル』, 世界思想社, 2007.
14) 山田奨治, 『日本の著作権はなぜこんなに厳しいのか』, 人文書院, 2011 등.

미 일본 연구 자료 조정 협의회(North American Coordinating Council on Japanese Library Resources, NCC)와 협력하여, 일본 국립국회도서관의 디지털화 자료 공중 송신 서비스를 해외에서도 이용할 수 있도록, 장애를 해소하기 위해 여러 기관에 협력을 요청하고 있다.

　말할 것도 없이 DH의 연구 자원은 저작권에 의해 큰 제약을 받고 있다. 연구적으로 훌륭한 아이디어가 있고, 저작권자의 이익을 부당하게 침해하는 사용이 아니더라도, 권리 처리가 어려워 법령 준수의 입장에서 연구를 포기해야 하는 경우가 있다. 저작권 보호 기간이 만료되었거나 권리 제한 규정이 있다면, 이러한 법적 우려는 불필요하게 된다. 그럼에도 불구하고, 2018년에 저작권 보호 기간이 70년으로 연장되었을 때나, 2023년에 '연구 목적에 관한 권리 제한 규정의 신설'이 문화심의회의 분과회의에서 보류되었을 때, DH 커뮤니티로부터 조직적인 의견 표명은 없었다.[15] DH의 기반에 영향을 미치는 법 개정에 관한 논의에서 커뮤니티가 침묵하는 것은 적절한 태도가 아니다. 특히 '연구 목적에 관한 권리 제한 규정의 신설'에 대해서는 더 많은 연구자가 이를 자신의 문제로 인식하고 의견을 표명했다면, '보류'라는 결론이 아닌 다른 결과로 이어졌을 가능성이 있었을 것이다. 이 점에서 안타까움을 느낀다.

2) 수요에 부합하는 시스템 개발

　축적된 데이터는 간편하고 인문학 연구 및 사회적 요구에 부합하는

---

15) 저작권 보호 기간이 연장될 때, 디지털 아카이브에 관심이 있는 법조인들과 아오조라 문고는 강한 우려를 표명했다.

인터페이스를 갖춘 데이터베이스(DB)로 공개되어야 하며, 운영 비용 또한 지속적으로 감당할 수 있는 범위 내에 있어야 한다. 개별 데이터들에 대한 인문학 연구의 수요는 개별성이 높아서, 모든 데이터에 적용할 수 있는 통일된 메타데이터나 인터페이스를 설계하는 것은 어렵다.

필자가 개발에 참여한 DB에서는 데이터에 조응하는 개별적인 메타데이터와 인터페이스를 설계하고, 그 DB에 특화된 기능을 구현하면서도 대부분의 개발 과정을 자체적으로 처리하여 개발 비용을 크게 절감했다. 여기서 '괴이·요괴전승DB'를 예로 들어 그 기능을 소개하고자 한다.

필자는 이 DB에 일반적인 서지 정보 검색 외에도, 유사한 명칭을 가진 요괴를 검색하거나 특정 사례와 유사한 사례를 검색하는 기능이 연구적 관점에서 필요하다고 판단했다. 유사 명칭 검색의 경우, 요괴의 명칭에 특화된 전처리를 수행한 뒤, 명칭 간의 편집 거리(레벤슈타인 거리)를 계산하는 방식으로 구현했다. 이를 통해 예를 들어, '캇파(カッパ)'와 유사한 명칭을 가진 '가-츠파(ガーッパ)', '카-츠파(カーッパ)', '갓파(ガッパ)'와 같은 사례가 있다는 것을 찾아낼 수 있다.

유사 사례 검색의 경우, 사례의 요약 문장을 형태소 분석으로 추출한 명사, 동사, 형용사에 대해 기계 학습에서 사용되는 TF-IDF라는 지표를 활용해 벡터화함으로써 구현되었다. 이를 통해 예컨대 '백성이 낮잠을 자는 여우에게 장난을 쳤다. 백성이 목욕하는 중이라고 생각했지만 실은 거름 구덩이에 들어가 있었다. 이는 여우의 복수였다'라는 사례와 유사한 것으로, '어느 가을날 승려가 낮잠을 자고 있던 여우를 조개나팔을 불어 놀라게 하자 보복당했다', '남자가 낮잠을 자는 여우를 놀라게 하자 여우가 복수로 남자를 속여 늪을 건너게 하거나 큰 산기슭으로 끌려오게 했다.'와 같은 사례를 찾아볼 수 있다.

주관적인 평가를 해본 결과, TF-IDF를 활용한 유사 사례의 검색은 나름의 특징과 한계가 존재한다. 그러나 최근 생성형 AI 업체들이 유료로 제공하는 각종 텍스트 임베딩(text embedding) 기반 벡터화와 비교했을 때 명백히 뒤떨어진다고는 할 수 없다. 다만, AI 기술의 진보를 지속해서 주시하여 더 우수한 방법을 합리적인 비용으로 사용할 수 있다면, 이를 도입하는 것도 고려하고 있다.

3) 인문학의 새로운 지견을 찾아서

그렇다면 인문학의 새로운 지견에 해당하고 DH의 방법이 아니면 도달할 수 없으며, 기존의 인문학이 간과했던 내용을 DH는 발견할 수 있을까? 이 문제에 대해서 필자의 과거 연구에서 몇 가지 사례를 소개하며 고찰하겠다.

첫 번째 사례로 일본 미술사, 통계학, 자연인류학 연구자들과 공동으로 우키요에(浮世繪)의 '미인화' 표현을 디지털화와 양적 분석으로 연구했던 작업이 있다. 대표적인 11명의 우키요에 작가의 작품에서 각 작가가 그린 여성 얼굴의 '평균 얼굴'을 생성하고, 시대적 변천에 따른 작풍의 변화를 이미지 모핑(image morphing)기술로써 동영상으로 표현했다.[16] 동영상으로 만듦으로써 표현의 변화된 부분이 움직임으로 드러나기 때문에, 전문가가 아니더라도 그 차이를 쉽게 인식할

---

16) 山田奬治, 早川聞多, 「ディジタル画像による浮世絵研究の試行」, 『情報処理学会研究報告』 100, 2000, pp.25~32.

수 있다. 그 결론은 시대가 내려올수록 눈은 올라가고, 코는 콧대가 매부리코로 변화하며, 아래턱은 들어가고 턱 끝이 뾰족해진다는 것이었다. 나아가 기타가와 우타마로(喜多川歌麿)가 그린 '다카시마 오히사(高島おひさ)'라는 '미인'의 얼굴을 3D 모델로 재현하는 시도도 이뤄졌다.

[그림 1] 대표적인 우키요에 작가들이 그린 '미인화'의 '평균 얼굴'. 왼쪽부터 니시카와 스케노부(西川祐信), 스즈키 하루노부(鈴木春信), 키타가와 우타마로(喜多川歌麿), 케이사이 에이센(渓斎英泉)

또한, 자연인류학의 두개골 계측 및 분류 기법을 도입하여, 우키요에 초기부터 후기까지의 대표적인 화가들이 그린 '미인' 얼굴에 대해 얼굴 부위의 배치를 계측하고, 이를 통해 화가의 식별이나 작품의 시대 구분이 가능한지를 검토했다. 그 결과, '미인화'의 표현에는 화가 개인의 개성보다도 동시대에 유행했던 표현 양식의 영향을 강하게 받았다는 점, 우키요에 역사의 초기, 중기, 후기를 계측 값을 통해 명확하게 구분할 수 있다는 것을 확인했다.[17]

두 번째 사례로는 불교미술학자와 공동으로 불상의 상모(相貌) 분석

---

17) 山田奨治ほか, 「浮世絵における顔表現の科学」, 『日本研究』 25, pp.13~49.
https://doi.org/10.15055/00000673

을 실시했다. 가마쿠라(鎌倉) 시대에 활약한 불상 조각가(佛師) 가이케이(快慶)가 제작한 아미타불(阿弥陀佛)의 상모에 대해 우키요에 '미인화'의 분석과 유사한 방법을 적용하여 대표적인 불교미술사학자들의 여러 설을 검토하였다. 또한 각 시대의 대표적인 여래(如来)상 21작품의 상모 계측 값을 대상으로 주성분 분석(PCA)을 통해 아스카(飛鳥) 시대 → 나라(奈良) 시대 → 헤이안(平安) 시대에 걸친 변화와 가마쿠라 시대의 덴페이(天平) 복고, 즉 가마쿠라 시대의 불상 표현이 나라 시대의 일부인 덴페이 시대의 작풍에 가까워진다는 사실을 밝혀냈다.

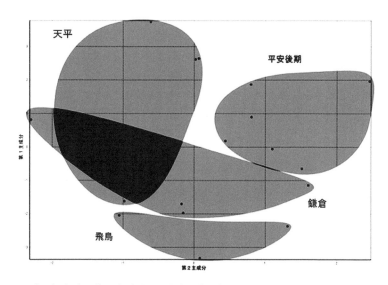

[그림 2] 아스카(飛鳥) 시대부터 가마쿠라(鎌倉) 시대까지 대표적인 여래 형상의
상모 계측 값에 대한 주성분 분석

위의 두 사례는 모두 발표 당시로서는 새로운 연구로서, 심사위원 평가를 거친 학술지나 심포지엄에서 채택되기도 했다. 그러나 이들 연구는 인문학에 새로운 지견을 더한 것은 아니다. 우키요에 '미인화'

표현의 변천도, 여래 형상의 상모 변화도 각 분야에서는 이미 '상식'으로 알려져 있던 내용이었다. 이러한 연구의 결론은 모두 일본미술사나 불교미술사의 지식을 정량적인 방법으로 재확인하거나 디지털 기술을 통해 더 쉽게 이해할 수 있도록 제시한 것에 불과하다. 즉, 인문학의 새로운 지견을 제공한 것은 아니었다. 만약 이 연구 방법으로 기존의 인문학적 견지와 다른 결과를 도출했더라도, 해당 분야를 전문 연구자들로부터 비웃음을 샀을 것이다. 마찬가지로, 만약 그 결과가 기존의 인문학적 지견과 다르다면, 필자 역시 사용된 연구 방법에 문제가 있는 것으로 판단했을 것이다. '디지털 인문학의 아포리아'가 보여주듯, DH의 성과는 항상 기존의 인문지식에 의해 타당성을 검증받을 수밖에 없기 때문이다.

세 번째 사례는 '괴이·요괴전승DB'에 축적된 데이터를 활용하여 요괴전승의 지역적 차이와 야생동물과의 관계를 탐구한 연구이다. [그림 3]의 그래프에서 세로축은 여우 요괴 현상의 보고 건수를 나타낸다. 이 그래프에서 여우 요괴 전승은 동일본에 많고, 시코쿠(四国) 지역에는 전승이 적은 경향을 보인다. 그래프의 가로축은 1978년 당시 환경성(環境省)이 공개한 야생동물 분포 데이터를 기반으로 여우의 분포를 나타낸 것이다. 시코쿠에는 동물 야생 여우의 개체수가 적고, 야생동물의 분포와 요괴의 보고 건수 사이에 비례하는 관계가 있음을 알 수 있다.

이 연구는 전국의 요괴나 동물 데이터베이스를 사용하여 이러한 관계를 실증적으로 보여준 의의가 있지만, 결론에 신선함은 없다. 여우 요괴 전승이 동일본에 많고 시코쿠에 적다는 것은 일본 민속학에서 이미 오래 전부터 알려진 내용이다. 또 야생동물인 여우가 시코쿠에 적은 것도 잘 알려져 있다. 동물과 관련된 요괴 전승이 해당 동물의 서식과 관계가 있을 가능성은 누구나 짐작할 수 있는 부분이다. 이 연구는 야생동물의 분포 데이터와 연결하여 생물의 분포와 요괴 전승 간의 관계를 분석했다는 점에서 약간 새로웠을지도 모르지만, 결국은 이미 예측 가능한 내용을 재확인한 것에 그쳤다. 이는 인문지식을 갱신하는 성과로 평가되기에 부족하다.

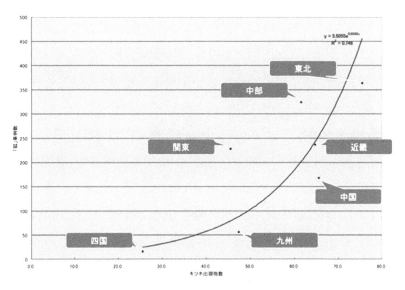

[그림 3] 요괴 '여우'와 야생동물 '여우'의 상관관계

네 번째 사례는 마찬가지로 '괴이·요괴전승DB'의 사례 요약문을 대상으로 토픽분석을 수행한 연구이다. 일반적으로 요괴의 빈도는 명칭의 등장 횟수로 측정할 수 있다. 해당 DB에서 요괴 명칭의 등장 빈도를 분석한 결과, 가장 많은 것은 '여우(キツネ)'와 관련된 사례로 3,774건, 이어서 '덴구(テング)'가 1,337건, '갓파(カッパ)'가 1,149건

이었으며, 그 다음이 '너구리(タヌキ)', '뱀(ヘビ)', '큰 뱀(ダイジャ)', '유
령(ユウレイ)', '오니(オニ)', '저주/재앙(タタリ)', '귀신불(ヒノタマ)', '산
신(ヤマノカミ)', '오소리(ムジナ)' 등이 뒤를 이었다. 요괴의 빈도를 한
층 더 깊게 이해하는 방법으로써, 명칭을 어휘 요소로 분해하여 집계
하는 시도도 이뤄졌다. 그 결과, '신', '돌', '산'과 같이 단일 명칭으로
는 두드러지게 나타나지 않지만, 일본의 요괴 현상을 구성하는 중요한
요소로 생각되는 어휘들이 추출되었다.[18]

　이처럼 호칭만으로는 알 수 없는 일본 요괴 전승의 '토픽'을 탐구함
으로써 민속학적인 지견을 얻을 수 있을지도 모른다. 그래서 모든 사
례 요약문을 대상으로 잠재적 딜리클레 할당법(LDA)으로 토픽을 추
출했다. 얻어진 토픽을 깔끔하게 해석하는 것은 어렵지만, 자주 등장
하는 호칭 외에도 '말(馬)', '소리(音)', '밤(夜)', '목소리(声)' 등 괴이
·요괴 전승을 구성하면서도 명칭만으로는 추출되지 않는 어휘들이
토픽을 형성하고 있음을 확인할 수 있었다[그림 4].

　그렇다면 과연 이것은 인문학의 새로운 지견이라고 할 수 있을까?
'소리', '밤', '목소리'가 공포의 요소가 된다는 것은 상식적으로 이해
할 수 있다. '말(馬)'은 약간의 의외성이 있지만, 과거 민속사회에서
'말'은 친숙한 존재였다는 점을 고려하면, 그것이 괴이와 연결되는 것
도 상상 가능한 범위에 속한다고 할 수 있다. 즉, 이러한 분석 결과가
발표될 가치가 있는 것은, 그것이 인문학적 관점에서 수용할 수 있기
때문이라는 것이다. 이처럼 '아포리아'는 끊임없이 따라다닌다.

18) 山田奨治, 「怪異·妖怪呼称の名彙分解とその計量」, 小松和彦編, 『怪異妖怪文化研究
　　の最前線』, せりか書房, 2009, pp.269~284.

[그림 4] 일본의 괴이·요괴 사례의 토픽

마지막 사례로 '디지털 인문학의 아포리아'를 완전히 넘어서지는 못하더라도 적어도 반걸음 정도는 넘어서지 않았을까 하는 사례를 소개하고자 한다. 이것은 '백귀야행 그림 두루마리(百鬼夜行絵巻)'로 총칭되는 그림 두루마리 군의 다양한 변형들로부터 그 원형이 되었던 형식을 추정한 연구이다.

수많은 '백귀야행 그림 두루마리' 중에서도, 국가 중요문화재로 지정되어 있고 무로마치 시대의 작품으로 추정되는 '진주암본(真珠庵本)'이 유명하다. 그리고 이것과 도상이 다른 전본(傳本)으로 '교토시립예대본(京都市立藝大本)', '일문연 A본' 등이 알려져 있으며, 현존하는 많은 이본(異本)은 이들을 합본한 것이거나 도상을 교체한 것이라는 설이 유력했다. 필자는 고마쓰 가즈히코가 수집한 자료를 중심으로, 71개의「백귀야행 그림 두루마리」에 대해 도상의 배치를 기호화하고 '진주암본'과 같은 '오니(鬼)'가 등장하지만, 그 배열이 다른 9종의 그림 두루마리에 대해 계통수를 작성했다[그림 5].

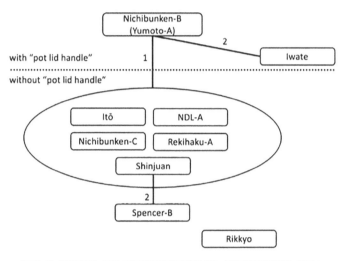

[그림 5] '백귀야행 그림 두루마리(百鬼夜行絵巻)' '진주암본' 계열의 계통수

그 결과, 에도시대(1603~1868)의 사본으로 추정되는 '일문연 B본(Nichibunken-B)'이란 책에 남아있는 도상 배치가 편집되어 6종류의 그림 두루마리가 만들어졌고, 그로부터 2종류의 그림 두루마리가 파생되었다고 추정되었다. 문화재로서, 그리고 미술품으로서 높은 평가를 받는 '진주암본(Shinjuan)' 그 자체보다 '일문연 B본'에서 보이는 도상 배치가「백귀야행 그림 두루마리」의 원형에 더욱 가까운 것이 아니겠냐는 결론에 이르렀다. 이는 기존의 인문지식에 없었던 내용이며, '진주암본'에 절대적인 가치를 부여해 온 지금까지의 '상식'과는 다른 결과이다.

이 결과가 나왔을 때, 필자는 우선 자신이 채택한 방법론의 타당성을 의심했다. 미술사학자도, 요괴 연구자도 아닌 필자가 단독으로 이런 결과를 발표하면 전문가들로부터 비웃음만 받을 것 같아 DH의 '새로운 지견'의 발표를 주저했다. '디지털 인문학의 아포리아'가 가로막고 있었다.

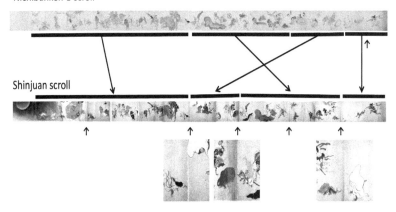

Nichibunken-B scroll

Shinjuan scroll

[그림 6] '일문연B본'에서 '진주암본'으로

그런데 '진주암본'을 다시 관찰하니, 종이를 이어 붙인 이음새 부분에 도상이 그려져 있지 않은 구간이 있는 것이 발견되었다. [그림 6]의 화살표로 표시된 부분이다. 이들 구간 중 몇 군데에서 종이를 분리하여 재배치하면 '진주암본(Shinjuan scroll)'의 배열을 '일문연 B본 (Nichibunken-B scroll)'의 배열로 변환할 수 있다는 사실이 드러났다. 즉, '진주암본'은 역사상의 어느 시점에서 종이가 분리되었다가 다시 이어 붙이는 과정에서 순서가 뒤바뀌는 착간(錯簡)이 일어났을 가능성이 있다는 것이다. 이러한 새로운 관찰을 바탕으로 71개의 '백귀야

행 그림 두루마리'의 계통을 복원하는 가설을 제시했다.[19]

위와 같은 가설, 특히 '진주암본' 착간설은 지금까지 어느 전문가도 제기한 적이 없었으며, 이 연구를 발표한 이후에도 반론은 나오지 않고 있다. 한 심포지엄에서 두루마리 전문가로부터 다음과 같은 의견을 들은 적이 있다. "'진주암본'의 종이 연결부를 관찰해보면 이음새 부분에 색이 변한 곳이 있다. 그것은 한때 종이가 분리되어 보관된 상태였음을 의미한다. 그러나 착간의 가능성까지는 생각해 본 적이 없었다."라고 한다.

즉 '진주암본'을 둘러싼 '새로운 지견'은 인문지식의 보유자들이 부분적으로 알고 있던 사실을 DH가 다른 방법론을 통해 더욱 포괄적으로 지적한 것이라고 할 수 있다. 본 연구는 기존의 인문지식에 없던 지견을 인문학과는 다른 방법론으로 제시했다는 점에서 '디지털 인문학의 아포리아'를 반걸음 정도 극복한 것이 아닌가 싶다.

3. 범람하는 디지털에 대한 비판

앞서 살펴본 바와 같이, DH는 '아포리아'를 안고 있으면서도 인문학의 새로운 지평을 열 가능성을 지니고 있다. 그러나 동시에 DH적 방법론의 발전으로 인해 인문학 연구의 기반이 되는 문화적 환경이

---

19) Yamada, Shoji, "Unveiling the Editing Process of Japanese Demons Picture Scrolls: How Digital Humanities Played a Role in Developing a New Theory in Art History," *Digital Humanities Quarterly*, 17(4), 2023, On-line journal, 〈https://www.digitalhumanities.org/dhq/vol/17/4/000717/000717.html〉.

파괴되는 현상도 발생하고 있다.

그 일례로 필자는 교토와 근교에 있는 문화재, 특히 사찰의 내부 벽문이나 칸막이에 그려진 그림인 '장벽화'를 디지털 복제품으로 대체하는 프로젝트에 대해 문제를 제기한 적이 있다.[20] 이는 국보나 중요문화재로 지정된 작품을 최신 디지털 기술을 구사해서 고정밀 복제품으로 제작하고 사찰에 있는 본래 작품을 복제품으로 교체한 뒤, 원작을 수장고에 보관해 버리는 일련의 프로젝트를 가리킨다. 이 프로젝트는 여러 기업에 의해 추진되고 있으며, 필자가 추적한 2016년까지 이런 방식으로 디지털 복제품으로 대체된 작품은 최소 56점에 달한다.

디지털화된 문화재 정보는 본래의 문화재에 대해서 육안으로는 불가능한 근접 관찰을 가능하게 하거나, 고해상도 이미지를 인테리어 소재로 상품화하는 등의 활용 방식을 낳고 있다. 또한, 사찰에 디지털 복제품을 두고 원작품을 수장고에 보관함으로써 보존성이 향상될 수도 있다는 논의도 있다. 그러나 수백 년 동안 그 사원에 가면 누구나 볼 수 있었던 진품이 진품과 똑같다고 여겨지는 복제품으로 교체됨으로써 원작품에 접근하기가 어려워진다. 무엇보다도, 사찰의 방장(方丈)에서 감상하도록 의도된 장벽화와 같은 작품의 컨텍스트가 거의 영구적으로 파괴된다는 점이 문제이다. 그리고 이런 종류의 '문화적 환경 파괴'에 대한 사회적 합의 없이 기업들이 기술력을 과시하는 수

---

[20] Yamada, Shoji, "Who Moved My Masterpiece? Digital Reproduction, Replacement, and the Vanishing Cultural Heritage of Kyoto," *International Journal of Cultural Property*, 24, 2017, pp.295~320. doi:10.1017/S0940739117000145. Author's edition: 〈https://doi.org/10.15055/00007294〉.

단으로 디지털 복제에 의한 대체작업을 거의 무비판적으로 진행하고
있다.

　일본 미술사 분야의 한 노대가는 자신이 학생 시절에 특정 사찰에
머물면서 중요문화재로 지정된 '후스마에(襖絵, 미닫이 문에 그려진 그
림)'에 둘러싸인 작은 방에서 잠을 자며 관찰력을 키웠다고 회고한다.
그러나 지금은 그 사찰에 가도 머무는 것은 허용되지 않는데, 그 방에
있는 것은 디지털 복제품으로 대체된 것이며, 원작은 어두운 수장고
안에 있다. 디지털로 복제품으로 대체된 것이 아닌 진품은 학생이나
젊은 연구자들에게 더는 쉽게 접근할 수 없는 것이 되어 버렸다.

　앞서 논의한 '디지털 인문학의 아포리아'는, 인문학이 DH를 향해
던지는 '아포리아'였다. 이에 반해 디지털 복제를 통한 원작 대체의
문제는 DH적인 상황이 인문학에 던지는 '아포리아'라고 할 수 있다.
인문학의 입장에서 '디지털 인문학의 아포리아'는 '인문학은 DH를 멈
출 수 없다. 왜냐하면, 인문학은 DH에 발을 들여놓음으로써만 평가받
기 때문이다'라고 요약할 수 있을 것이다. 그리고 현재로서는 이 '아포
리아'에 대해 인문학은 저항할 수 없을 뿐만 아니라, 프로젝트의 감수
나 박물관에 작품을 저장하는 형태로, 오히려 디지털 복제와 대체작
업에 적극적으로 협력하고 있는 것처럼 보이기도 한다.

　이러한 문제의식을 여러 매체에서 발신한 것이 영향을 미쳤는지는
불확실하지만, 최근 들어 '귀향(里帰り)'이라는 명목으로 원작품을 원
래 있던 방장(方丈)으로 일시적으로 되돌려 놓는 시도가 이루어지고
있다. 이러한 시도는 입장료 수입을 늘리려는 의도도 있겠지만, 진품
을 원래의 맥락에서 다시 감상할 수 있다는 점에서 그 의의는 분명히
크다고 생각한다.

4. AI와 학문적 체계로서의 디지털 인문학(DH)

앞으로 디지털 인문학(DH)의 주요 화두는 분명히 인공지능(AI)의 활용일 것이다. 문학연구처럼 텍스트 정보의 빅데이터화가 선행된 분야에서는, 문장 내 어휘 사용 경향을 통계적으로 분석함으로써 정독과는 대조되는 '원독(遠讀)'이 가능해진다. 이를 통해 정독을 전제로 하는 문학 연구와는 다른 새로운 연구 관점을 발견할 수 있다. 가까운 미래에는 AI의 도움으로 문학 작품에 대한 보다 고도화된 정독이 가능해질지도 모른다.

그렇다면 체스나 바둑, 장기에서 일어났던 것처럼 AI가 최고 수준의 인간 능력을 능가하는 시대가 인문학에도 도래할 것인가? 게임처럼 정해진 목표를 향해 최적의 해답을 찾는 문제에서 인간은 더 이상 AI와 경쟁할 수 없을 것이다. 하지만 인문학에는 명확한 골(goal)이 존재하지 않는다. 오히려 자명해 보이는 가치를 허물고, 목표 자체를 해체하는 데 인문학의 의의가 있는 것이 아닐까?

장기(將棋)의 세계를 석권하고 있는 세대에 공통으로 볼 수 있듯이, AI를 사용하여 자신의 능력을 향상시키는 사용법이 인문학에도 개척될 수 있을지도 모른다. 그러나 만약 AI로 단련된 인문학자가 새로운 학설을 제시한다고 해도, 그것을 가치 있게 여기는 것은 인문지식이다. 따라서 AI를 활용한 정보지식은 인문지식을 넘어서기 어렵고, 인간이 AI에 위협받을 수 있는 영역은 제한적일 것이다. 즉, '디지털 인문학의 아포리아'는 인문학자의 방어선으로 기능할 수 있다.

인문학 빅데이터가 점점 더 방대해지고 AI가 이를 학습한다고 해도, AI가 인문지식을 변혁시키는 일은 당분간 일어나기 어려울 것이다.

현재로서는 AI가 인문학의 방법론으로 자리 잡거나, 인문학의 학문적 체계 안에 AI의 자리를 확보하기는 어려워 보이기 때문이다. 그러나 AI를 활용하는 디지털 인문학(DH)이 단순히 자료의 디지털화, 검색 및 유통의 촉진, 시각화의 차원을 넘어설 가능성은 있다. 기존 인문학과 다른 유형의 데이터와 거대한 규모의 데이터에 대해, 기존과는 다른 방법론으로 AI를 활용하고, 나아가 AI가 그 결과를 평가하는 단계까지 이르게 된다면, 이는 디지털 인문학이 독립적인 학문체계로 자리 잡았다고 볼 수 있을지도 모른다.

마지막으로 처음의 질문으로 돌아가 보자. 디지털 인문학(DH)은 인문학과 정보학의 학제적 프로젝트에 불과한 것인가? 아니면 확고한 학문적 체계로 자리 잡아야 하는가? 학문적 체계라 불리는 것에는 그것이 다루는 연구 대상에 대한 독자적인 방법론이 존재한다. 학문적 체계란 고정된 방법론을 활용해 특정 대상을 합리적으로 이해하려는 활동이라고도 할 수 있다. 확고한 체계일수록 그 방법론과 대상은 더욱 고정되고 제한적이다. DH의 경우, 연구 대상은 인문학과 공통되지만, 방법론은 기존의 인문학에서 찾아볼 수 없었던 새로운 접근 방식이다. 따라서 방법론의 관점에서 보면, DH는 독자적인 체계가 될 가능성을 가진다. 하지만 DH는 문제 설정과 연구 결과의 타당성을 스스로 평가할 수 없으며, 인문학에 의존하고 있다. 이러한 한계 때문에, DH는 자율적인 디시플린으로 자리 잡기 어렵고, 단지 '인문학의 디지털 확장'에 머무르고 있다고 볼 수 있다.

아니, 애초에 DH가 프로젝트인가 학문체계이냐는 질문은 별 의미가 없을지도 모른다. 그렇다면 인문학자와 DH학자는 지금 무엇을 지향해야 할까? DH가 때에 따라서는 AI의 도움을 받으면서 인문학에서 벗어나 독자적인 학문체계를 구축하고 거기에 안주하는 것, 이른바 '문어항아리화'는 피해야 할 것이다. 일본어로 이루어지는 일본 연구와 외국어로 이루어지는 일본 연구가 서로 교류하지 않고 병존하는 것처럼, 인문학과 DH 사이에 그러한 단절이 발생하는 것은 바람직하지 않다. DH의 발전을 목표로 하기 위해서는, 인문학과 더 나은 협업을 지향하기 위해서는, DH의 정의를 재검토하고 단순한 도구가 아니라 새로운 유형의 질문을 제기하며 정보학에 의한 답변을 제시하는 것으로서 그 역할을 명확히 해야 한다. 나아가 인문학에는 없는 DH 고유의 평가 체계를 개발하고, 전통적인 인문학에 의존하지 않는 새로운 기준을 마련함으로써 DH의 방법론이 가져오는 혁신적인 성과를 적절히 평가할 수 있도록 해야 한다.

　DH만의 평가 기준의 일례로 자료의 공개성이 점차 정착되고 있다. 과거 인문학에서 자료는 숨겨야 한다는 생각이 있었다. 귀중한 자료를 연구실이나 그룹에서 보관하고, 연구를 마친 후 번역본이나 영인본(影印本)의 형태로 공개하는 방식이었다. 인문학에서 자료를 공개하는 것은 '성과'라고 할 수 없었다. 그런 생각이 지지를 받지 못하고 자료의 디지털화를 통한 신속한 공개성을 요구하게 된 것은 DH가 인문학에 가져온 큰 변화라고 할 수 있다.

　DH는 인문학에 새로운 평가 기준을 가져오고 있다. 과거에는 소장자료의 이미지를 인터넷에 공개할 때 화질을 떨어뜨린 것을 내놓고, 고화질 이미지 데이터는 보존용이거나 유료로 제공했다. 그러나 IIIF 표준이 국제 기준으로 자리 잡으면서, 자료 제공자와 사용자 모두 인식하지 못하는 사이에 고해상도 이미지가 공개되고, 사용자의 기기에 자동으로 복사되는 것이 당연한 일이 되었다. IIIF가 더욱 확산함에 따라 저화질 화상 공개로는 평가받지 못하는 시대가 올 것이다. DH가 가져오는 새로운 평가 기준으로, 생성한 데이터의 재사용 가능성이나 다른 데이터 소스와의 연계가 얼마나 잘 정비되어 있느냐도 앞으로 중요한 평가 기준이 될 것이다.

　DH를 재정의하는 것은 DH를 다시 학문적으로 체계화하거나 '문어 항아리'로 만들기 위해서가 아니다. DH의 개념과 활용 방식을 재고함으로써 인문학 연구에서 DH의 위치와 영향을 더 깊고 넓게 이해하고 평가하는 데 필요한 작업이다. DH가 다양한 관점을 제공함으로써 인문학에 자극을 주고 양자 간의 대화가 깊어지는 관계가 지금 요구되고 있다.

양성윤 옮김

〈감사의 말〉
본 연구의 일부는, JSPS科硏費24K03233의 조성기금을 받아 수행한 것이다.

제2부

데이터베이스를 만들다

제3장

에도시대 지역 자료를 연결하는
주변 정보 수집과 공유

요시가 나쓰코

1. 시작하며

　에도시대의 번정(藩政) 기록은 일본 역사를 이해하는 데 매우 중요
한 자료이다. 이 기록들은 번(藩)의 정치, 경제, 사회 상황을 상세하게
기록하고 있어 당시의 생활과 사건을 이해하는 데 귀중한 단서가 된
다. 특히 사가번 내에 남아있는 일기는 그 내용이 풍부한 것은 물론,
보존 상태 또한 양호해서 역사 연구에 있어 높은 가치를 지니고 있다.
　에도시대 히젠(사가) 지역에는 지방지행제(地方知行制)에 따라 사가
번으로부터 일정한 자치권을 위임받은 지번이 편찬한 업무일지와 번
소속의 측근과 같은 인물들이 사적으로 작성한 일기가 다수 남아 있
다. 이들 사료에는 정치, 경제, 사건 등 각 번과 무가 주변에서 일어난
일들이 날짜와 함께 상세히 기록되어 있으며, 번마다 날씨까지 기록
되어 있는 경우도 있다.

2. 에도시대 번정 기록의 개요

에도시대(1603~1868)는 일본에서 봉건제도가 확립된 시기로, 각지에 '번'이라는 지역 행정 단위가 존재했다. 번정 기록은 이러한 번이 수행한 업무에 대한 기록으로, 주로 번주와 그 측근, 번 관리들에 의해 작성되었다. 이 기록에는 영내외의 정치, 경제, 병역, 사건, 재해, 관혼상제 등 다양한 사건들이 기록되어 있어 당시 번의 운영 상황을 자세히 파악할 수 있다.

[그림 1] 옛 히젠국(肥前) 사가번(佐賀)의 세 가문 중 하나인 오기 나베시마 가문에서 작성된 일기 원본(사가대학 부속도서관)의 예. 날짜별, 사건별로 기재되어 있다.

번정 기록은 번마다 형식과 내용이 다르지만, 일반적으로 '일기' ([그림 1])의 형식으로 남아있는 경우가 많다. 일기는 날짜순으로 사건이 기록되어 있으며, 상세한 정보를 담고 있어 후대 연구자들에게 매우 귀중한 자료로 취급되고 있다. 현재에는 도서관, 대학, 신사 등지

에 다수 보존되어 있으나, 그중 상당수는 아직 연구 대상이 되지 못하고 있다.[1]

1) 일기의 해독 및 독해의 장애물

일기는 당시의 공식 기록으로 향토사 연구자에는 방대한 정보의 보고이다. 그러나 이 방대한 자료의 내용을 현대에 와서 제대로 파악하기 위해서는 몇 가지 과제가 존재한다. 첫째, 번정일기의 서술 형식은 일반적으로 '소로문(候文)'이라고 불리는 문어체이며, 손글씨(구즈시자)로 쓰여졌다는 점이다. 메이지 시대 이후 교육 개혁으로 인해 구즈시자체가 폐지되고, 이후 해서체를 사용하도록 교육해왔던 만큼, CODH 사이트[2]에 따르면 현재에는 일본 전체 인구의 0.01%만이 에도시대 이전의 구즈시자체를 읽을 수 있다고 한다. 또한 한문조의 소로문을 읽는 것 자체에도 전문적인 지식과 훈련이 필요하다.

더욱이, 번정일기에는 지명과 인명, 직책명 등이 자주 등장하기 때문에 이를 당시의 배경과 함께 정확하게 이해하는 능력이 요구된다. 따라서 일기 내용을 올바르게 해석하기 위해서는 당시의 지명과 직책명의 변천, 정치적 배경 등을 자세히 살펴볼 필요가 있다.

---

1) 요시가 나쓰코(吉賀夏子), 이토 아키히로(伊藤昭弘), 「[A4] 지역에 산재한 에도시대 옛기록의 시계열 제시를 통한 정보 보완을 목표로 한 데이터베이스 구축([A4] 地域に散在する江戸期古記録の時系列提示による情報補完を目指したデータベースの構築)」, 『디지털 아카이브 학회지(Web)(デジタルアーカイブ学会誌(Web))』 6(3), 2022, pp.131~134.
2) 「みを(miwo): AI구즈시자 인식 어플리케이션 | ROIS-DS인문 오픈데이터 공동이용센터(CODH)」, 〈http://codh.rois.ac.jp/miwo/〉 (검색일: 2024.7.21.)

이렇듯 번정일기는 매우 귀중한 자료이기는 하지만, 그 해독과 이 해에 고도의 전문지식이 필요하기 때문에 현대의 연구자들에게는 이를 다루는 것 자체가 큰 도전이 되고 있는 것이다.

2) 사가지역의 번정 기록

사가번은 에도시대 히젠국 사가군(肥前国 佐賀郡)에 존재했던 나베시마(鍋島)가의 번이다. 2020년에 간행된 도록 '오기번일기의 세계: 근세 오기 20년을 기억하다'[3]에 따르면, 일기와 관련된 자료로 사가번 내에는 번주의 행동을 기록한 '오소바일기(御側日記)'가 존재하지만, 일기에 해당하는 기록은 몇 년 분량밖에 남지 않았다고 한다. 한편, 산케(三家) 이하의 지번에는 많은 번정일기가 남아 있다. [표 1]은 사가대학교 지역학 역사문화연구센터가 '사가번 관련『일기』자료 시계열 데이터베이스'[4]에 수집한 일기 이미지의 등록 현황이다. 특히 [표 1]에서 등록 건수로 상위권을 차지하고 있는 '오기번일기'와 '하스노이케번 세이야쿠쇼일기'는 다른 번(藩)에 비해 정보가 풍부하다.

다음 절에서는 이들 일기에 대해 설명할 것이다.

---

3) 사가대학교 지역학 역사문화연구센터, 「오기번일기의 세계: 근세 오기 20년 기억: 20년도 사가대학교·오기시 교류사업 특별전(小城藩日記の世界: 近世小城二○○年の記憶: 令和二年度佐賀大学·小城市交流事業特別展)」, 사가대학교 지역학 역사문화연구센터(佐賀大学地域学歴史文化研究センター), 2022, p.97.

4) 사가대학 지역학 역사문화연구센터, 「사가번 관련『일기』자료 시계열 데이터베이스」, 〈https://crch.dl.saga-u.ac.jp/dates/〉 (검색일: 2024.7.21)

[표 1] 2024년 7월 현재 '사가번 관련 『일기』 자료 시계열 데이터베이스'에 등록된 일기명, 등록 이미지가 있는 일수 및 자연현상이 있는 일수

자연현상명	기재일수
맑음	14,098
비	4,938
흐림	4,792
쾌청	3,298
눈	332
바람	181
번개	93
호우	49
태풍	24
지진	24
홍수	3
일식	2
해일	1

(1) 하스노이케번 세이야쿠쇼일기의 특징

하스노이케번은 도자마 다이묘(外様大名)인 사가번 나베시마(鍋島) 씨의 신하로 가장 상위인 '산케'에 속하는 지번이다. 사가성(히젠국 사가군, 현 사가현 사가시 성내)에서 약 6km 떨어진 하스노이케(현 사가현 사가시 하스이케쵸)에 진을 쳤다.

하스노이케 나베시마 가문 문고 자료군 중 하나인 '세이야쿠쇼일기'는 하스노이케번에서 작성된 기록으로, 현재는 사가현립도서관 데이터베이스 및 '사가번 관련 『일기』자료 연대기 데이터베이스'에서 본문 이미지를 열람할 수 있다.[5]

[표 1]에서 볼 수 있듯이 세이야쿠쇼일기의 기사문 게재 일수는 다

른 일기에 비해 월등히 많다. 또한 매일의 날씨와 자연현상도 날짜와 함께 기록되어 있다.

(2) 오기번일기의 특징

사가대학교 부속도서관이 소장하고 있는 오기 나베시마 문고는 오기 나베시마 가문에서 전래된 사료군이다. 이 문고를 구성하는 사료 중 하나인「(오기번) 일기」는 사가번의 지번인 오기번(현 사가현 오기시 오기마치)이 작성한 상세한 번정 기록이다. [표 1]에서 볼 수 있듯이, 이미지로 볼 수 있는 일기 중에서는 하스노이케번 세이야쿠쇼일기에 이어 두 번째로 많으며, 약 85년간의 분량이 남아 있다.

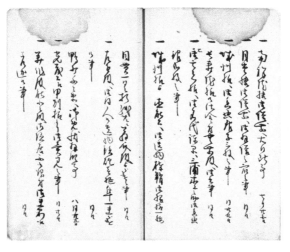

[그림 2] 일기목록 원본(사가대학 부속도서관)의 예. 목록에는 일기의
내용을 일목요연하게 정리한 문장과 날짜가 기재되어 있다.

5) 사가현립도서관,「사가현립도서관 데이터베이스」,〈https://www.sagalibdb.jp/〉
(검색일: 2024.7.21)

오기번의 번정 자료의 가장 큰 특징은 오기번의 옛 기록자가 편찬한 '일기목록'이라는 사료가 일기와는 별도로 약 122년 분량으로 존재한다는 점이다([그림 2]).

일기는 하루에 일어난 사건을 상세하게 기록하지만, 이를 1년 단위로 묶으면 두꺼운 책자가 되어버려 나중에 과거의 사건을 찾고자 할 때 난항을 겪게 된다. 그래서 날짜별 혹은 절과 신사별로 기사를 분류하고, 기사를 요약한 후, 항목별로 정리한 목록을 별도로 작성하였다. 말하자면 이는 에도시대의 데이터베이스로, 현재는 오기번의 목록만 확인되고 있다.

'일기목록'에 수록된 각 기사문은 현대의 신문기사처럼 언제, 어디서, 무엇을, 누가, 무엇을 했는지 등과 같은 요소를 빠르게 찾을 수 있도록 간결하게 기재되어 있다. 따라서 일기 본문 대신 한자를 해독할 수 있는 전문가가 일기목록을 수작업으로 번안하는 것도 정량적으로는 가능했다. 즉, 일기목록이 존재했기에 텍스트화하여 데이터베이스를 구축할 수 있었던 것이다.

위에 열거한 하스노이케번 및 오기번의 번정 기록의 원본은 현재 사가 대학 부속도서관, 사가 현립도서관 등에 분산되어 보존되어 있다. 그 본문의 이미지는 디지털화되어 데이터베이스로서 무료로 공개되어 있다. 따라서 연구자나 일반 시민이 쉽게 기재 내용을 열람할 수 있게 되어, 물리적 편의성이나 역사 자료의 장기 보존 측면에서 본다면 역사 자료의 조사 환경이 크게 개선되었다고 할 수 있다.

그러나 오기번의 일기목록 외의 일기에 대해서는 구즈시자 이미지에서 텍스트를 따로 추출해두지 않았기 때문에 전문 검색이나 관련 연구나 주요 인물에 대한 정보를 참조하는 것은 아직 불가능하다. 즉,

이들 데이터베이스로 역사자료에 대한 이용자 및 관리자의 물리적 편의성은 크게 높아졌지만, 역사자료 자체의 내용 이해와 가치 발견을 촉진하기 위해서는 여전히 많은 과제가 남아있다고 할 수 있다.

3) 사가 지역 이외의 번정 기록

사가 지역 이외에도 전국의 각 번에서 번정 기록으로 작성된 일기가 남아있으며, 현재는 웹 브라우저에서 직접 내용을 열람할 수 있는 사이트도 조금씩 늘어나고 있다.

예를 들어, 돗토리 현립박물관이 소장하고 있는 '가로일기(家老日記)'는 돗토리(鳥取)의 번주 이케다(池田) 가문의 가신 중 최고위직이었던 가로가 작성한 기록으로, 명나라 원년(1655)부터 메이지 2년(1869)까지를 다룬 250책이 전해지고 있다. 이 '가로일기'는 돗토리 디지털 컬렉션에서 검색이 가능하다.[6],[7] 본문 이미지와 번각문을 같은 화면에서 동시에 열람하는 것은 불가능하지만, PDF로 정리된 일기 이미지와 그에 대응하는 번각 텍스트가 각각 존재한다. 참고로, 이 사이트는 헤이세이 16년(2004)에서 헤이세이 27년(2015) 사이에 돗토리 현립박물관 및 현사(県史)편찬실이 번각하여 내용을 확인한 텍스트를 읽을 수 있는 데다 CSV 데이터로 일괄 다운로드도 할 수 있는 귀중한 사이트이다.

----

6) 돗토리현, 「상세검색 | 돗토리 디지털 컬렉션」, 〈https://digital-collection.pref.tottori.lg.jp/search/search?cls=muse_c208〉 (검색일: 2024.7.22)

7) 「돗토리번정자료 가로일기에 대하여/토리넷/돗토리현 공식 사이트」, 〈https://www.pref.tottori.lg.jp/266880.htm〉 (검색일: 2024.7.22)

이미지만으로 한정한다면 더 많은 사이트에서 이러한 자료를 찾아 볼 수 있다. 예를 들어, 아오모리현(青森) 히로사키(弘前) 시립 히로사키 도서관 소장 '히로사키번청일기(弘前藩庁日記)'는 간분 원년(1661) 부터 게이오 4년(1868)까지 약 200년에 걸친 공식 기록으로, 히로사키성에 관한 '구니일기(國日記)' 3,308책, 에도 저택에 관한 '에도일기(江戸日記)' 1,226책이 남아있으며, 그중 2,192책 분량에 해당하는 직접 기재한 내용을 브라우저에서 확인할 수 있다.[8],[9]

오이타현(大分) 우스키(臼杵) 시립 우스키 도서관 소장 우스키번의 '고카이쇼일기(御会所日記)'의 경우, 엔포 2년(1674)부터 메이지 4년(1872)까지의 기간 동안 작성된 기록 중 잔존분인 448책 가운데 321책을 국문학연구자료관 사이트에서 열람할 수 있다.[8],[10] 또한 니이가타현(新潟) 조에쓰(上越) 시립 다카다(高田) 도서관이 소장하고 있는 다카다번에서 게이안 3년(1650)년부터 메이지까지의 약 220년의 기간 동안 작성된 1,100여 권의 '사카키바라 문서 번정일기(榊原文書藩

8) 일반재단법인 인문정보학연구소, 오오무카이 잇키(大向一輝), 나가사키 기요노리(永崎研宣), 니시오카 치후미(西岡千文), 하시모토 유타(橋本雄太), 요시가 나쓰코, 『IIIF[트리플아이에프]로 개척하는 디지털 아카이브: 콘텐츠의 가능성을 세계로 연결하다(IIIF[トリプルアイエフ]で拓くデジタルアーカイブ: コンテンツの可能性を世界につなぐ)』, 문학통신(文学通信), 2024.

9) 아오모리현 히로사키시, 「목록 상세/히로사키번청 일기」, 〈https://adeac.jp/hirosaki-lib/catalog/mp000228-200010〉 (검색일: 2024.7.22)

10) 국문학연구자료관, 「우스키시 소장 우스키번 관련 문서 | 검색 결과 목록」, 〈https://archives.nijl.ac.jp/G0000002UU01/kind?l1=01.%E3%83%9E%E3%82%A4%E3%82%AF%E3%83%AD%E3%80%80%E8%87%BC%E6%9D%B5%E5%B8%82%E6%89%80%E8%94%B5%E8%87%BC%E6%9D%B5%E8%97%A9%E9%96%A2%E4%BF%82%E6%96%87%E6%9B%B8&l2=03.%E5%BE%A1%E4%BC%9A%E6%89%80%E6%97%A5%E8%A8%98〉 (검색일: 2024.7.22)

政日記)' 중 80권 분량이 이미지로 공개되어 있다.[8],[11]

이처럼 전국 약 250여 개의 번의 대부분은 각 번을 구성하는 가문 또는 번의 고닛키방(御日記方), 또는 큐키방(旧記方)이라 불리는 기록 부서를 통해 약 200~250년 전후에 걸쳐 일상의 업무기록이 작성되었을 것으로 보이며, 이들 자료는 현재 각 지역의 사건과 문화를 밝히는 데 중요한 열쇠가 되고 있다.

3. 오기번일기 데이터베이스의 개요

1) 데이터베이스 구축의 배경

오기번일기 데이터베이스 구축은 사가대학교 지역학 역사문화연구센터의 이토 아키히로(伊藤昭弘) 교수가 중심이 되어 추진한 프로젝트이다. 이 프로젝트는 에도시대의 번정 기록을 디지털화하여 연구자나 일반 시민이 데이터에 폭넓게 접근할 수 있도록 하는 것을 목표로 하고 있다. 1장에서 언급했듯이, 에도시대 히젠(사가) 지역에는 지방지행제에 따라 사가번으로부터 일정한 자치권을 위임받은 지번이 편찬한 업무 일지 중 다수가 보존되어 있다.

이 프로젝트가 추진된 계기는 사가대학 지역학 역사문화연구센터([그림 2])의 이토 아키히로 교수의 의뢰였다. 필자는 당시 전자도서

---

11) 니가타현립도서관/니가타현립문서관, 「사카키바라 문서 번정일기 일기(에도)호레키 13년」, 〈https://opac.pref-lib.niigata.niigata.jp/darc/opac/switch-detail.do?idx= 5〉 (검색일: 2024.7.22)

관 구축 및 관리 업무에 종사하고 있었는데, 이토 교수로부터 사가대학 부속도서관에 방대한 번정 자료([그림 3])가 있으며, 이를 데이터베이스화할 수 없겠느냐는 의뢰를 받게 되었다. 그 후 데이터베이스의 구축이 진행되어 2022년도에 '오기번일기 데이터베이스'[12]가 완성되었다.[13]

[그림 3] 사가대학교 부속도서관 소장 '오기 나베시마 문고' 서가(왼쪽). 일기는 연도별로 파일 케이스에 정리되어 있으며, 케이스 안에는 오른쪽과 같은 부책이 들어 있다.

2) 데이터베이스의 내용과 기능

'오기번일기 데이터베이스'는 앞서 언급한 바와 같이 사가대학교 지역학 역사문화연구센터가 구축한 것으로, 사가대학교 부속도서관에 보존되어 있는 오기 나베시마문고 '일기목록'의 전체 기사 및 각 기사에 해당하는 원본 '일기' 이미지를 축적하고 텍스트와 날짜로 검

---

12) 사가대학교 지역학 역사문화연구센터, 「오기번일기 데이터베이스」, 〈https://crch.dl. saga-u.ac.jp/nikki/〉 (검색일: 2024.7.22)

13) 요시가 나쓰코, 다다키 신이치, 이토 아키히로, 「오기번일기 데이터베이스의 구축(小城藩日記データベースの構築)」, 『연구보고인문과학과컴퓨터(硏究報告人文科學とコンピュータ(CH))』 117(3), 2018, pp.1~7.

색할 수 있는 웹사이트이다. 이 데이터베이스는 역사학자인 이토 아키히로 교수와 정보학 출신인 필자가 데이터베이스에 필요한 기능을 검토하였으며, 그 결과 다음과 같은 기능을 갖추게 되었다.

(1) 데이터베이스의 연구 및 교육적 이용에 적합한 이용 허가

데이터베이스 구축 초기에 가장 먼저 착수해야 했던 것은 데이터베이스에 축적된 데이터와 이미지를 번거로운 절차 없이 논문이나 저서에 이용할 수 있게 한다는 수요를 최대한 실현하는 것이었다.

그러기 위해서는 기존의 신청제도를 폐지하고, 전세계 사람들이 이해할 수 있는 형태로 이용 허가를 명시할 필요가 있었다. 당시 이용 허가까지 명시한 인문계 데이터베이스는 거의 없었기 때문에 본 센터와 필자, 사가대학교 부속도서관 및 동 대학 종합정보기반센터에서 여러 차례의 심의를 거쳐 구체적인 이용 허가 심볼로 크리에이티브 커먼즈(Creative Commons, CC)[14]를 채택하였다.

크리에이티브 커먼즈는 저작자가 저작물을 어떻게 다뤄야 하는가를 몇 가지 단계로 나누어 명시할 수 있는 구조를 제공하고 있다. 국내 주요 데이터베이스 제공 기관에서도 CC를 이용해 이용 허가에 대해 명시하고 있는 사례가 있으며, 그 사례를 검토한 결과 본 데이터베이스에서는 'CC BY NC SA', 즉 '표시-비영리-계승'으로 저작자 표시, 비영리 이용, 변경물에 대한 동일 라이선스 조건으로의 공유를 요구하기로 했다.

---

14) 크리에이티브 커먼즈 재팬, 「크리에이티브 커먼즈 재팬」, 〈https://creativecommons.jp/〉(검색일: 2024.7.19)

(2) 전문 검색 기능

본 데이터베이스는 일기목록의 각 기사문을 텍스트 데이터로 저장하고 있으며, 이용자는 등록번호(각 기사문에 부여된 고유번호), 일기 기사문, 전거이용/번각(관련연구), 음력 날짜, 분류명(관혼상제, 가신(家中) 등과 같이 본 센터에서 기사문에 부여한 분류명[15](분류명에 등록된 단어 리스트를 참조할 것), 인명, 지명, 사건 등의 키워드로 검색할 수 있다([그림 4]).

[그림 4] 검색 결과의 예. 화면 오른쪽에 분류명, 키워드를 표시하고 있다.

또한, 키워드 입력 시 검색 조건 추가 기능을 통해 AND 또는 OR로 검색할 수 있으며, 검색하고자 하는 기사문의 연대를 좁히는 것도 가능하다.

이러한 기능을 통해 특정 사건이나 주제와 관련된 기록을 빠르게 찾을 수 있다. 이 기능은 연구자들이 특정 주제에 대한 정보를 효율적으로 수집할 수 있게 하는 강력한 도구가 될 수 있다.

또한, 검색창에는 도구 대시보드라는 버튼이 있는데, 일정 개수 이하의 검색 결과가 나타났을 때 '(대시보드)1' 버튼을 클릭하면 '연관

---

15) 「오기번일기 데이터베이스의 데이터 셋」, 〈https://crch.dl.saga-u.ac.jp/nikki/dataset/index.php〉 (검색일: 2024.7.23)

어' 화면([그림 5])을 볼 수 있다. 연관어 화면에서는 검색한 키워드가 검색된 기사문 안에 있는 또 다른 키워드 및 그 개수를 시각화할 수 있다.

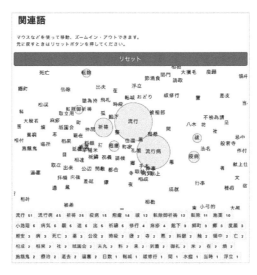

[그림 5] '유행'으로 기사 문장을 검색한 결과. 유행에는 질병, 기도, 액막이와 관련된 키워드가 동시에 출현한다.

(3) 시계열 표시 기능

본 데이터베이스는 일기의 기록을 날짜순으로 표시하는 기능을 가지고 있다. 이를 통해 특정 기간 동안의 사건의 연속성이나 변화를 시각적으로 추적할 수 있다. 이 기능은 역사적 사건의 흐름과 그 영향을 이해하는 데 유용하다.

① 음력 및 그레고리력 변환 기능

본 데이터베이스는 HuTime[16]을 사용하여 음력을 그레고리력으로 변환하는 기능을 제공한다. 이를 통해 일기의 기록을 현대의 달력에 맞춰 표시할 수 있어 연구자들은 서로 다른 시대의 사건을 보다 쉽게 비교할 수 있다.

예를 들어, 호레키 12년 9월 4일(음력)을 현대 일본에서 사용하는 그레고리력으로 HuTime을 사용하여 변환하는 경우, 가장 간단한 방법은 다음과 같이 URL(Unified Resource Locator)을 사용하는 것이다.

> '호레키 12년 9월 4일'의 예시:
> http://datetime.hutime.org/calendar/1001.1/date/宝暦12年9月4日
> 그레고리력 : 1762년 10월 20일
> 율리우스력 날짜: 2364909.5

위 URL에 접속하면 호레키 12년 9월 4일은 그레고리력으로는 1762년 10월 20일이 된다. 참고로 본 데이터베이스에서는 HuTime에서 율리우스력 날짜(율리우스력으로 기원전 4713년 1월 1일부터의 경과일수)[17]로 변환하여 날짜를 숫자로 변환하고, 이를 오름차순 및 내림차순으로 정렬할 수 있는 기능을 부여하고 있다.

② 연표 표시

[그림 6]과 같이 검색 결과에 표시된 기사문 및 사이트에 공개된 일기의 잔존 상황을 간단한 연표를 통해 자동으로 시각화할 수 있다.

---

16) 세키노 다쓰키(関野樹), 「HuTime - Time Information System」, 〈https://www.hutime.jp/〉(검색일: 2024.7.19)
17) 국립천문대, 「달력위키/율리우스의 날 - 국립천문대 달력계산실」, 〈https://eco.mtk.nao.ac.jp/koyomi/wiki/A5E6A5EAA5A6A5B9C6FC.html〉(검색일: 2024.7.24)

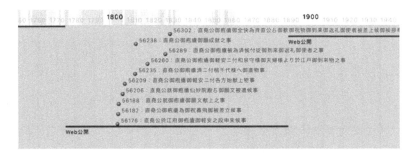

[그림 6] 검색 결과를 연표화한 예시. 연표에는 일기 이미지의 공개 상황을
'일기-일기 목록 잔존 현황표'와 연동하여 표시하고 있다.

(4) 이미지 표시 기능

본 데이터베이스에는 일기의 디지털 이미지가 고해상도로 저장되어 있으며, 사용자는 이를 온라인으로 열람할 수 있다. 또한, 이미지는 IIIF(International Image Interoperability Framework)[18] 표준을 준수하기 때문에 다양한 애플리케이션과 플랫폼에서 호환이 가능하며, 사용자는 다양한 기기에서 접속할 수 있다. 이 기능은 원자료의 보존 상태를 유지하면서도 보다 광범위한 접근을 가능하게 한다.

예를 들어, 등록번호 332 '元武公始て御暇飛脚到着之事(텐와 2년 5월 20일)'라는 '일기목록'의 기사문에는 해당 문장에 대응하는 '일기'의 이미지가 있다. 사전에 기사문에 해당하는 제목이 어떤 이미지와 연동되는지 본 센터에서 입력 및 대응해 두었기 때문에, 사이트에 비치된 Mirador[19] 뷰어를 사용하여 대상 기사문이 실려있는 페이지를

---

18) The IIIF Consortium(IIIF-C), 「International Image Interoperability Framework」, 〈https://iiif.io/〉(검색일: 2024.7.17)

19) ProjectMirador, 「Mirador - Home」, 〈https://projectmirador.org/〉(검색일: 2024. 7.24)

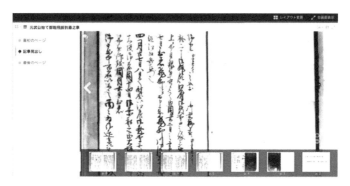

[그림 7] 기사문에 해당하는 제목에 연결된 이미지를 IIIF 이미지 뷰어로 열어본 모습.
뷰어에 '기사 제목'이라는 메뉴가 있어 클릭하면 해당 제목으로 이동할 수 있다.

제목에서 바로 열 수 있다([그림 7]).

 촬영한 역사자료 이미지를 IIIF에 대응하면 인문학 연구에 활용할
수 있는 다양한 이점이 생긴다. 우선 뷰어를 통해 전 세계 주요 기관이
소장하고 있는 고화질 이미지를 웹 브라우저로 간편하게 열람할 수
있다. 또한, 대응 애플리케이션을 이용하면 IIIF의 모든 이미지에 대해
이미지 자르기, 보충정보 부여(주석), 복수 동시표시를 통한 비교 등이
가능해진다. 일본에서의 실천 사례로는 먼저 CODH(인문학 오픈 데이터
공동이용센터)의 IIIF Curation Platform 웹사이트[20]를 참고할 수 있다.

(5) 기사문과 관련된 연구 표시 기능

 본 데이터베이스에는 기사문과 관련된 연구 및 주요 인물 정보를
표시하는 기능이 있다. 예를 들어, 기사문 검색 결과에는 관련 연구
논문 및 저서, 전문 번역 자료 등이 존재하면 해당내용이 기사문 아래

---

20) 「IIIF Curation Platform」, 〈http://codh.rois.ac.jp/icp/〉 (검색일: 2024.7.24)

표시된다. 또한, 관련 인물명에도 본 센터에서 기사문에 연결한 데이터베이스 내에 해당 영주 및 그 가족의 기본 정보가 있으면 동시에 표시하도록 하고 있다. 이 기능은 연구자들이 광범위한 맥락에서 자료를 이해하고 관련 정보를 효율적으로 수집하는 데 도움을 주고 있다.

3) 관련 데이터베이스의 내용과 기능

일기 및 일기목록이라는 오기 지역의 기록에는 기록에 등장하는 번 안팎의 인물 자체의 기록과 절과 신사의 기록이 연결되어 있다. 또한 오기번 이외의 사가번의 신하들의 무가, 관리들의 일기에도 날짜가 기재되어 있기 때문에 시간축에 따라 그 기록들을 서로 연결시킬 수 있다. 따라서 본 센터에서는 데이터베이스와 별도로 아래와 같은 데이터베이스를 구축하여 오기번일기와 연결하고 있다.

(1) 인명전거 데이터베이스

본 데이터베이스에는 일기에 등장하는 주요 인물(번주, 그 가족, 측근, 관리 등)의 정보를 관리하기 위한 인명전거 데이터베이스가 포함되어 있다. 이 데이터베이스는 본 센터에서 체계적으로 정리하여 일기에 수록된 주요 인물들의 정보를 검색 가능한 형태로 제공하고 있다. 각 인물에 대한 내용은 통제어, 오기번일기상의 별칭, 실명 등과 같은 명칭, 생몰년, 가족관계를 중심으로 수록되어 있다.

(2) 고죠방일기·지샤방발초·사가교류 기사목록 데이터베이스

고죠방일기·지샤방발초·사가교류 기사목록 데이터베이스[21]는 오기번과 관련된 다양한 일기와 기록을 수집하고 그 내용을 디지털화하여 공개함으로써 연구자나 일반 시민이 쉽게 접근할 수 있도록 하는 것을 목적으로 하고 있다. 이 데이터베이스에는 '사가교류', '지샤방 발초', '고죠방일기'의 기사 목록의 번각 기사문이 추가되었다. 아래에서 각 사료에 대해 자세히 설명하도록 하겠다.[22]

① 고죠방일기

「고죠방일기(御状方日記)」는 오기번 고죠방(御状方)의 관리의 기록으로, 번주의 동향과 서찰 등이 상세히 기록되어 있다. 이 사료는 분세이 원년(1818)부터 게이오 원년(1865)까지의 기록이 담긴 26책과 간세이 3년(1791), 8년(1796), 10년(1798)의 3책이 전해지고 있다.[4] 특히 번주에 관한 정보가 풍부하여 오기번의 정치 동향을 자세히 알 수 있다.

② 지샤방발초

'지샤방발초(寺社方抜書)'는 오기번과 관련된 절과 신사에 관한 기록을 정리한 것이다. 이 사료는 안에이 5년(1776)부터 게이오 원년(1865)까지의 기록이 담긴 9책이 전해지고 있으며, '오기번일기'와 겹치는 기사가 많다.

---

21) 사가대학 지역학 역사문화연구센터, 「고죠방 일기·지샤방 발초·사가교류 기사목록 데이터베이스」, 〈https://crch.dl.saga-u.ac.jp/nikki-others/〉 (검색일: 2024.7.24)
22) 이토 아키히로, 「이용안내 「고죠방 일기·지샤방 발초·사가교류 기사목록 데이터베이스」 웹사이트에 대하여」, 〈https://crch.dl.saga-u.ac.jp/nikki-others/info.php〉 (검색일: 2024.7.25)

③ 사가교류

「사가교류(佐嘉御取合)」는 사가번과의 교류를 정리한 사료이다. 이 사료에는 호에이 2년(1705)부터 분세이 7년(1824)까지의 기사가 수록되어 있으며, 현재는 문화 11년(1814)부터 분큐 2년(1862)까지의 기록이 담긴 10책이 전해지고 있다.

이러한 사료를 오기번일기 데이터베이스와 연계하여 활용하면 보다 폭넓은 정보를 얻을 수 있다. 그래서 실제로 오기번일기 데이터베이스 상에서 상기한 데이터베이스의 기사문을 동시에 열람할 수 있도록 했다. 각 사료는 오기번일기가 다루지 않는 자세한 정보나 시기 등을 제공하기 때문에 오기번은 물론 히젠(사가) 지역의 연구를 진행하는 데 매우 중요한 역할을 하고 있다.

(3) 사가번 관련 '일기' 자료 시계열 데이터베이스

사가번 관련 '일기' 자료 시계열 데이터베이스[4]는 2.2절에서도 언급했지만, 사가번과 관련된 다양한 일기 자료를 디지털화하여 시계열로 정리·공개하는 것을 목적으로 하고 있다. 아래는 이 데이터베이스의 이용 안내[23]에서 발췌한 내용이다.

현재 공개 중인 오기번일기 데이터베이스는 사가대학교 부속도서관에서 소장하고 있는 오기 나베시마 문고의 '오기번일기'를 기반으로 구성되어 있다. 이 데이터베이스는 '일기목록'을 번각·데이터베이

---

23) 이토 아키히로, 「이용안내 사가번 관련 「일기」 자료 연대기 데이터베이스에 대하여: 취지」, 〈https://crch.dl.saga-u.ac.jp/dates/info.php〉 (검색일: 2024.7.25)

스화하여 기사 검색과 이미지 열람이 가능하다. 그러나 '일기목록'에서 소실된 시기가 있어, 그 분량의 '오기번일기'는 데이터베이스에서 열람할 수 없다.

한편, 오기 나베시마 문고에는 '오기번일기' 외에도 '오쓰기일기(御次日記)'와 '고죠방일기' 등 여러 '일기' 자료가 전해지고 있다. 이 자료들에 대해서도 오기번과 마찬가지로 데이터베이스 공개가 검토되었지만, '오기번일기'와 같이 기사 목록이 작성된 것은 일부에 국한되어 있기 때문에 같은 방식으로는 대부분을 공개할 수 없다.

따라서 '일기' 자료를 보다 쉽게 이용할 수 있도록 각 '일기' 이미지를 날짜로 묶었다. 그 일기 목록은 [표 1]과 같이 16가지가 존재한다. 이 방식을 통해 특정 날짜에 여러 개의 '일기' 자료가 있는지를 데이터베이스 화면에서 확인할 수 있다. 물론 이미지가 존재한다면 브라우저 상에서 동시 비교가 가능하다.

또한, 「하스노이케번 세이야쿠쇼일기」, 「구라마치 나베시마일기」, 「노토미 나베시마일기」에서는 일기 이미지로 확인할 수 있는 자연현상을 수작업으로 데이터베이스에 등록했다. 따라서 자연현상에 대해서도 검색할 수 있다([표 2]).

[표 2] 시계열 데이터베이스에서 검색 가능한 자연현상 및
각 자연현상이 기재된 일수[1)]

일기명	등록된 이미지가 있는 일수	자연현상이 있는 일수
하스노이케번 세이야쿠쇼일기	27276	26425
오기번일기	22731	0
오쓰기일기	3894	0

고죠방일기	4244	0
스가이오쓰기일기	2191	0
스가이고죠방일기	1423	0
오힛코시오자이유오쓰기일기	176	0
나오스케공오자이유일기	1066	0
하마일기	1976	0
루스고죠방일기	340	0
역소일기	234	0
아마모토가일기	5010	0
구라마치 나베시마일기	0	1147
노토미 나베시마일기	0	36325
시라이시 나베시마일기	0	0
시라이시 나베시마 오소바일기	0	0

4. 시민과학과 머신러닝의 융합을 통한 데이터베이스 활용 사례

필자는 데이터베이스를 구축하면서 인문학 연구자의 제안을 정보 기술로 최대한 실현해 왔다. 이 장에서는 정보학계 연구자인 필자가 인문학 연구자에게 제안한 방안들을 소개하고자 한다.

1) 시민과학과 머신러닝의 융합

시민과학은 일반 시민이 자발적으로 연구 활동에 참여해 과학적 지식을 심화시키는 활동이다. 오기번일기 데이터베이스에서는 시민이 참여하는 번각 프로젝트를 통해 텍스트 데이터에서 키워드를 추출하고 있다. 이 시민과학 활동은 머신러닝과 결합해 통해 보다 고도화된 데이터 분석을 가능하게 하고 있다.

필자는 기사문에서 키워드를 추출할 때 형태소 분석 도구[24]를 개선해 키워드를 추출하는 동시에 키워드 클래스명을 자동으로 부여하는 프로그램을 개발하였다.[25] [표 3]에 나타낸 키워드 클래스를 부여해 키워드를 대략적인 의미로 분류하는 것이 목적이다.

[표 3] 오기번일기 목록 기사문의 키워드 추출에 사용된 키워드 클래스

키워드 클래스명	설명
EVENT	사건, 사건의 명칭
TERMS	소로문용어 접속사, 정형구
ROLE	직책·역할, 가족관계
PERSON(JINMEI)	인명, 호칭
PLACE	장소, 지명, 건물의 명칭
QUANTITY	수량, 수나 단위를 나타내는 말
DATE	일시, 일시를 나타내는 말

이러한 방식으로 사람들이 기사문의 내용을 이해하는 것을 도울 수 있다. 이를 통해 웹에서 일정한 범용 키워드를 미리 추출하여 형태소 분석 도구의 사전에 축적해 둠으로써 기사문에서 대량의 키워드를 추

---

24) 구도 다쿠(工藤拓), 「MeCab: Yet Another Part-of-Speech and Morphological Analyzer」, 〈https://taku910.github.io/mecab/〉(검색일: 2024.7.16)

25) 요시가 나쓰코, 다다키 신이치, 「고전적 서지 데이터 구조에 대응한 Linked Data로의 반자동 변환(古典籍書誌データ構造に対応したLinked Dataへの半自動変換)」, 『정보처리학회 논문지(情報処理学会論文誌)』 59(2), 2018, pp.257~266.

출하고 키워드 클래스를 분류(이하 키워드 추출)하는 것이 가능해 졌다.

그러나 이 방법으로는 지역의 키워드를 추출할 수 없다. 그래서 오기번이 존재했던 지역의 향토사에 정통한 60~80세의 시민 몇 명에게 부탁해 작업 사이트에서 키워드를 추출해 달라고 요청하였다. 그리고 그 데이터를 형태소 분석 도구의 사전으로 편입해 갱신을 반복했다. 그 결과 4만 건의 목록 기사문에서 지역 키워드를 효율적으로 추출하는데 성공했다.[26]

2) 추출 키워드를 이용한 사가 지역의 역사 분석 사례

4.1절에서 소개한 노력으로 오기번일기목록에서 지역의 키워드를 포함한 키워드를 사용하여 기사내용을 보다 상세하게 검색할 수 있게 되었다. 본 절에서는 사가 지역에서 발생한 천연두의 경위와 관련된 구체적인 사례를 소개한다.

천연두는 현재는 근절된 전염병이지만, 에도시대에는 큰 사회문제가 되었던 전염병이다. 오기번일기 및 일기목록에도 그 발생과 대응에 관한 기록이 남아있다. 이에 천연두 및 그 방제에 관한 검색과 분석 시도에 대해 소개하고자 한다.[27]

---

26) 요시가 나쓰코, 호리 료아키, 다다키 신이치, 나가사키 켄노부, 이토 아키히로, 「향토에 남아있는 에도시대 고기록의 기계 판독화를 위한 시민참여 및 기계학습에 의한 키워드 추출(郷土に残存する江戸期古記録の機械可読化を目的とした市民参加および機械学習による固有表現抽出)」, 『정보처리학회 논문지(情報処理学会論文誌)』63(2), 2022, pp.310~323.

27) 이토 아키히로, 「귀중서 소개 근세의 역병 "오기번일기 데이터베이스를 이용하여"」, 사가대학교 부속도서관, 〈https://www.lib.saga-u.ac.jp/assets/pdf/about/public/kichosho/kichosho44.pdf〉 (검색일: 2024.7.17)

3.1.2절에서 언급했듯이, 오기번일기 데이터베이스에는 키워드로 검색한 목록의 기사문에서 동시에 발견된 관련 키워드를 시각화하는 기능이 있다. 이 기능을 이용하여 일기 중에서 '역병'과 관련된 용어를 확인했다.

그 결과 23건의 기사문이 발견되었는데, '전염병'이 19건, '정화'가 6건, '기도'가 6건, '전제'가 5건인 반면, 전염병에 대한 적극적인 치료로 여겨지는 '시약'은 2건이었다. 애초에 시약이라는 단어가 포함된 기사문은 27건이 발견되었으나, 이들 기사문은 1782년 이전에는 나타나지 않았다.

천연두 방제의 개요를 살펴보자면, 1790년 아키즈키 번의 의사 오가타 슌사쿠(尾方春朔)가 중국에서 유래한 인두법에 성공했음에도 불구하고 널리 보급되지 않았는데, 이는 시술자에게 기술과 경험이 필요했을 뿐만 아니라 안전성에도 문제가 있었기 때문으로 판단된다.[28] 또한 1798년 제너가 보다 안전한 우두법을 발표했지만 당시 일본이 쇄국 상태였던 점, 1824년 동북과 홋카이도에서 우두법으로 종두를 실시했음에도 불구하고 비법으로 간주되어 규슈의 히젠국까지 보급되지 않은 점 등의 이유가 겹쳤던 것으로 보인다.

그러나 1848년 사가번의 당주이자 서양의학에 긍정적인 태도를 보였던 나베시마 나오마사(鍋島直正)가 종두를 받아들여 적자(嫡子)에게 종두를 접종함으로써 종두의 효과를 영내에 널리 알렸다. 이로써 사람들이 긍정적인 시선을 보내기 시작했고, 마침내 종두법이 널리

---

28) 아오키 세유키(青木歲幸), 「종두법 보급에서 본 재래지(種痘法普及にみる在来知)」, 『사가대학 지역학 역사문화연구센터 연구기요(佐賀大学地域学歴史文化研究センター研究紀要)』7, 2013, pp.1~21.

보급되게 된다.[29]

5. 마치며

본 논문에서는 오기번일기 데이터베이스 구축과 그 활용에 대해 상세히 기술하였다. 이 데이터베이스는 에도시대의 번정 기록을 디지털화하여 연구자나 일반 시민이 널리 접근할 수 있도록 하는 것을 목적으로 한다. 본고에서 소개한 '일기', '일기목록' 등의 번정 기록은 일본의 역사와 문화를 이해하는 데 매우 중요한 자료이며, 그 디지털화는 자료의 보존, 접근성 향상, 분석 촉진, 새로운 지식의 발견 등 다양한 시너지 효과를 가져온다.

오기번일기 데이터베이스는 시민과학과 머신러닝의 융합을 통한 데이터베이스 활용 사례로 그 선구자적 역할을 하고 있다. 시민이 참여하는 번각 프로젝트와 머신러닝 기술을 활용한 키워드 추출 기술은 역사 자료의 분석을 효율화하여 새로운 역사적 발견을 가능하게 하고 있다. 특히 천연두 관련 사례는 역사적 전염병 대책의 변천을 밝히고, 사람들의 문화와 사상을 고려한 현대의 공중보건 대책에도 시사점을 준다.

또한, 이 데이터베이스를 구축하는 과정에서 정보학 연구자와 인문학 연구자의 협력이 필수적이었다는 점을 강조하고 싶다. 인문계에서는 달력의 형식, 지역명, 전문용어, 역사적 배경 등에 대한 주변 지식이 필요하다. 따라서 정보처리를 하는 기술자 스스로도 대상 데이터의 성격과 배경을 공부하고 인문학 연구자들과 긴밀하게 소통할 필요가 있다.

이러한 협력은 단순한 기술적 데이터베이스 구축에 그치지 않고, 광범위한 시민과의 대화를 통한 기술 개발 촉진에도 기여하고 있다. 데이터베이스 공개와 강연회, 연구 전시를 통해 다양한 배경을 가진 사람들이 모여 지식을 공유할 수 있는 장을 마련하고 있다. 이를 통해 기술과 인문학이 융합되어 보다 깊은 역사 이해가 가능해진다.

앞으로도 오기번일기 데이터베이스를 비롯한 업무일지 계열의 데이터베이스를 확충하고 그 응용 가능성을 탐구하는 것을 통해 디지털 휴머니티 교육의 발전에 기여할 수 있을 것으로 기대한다.

신재민 옮김

제4장

요괴 데이터베이스가 개척하는
새로운 연구의 가능성

야스이 마나미

1. 시작하며

여러 인문학 분야에서 디지털 인문학을 다루게 된 지도 꽤 시간이 흘렀다. 예를 들어, 제니퍼 에드먼드(Jennifer Edmond)는 디지털 인문학이 할 수 있는 일로서 "새로운 질문을 낳고, 새로운 패턴을 발견하고, 새로운 데이터를 창출하며, 이전과는 다른 청중에게 말을 걸며, 테크놀로지와 이 세계와의 관계를 더 잘 이해할 수 있도록 하는, 인문학과 테크놀로지 연구의 영역을 넓힌다"고 구체적으로 언급하고 있다.[1] 본고에서 소개할 국제일본 문화연구센터(国際日本文化研究セン

---

[1] 2016년 3월 4일 나라여자대학아시아젠더문화연구센터(奈良女子大学アジア・ジェンダー文化学研究センター主催講演会)가 주최한 강연회 '디지털 시대의 인문학 재구성(Reframing the Humanities in the Digital Age)'에서 강연한 제니퍼 에드먼드(Jennifer Edmond)의 「21세기 인문학 연구의 본질을 테크놀로지가 어떻게 변화시키는가? 디지털 인문학의 과제와 방법에 대한 소개(How is Technology changing the nature of humanities research in the 21st Century? An introduction to the issues and methods of digital humanities)」내용과 마쓰오카 에쓰코(松岡悦子) 나라여자대학 명예교수가 제공한 일본어 자료 참조. 에드먼드는 디지털 인문학의 단점도 언급하

ター)의 '요괴'에 관련된 데이터베이스(이하, 요괴 데이터베이스)는 전술한 디지털 인문학이 할 수 있는 일을 모색해 왔다. 지금은 인문학 분야에서 데이터베이스를 만드는 것이 흔한 일이지만 2002년에 '괴이·요괴 전승 데이터베이스(怪異·妖怪伝承データベース)'가 공개되었을 당시에는 게임이나 영화, 애니메이션 등의 인기의 영향도 있어, 공개한지 3일 만에 10만 건의 접속이 있었고, 데이터베이스의 접속 카운터가 고장 날 정도였다.[2] 그 후, 이번에는 요괴의 이미지 데이터베이스를 만들어 달라는 많은 요청이 있어서 2010년에 '괴이·요괴 이미지 데이터베이스'가 공개되었다. 두 데이터베이스 모두 연구자뿐만 아니라 학생, 크리에이터, 요괴를 좋아하는 사람들을 비롯해 많은 사람들로부터 개설 초기부터 접속이 끊이지 않았다. 또한 텔레비전 프로그램에서 요괴 데이터베이스의 요괴 그림이 사용되거나, 전시회에 빌려 달라는 요청이 있거나, 일본 국내외에서의 문의도 계속되고 있다.

필자는 초기부터 요괴에 관한 일본문학연구센터의 공동연구회에 참가해[3] '괴이·요괴 전승 데이터베이스'를 이용한 계량분석을 시도하거나, 데이터베이스 활용에 대한 공동 발표를 진행했다. 2017년, 일본문학연구센터에 부임한 이후로는 데이터베이스 갱신 작업에 참

며, 예를 들어 연구 과제 자체가 아닌 언어 자체가 남성성을 띠고 있다는 사례를 통해 무의식적으로 성편향(gender bias)을 만들어 낼 수 있다는 우려를 제기한다.

2) 요괴 데이터베이스의 준비작업을 담당했던 마쓰무라 가오루코(松村薫子)의 발언.(山田奬治·真鍋昌賢·松村薫子·永原順子·飯倉義之·中野洋平·小松和彦, 「妖怪データベースの創造: 妖怪プロジェクト室かく闘えり」, 小松和彦·安井眞奈美·南郷晃子 編, 『妖怪文化研究の新時代』, せりか書房, 2022, pp.124~153)

3) 일문연 공동연구, 「일본에서의 괴이·괴담문화의 성립과 변천에 관한 학제적 연구(日本における怪異·怪談文化の成立と変遷に関する学際的研究)」(대표자 고마쓰 가즈히코, 1998~2000년도)

여하며, 해외에서 연구 발표할 때에도 적극적으로 괴이·요괴 전승 데이터베이스를 소개하고 있다. 2024년 2월에 한국 고려대학교에서 개최된 심포지엄 "디지털 인문학과 데이터베이스를 통해 본 인문학의 세계"에서 요괴 데이터베이스에 대해 발표했을 때, '그런 데이터베이스가 있다니 솔직히 놀랐다'며 플로어의 연구자들과 대학원생들이 말을 걸어왔다. 본고에서는 요괴 데이터베이스를 토대로 현재 과제와 앞으로의 전망에 대해 논의하고자 한다.

2. 괴이·요괴에 관한 데이터베이스

1) 괴이·요괴란 무엇인가

요괴는 현대 일본의 대중문화에서 인기 있는 캐릭터일 뿐만 아니라 예로부터 다양한 형태로 창조되고 묘사되어 왔다. 일본의 요괴 연구를 이끌어온 고마쓰 가즈히코(小松和彦)는 괴이·요괴를 "신비적이고 기이하며 어쩐지 기분 나쁜 현상이나 존재. 그중에서도 초자연적인 개입으로 인해 발생한 것으로 여겨지는 경우를 괴이·요괴로 간주한다. 또 인간에게는 바람직하지 않은 현상"이라고 정의하고 있다.[4] 최인학의 『한국 신이 요괴 사전』(2020)의 서문에도 고마쓰 가즈히코를 중심으로 한 일본의 요괴 문화 연구가 선구적인 역할을 했음을 소개하고 있다.[5] 국제일본문화연구센터에서 고마쓰가 주최한 공동 연구회에는 미

---

4) 小松和彦, 「1妖怪とは何か」, 『妖怪学の基礎知識』, 角川学芸出版, 2011.
5) 최인학, 『한국 신이 요괴 사전』, 민속원, 2020.

술사, 역사학, 민속학, 인류학, 예능사(芸能史) 등 다양한 분야의 연구
자들뿐만 아니라 소설가 교고쿠 나쓰히코(京極夏彦)나 편집자도 참여
하여, 매번 요괴에 대해 폭넓은 시야에서 다각적인 연구가 진행되었
다. 이를 바탕으로『일본 요괴학 대전(日本妖怪学大全)』(2003), 일본문
화연구센터 요괴 문화 총서『요괴 문화 연구의 최전선(妖怪文化研究の
最前線)』(2009),『요괴 문화의 전통과 창조: 에마키·초지에서 만화·라
이트노벨까지(妖怪文化の伝統と創造: 絵巻·草紙からマンガ·ラノベまで)』
(2010),『진화하는 요괴 문화 연구(進化する妖怪文化研究)』(2017),『요
괴 문화 연구의 신시대(妖怪文化研究の新時代)』(2022), 또한 요괴 데이
터베이스를 기반으로 한『일본 괴이 요괴 대사전(日本怪異妖怪大辞典)』
(2013) 등 많은 저서가 출간되었다.[6] 고마쓰의『요괴 문화 입문(妖怪文
化入門)』은 영어로 번역되어, 요괴를 이해하는 입문서로 읽히고 있다.[7]

　괴이·요괴 전승 데이터베이스 '괴이·요괴에 대하여' 페이지에는,
고마쓰가 요괴·괴이에 대해 다음과 같이 알기 쉽게 설명하고 있다.
"고도 경제 성장기 이후, 우리 주변에서 급속하게 사라져 간 갓파(河
童), 텐구(天狗), 오니(鬼), 혹은 불가사의한 능력을 가진 여우나 너구
리, 뱀, 고양이 등의 동물들－옛날 사람들은 이것들을 '원령(もののけ)'
혹은 '괴물(化け物)', '화신·마물(変化·魔性の物)' 등으로 부르며 두려

6)　小松和彦 編,『日本妖怪学大全』, 小学館, 2003;『妖怪文化研究の最前線』, せりか書房,
　　2009;『妖怪文化の伝統と創造: 絵巻·草紙からマンガ·ラノベまで』, せりか書房, 2010;
　　『進化する妖怪文化研究』, せりか書房, 2017; 小松和彦·安井眞奈美·南郷晃子 編,『妖
　　怪文化研究の新時代』, せりか書房, 2022. 등
7)　小松和彦,『妖怪文化入門』, せりか書房, 2006.(Komatsu Kazuhiko, *An introduction
　　to yōkai culture: monsters, ghosts, and outsiders in Japanese history*, Hiroko
　　Yoda and Matt Alt(tr.), Japan Publishing Industry Foundation for Culture, 2017).

워했습니다. 그 전승세계는 일본인의 마음에 있어서 '고향'의 한 축을 이루어 왔다고 해도 과언이 아닙니다. 이 데이터베이스는 그러한 '원령', '괴물' 등에 관한 데이터베이스입니다."라고 일반 대중을 염두에 두고 설명하고 있다.

일본의 요괴는 다양한 특징을 가지고 있다. 괴이·요괴 전승 데이터베이스 내에서 사례 수가 많은 괴이·요괴로는 "여우, 텐구, 카파, 너구리, 뱀, 구렁이, 유령, 오니, 저주, 도깨비불, 산신, 오소리" 등으로, 동물도 요괴에서 중요한 위치를 차지해 왔다. 가가와 마사노부(香川雅信)에 따르면, 다양한 동물은 '자연'을 체현하는 존재로서 요괴 이미지의 핵심 부분을 형성하며, 주요 동물로는 사슴, 뱀, 여우, 너구리, 고양이, 늑대가 있다.[8] 이 외에도 기물(器物) 요괴 등이 많이 존재한다. 이는 근세의 박물학적 사고를 바탕으로 요괴가 창조된, 바로 가가와가 제시하는 '에도의 요괴 혁명'의 산물이었다.[9]

한편 한국에서 요괴에 해당하는 용어는 '도깨비'로, 박미경은 "한국(조선)의 설화·전승에 등장하는 귀신이나 유령, 때로는 민간 신앙의 신까지 널리 지칭하는 단어이자 일본어로 말하면 오니, 갓파, 텐구 등의 존재를 널리 지칭하는 총칭 명사로서의 '요괴'에 대체로 대응한다"고 개관하고 있다.[10] 박미경에 따르면, 조선에서는 출판이 서민 문화로 보급되지 않았기 때문에, "에도 시대부터 서민 문화 속에서 시각적

---

8) 香川雅信, 「妖怪としての動物」, 山中由里子·山田仁史 編, 『この世のキワ: 〈自然〉の内と外』, 勉誠出版, 2019, p.124, pp.135~136.

9) 香川雅信, 『江戸の妖怪革命』, 河出書房新社, 2005.

10) 朴美暻, 「韓国の妖怪「ドッケビ」の世代別認識」, 『平安女学院大学研究年報』 23, 2022, p.54.

이미지를 많이 가지고 있던 일본과는 달리, 요괴를 묘사하는 문화가 존재하지 않았다"고 분석한다.[11] 요괴의 특징은 각각의 문화에서 크게 다르기 때문에 향후 비교 연구는 중요하다.

2) 괴이·요괴 전승 데이터베이스

"괴이·요괴 전승 데이터베이스"(https://www.nichibun.ac.jp/Youkai DB/)는, 일본문학연구센터에서 요괴 문화 연구를 이끌어온 고마쓰 가즈히코 일본문학연구센터 명예교수가, 입수하기 어려운 민속 관련 요괴 문화 자료를 집에서도 쉽게 검색하고, 신뢰할 수 있는 서지 정보와 함께 열람할 수 있도록 정보학 전공의 야마다 쇼지(山田奬治) 일본문학연구센터 교수와 함께 개발한 것이다. 이 데이터베이스는 민속학 관련 잡지, 전국의 도도부현사(都道府県史)의 민속편(民俗編), 또한 민속지에 가까운 성격을 가진 수필류에서 "체험담 혹은 체험담의 집적으로 형성된 것으로 보이는 전승"을 모은 문자 정보 기반의 데이터베이스이다. 옛날이야기처럼 명백히 허구로 여겨지는 이야기는 제외되어 있다. 괴의전승 데이터를 수집한 서지로는 다케다 아키라(竹田旦) 편집『민속학 관계 잡지 문헌 총람(民俗学関係雑誌文献総覧)』(1978)에 수록된 민속학 관련 잡지,『일본 수필 대성(日本随筆大成)』제1기~제3기(1975~1978), 민속편이 포함된 도도부현사, 그리고 야나기타 구니오(柳田國男)의『요괴명휘(妖怪名彙)』가 있다.[12] 이러한 기준을 토대로

11) 朴美暻,『韓国の「鬼」-ドッケビの視覚表象』, 京都大学学術出版会, 2015, p.59.
12) 竹田旦 編,『民俗学関係雑誌文献総覧』, 国書刊行会, 1978.『日本随筆大成』第1期~第3期, 吉川弘文館, 1975~78. 柳田國男,「妖怪名彙」,『妖怪談義』, 修道社, 1956.(柳

[그림 1] 쥐처럼 작은 여우 검색 결과

田国男·小松和彦校注, 『新訂 妖怪談義』, 角川文庫, 2013.)

문헌을 수집하고 디지털화를 진행하였다.

데이터 수집에는 괴이·요괴 전승 데이터베이스 작성 위원회(현 요괴 프로젝트실)의 직원들, 젊은 연구자들, 대학원생 등 많은 사람들이 참여하였다. 작업의 진행 방식이나 당시의 고충은 요괴 데이터베이스 15주년 기념 심포지엄에서 상세히 언급된 것처럼,[13] 데이터베이스의 근간을 이루는 데이터 수집과 디지털화에는 엄청난 시간과 노력이 필요했다. 그 결과, 수록된 사례 수는 3만 5,257건에 달한다(2023년 11월 갱신).

다음으로 괴이·요괴 전승 데이터베이스의 내용을 설명하기 위해 사례 수가 많은 '여우'로 '전문 검색(全文檢索)'을 수행하면, 3,300건의 데이터가 추출된다. 그중 예시로서 '쥐처럼 작은 여우'의 데이터를 아래에 소개한다.

데이터에는 데이터 번호, 호칭, 전승의 내용을 소개한 작성자, 이를 발표한 논문의 제목 등의 서지 정보, 전승이 수집된 도도부현과 시정촌(市町村)명, 전승 내용의 요약 등이 표기된다. 2007년에는 전문 검색 외에 '상세 검색'과 '호칭 목록' 기능이 추가되었다. '호칭 목록'은 전국의 요괴·괴이의 호칭을 목록화해 그 목록에서 검색할 수 있도록 한 것이다. 2022년 11월에는 각 데이터의 '요약란'에서 데이터베이스 내의 유사 사례를, 기계학습을 통해 추출하는 검색 기능이 추가되었다. 2024년 8월 현재 전승이 수집된 지역의 도도부현명, 시·군(郡)명, 구·정·촌명이, 과소화로 인한 정촌 통합 등으로 변경된 경우에는 현재의 지역명으로 수정하는 갱신 작업을 진행 중이다. 이를 통해 어디

---

13) 山田奬治·真鍋昌賢·松村薰子·永原順子·飯倉義之·中野洋平·小松和彦, 「妖怪データベースの創造: 妖怪プロジェクト室かく闘えり」, 小松和彦·安井眞奈美·南郷晃子 編, 『妖怪文化研究の新時代』, せりか書房, 2022, pp.124~153.

서 발생한 괴이·요괴의 이야기인지가 더욱 이해하기 쉽다. 데이터베이스에서 검색 가능한 데이터는 원래 서지의 약 100자 정도의 요약이므로, 더 자세히 보려면 원래 서지로 돌아가 확인할 필요가 있다. 2023년 3월에는 전승이 게재된 서지를 국립국회도서관 서치에서도 검색할 수 있는 링크를 설치하여 더 쉽게 원래 서지에 접근할 수 있도록 하였다.

3) 괴이·요괴 이미지 데이터베이스

다음으로 '괴이·요괴 이미지 데이터베이스(怪異·妖怪伝承データベース)'(https://www.nichibun.ac.jp/YoukaiGazouMenu/)를 소개한다. 이 데이터베이스는 회화 자료에 그려진 괴이·요괴 이미지를 모은 데이터베이스로, 2010년 6월에 제1판이 공개되었다. 처음에는 저작권 문제로 인해 일본문학연구센터가 소장한 괴이·요괴 자료에 한정되어 있었으나, 이후 일본 국내외의 대학, 박물관, 미술관 등이 소장한 에마키와 요괴그림도 포함되었으며, 출처를 명기한 후 데이터베이스에 포함시켰다. 2022년 8월의 업데이트 시점에서 데이터베이스에 수록된 회화 자료의 총수는 4,317건이다.

괴이·요괴 이미지 데이터베이스의 검색 방법은 두 가지로, '특징으로 찾기'와 '이름으로 찾기'가 있다. '특징으로 찾기'는 이름이 없는 요괴를 어떻게 검색할 수 있을지에 대한 과제를 해결한 기능이다.[14] 요괴의 '모습(姿), 동작, 외형(形), 소지품(持ち物), 색(色)'의 항목으로

---

14) 위의 책, p.152.

검색할 수 있다. 각 항목에는 더 세부적인 소항목이 있는데, 예를 들어 '모습'에는 '오니, 곤충, 신, 도구·기물, 스님(坊主)·수도승(入道), 도깨비불(怪火), 여성, 동물, 유령, 망자, 식물, 해골, 칠복신(七福神)의 소항목이 있고, '동작'에는 '연주하다, 춤추다, 싸우다, 도망치다, 토하다·불다(吹く), 먹다·마시다……' 등의 소항목이 있다. '외형'에는 신체의 명칭인 '손톱, 이빨, 뿔, 꼬리, 다리' 등이 있으며, '소지품'에는 '무기, 지팡이, 부채, 깃발, 불교용품(仏具)·침구' 등이 있다. '색(色)'에는 '빨강, 파랑, 노랑, 초록, 흰색' 등의 항목이 설정되어 있다. 이러한 항목을 활용해 검색하면, 해당 특징을 가진 요괴를 일람할 수 있다.

다음으로 '이름으로 찾기'는 오십음(五十音) 순으로 나열된 요괴 이름 검색 화면에서 해당 요괴 이미지를 볼 수 있는 방식이다. 194개의 이름에는 '오도로시(おどろし)'[15] '아카나메(垢嘗)'[16] 등 에도시대(江戸時代)에 도리야마 세키엔(鳥山石燕)이 『화도백귀야행(画図百鬼夜行)』에서 그린 요괴 명칭도 포함되어 있으며[17], '짐승, 박쥐, 참새' 등 동물 이름을 그대로 사용한 것도 있다. '오도로시'를 검색하면, 요괴의 이미지, 이름, 이를 그린 작가명, 그림 설명, 자료 출처 등이 표시된다. 일본문학연구센터의 자료는 이미지를 공개·공유하기 위해 IIIF(International Image Interoperability Framework)라는 국제적 프레임워크가 되입되어, 뷰어 버튼을 클릭하면 고해상도 이미지를 열람할 수 있다(2024년 8월 기준). 이를 통해 해당 요괴그림이 어떤 자료에 포함된 것인지 알 수 있다. '오도로시'는「괴물 모음 에마키(化物尽絵巻)」의 요

15) [역자주] 큰 덩치와 위협적인 외모로 묘사되는 일본의 요괴.
16) [역자주] 목욕탕에서 더러운 때를 핥는다고 묘사되는 일본의 요괴.
17) 鳥山石燕, 『画図百鬼夜行全画集』, 角川ソフィア文庫, 2005.

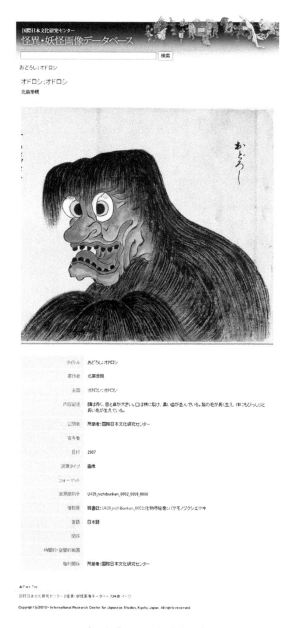

[그림 2] 오도로시 검색 결과

괴이다. '에마키 데이터베이스(絵巻物データベース)'(https://lapis.nichi bun.ac.jp/ema)에서도 전체를 확인할 수 있다.

　다음으로 괴이·요괴 이미지 데이터베이스의 제작 과정을 '요괴 에 마키 병풍(妖怪絵巻屏風), 여성 풍속도 병풍(女風俗図屛風)' 자료를 예로 들어 소개한다. 이 자료는 병풍의 앞면과 뒷면에 서로 다른 주제의 그림이 그려진 것으로, 한쪽에는 여성의 일상과 풍속이, 다른 쪽에는 요괴 에마키 등에서 모사(模写)한 요괴가 그려져 있다. 이 중에서 '원 숭이'의 이미지를 잘라내어 만든 데이터가 [그림 3]이다. 이미지에는 '동물, 빨강, 강, 원숭이'라는 특징과, '빨간 피부를 가진 원숭이 같은 요괴. 머리와 손목부터 끝부분만 검고, 송곳니를 드러내어 오른쪽에 그려진 요괴에게 덤벼들 것처럼 보인다'라는 더 상세한 설명이 포함 되어 있다.

[그림 3] 원숭이

　한편 일본문학연구센터는 2024년 3월에 '일본문학연구센터 디지

털 아카이브(日本文學硏究センター デジタルアーカイブ)'(https://da.nichi
bun.ac.jp/)를 시작하여, 일본 연구와 관련된 소장 자료를 인터넷상에
공개하고 있으며, 2024년 8월 현재 1,499건, 8,595개의 이미지를 공
개하고 있다. 자료 제목에는 로마자 표기도 포함되어 있다.

3. 데이터베이스의 활용 방법

1) 한국에서의 대화

2024년 2월 5일, 한국 고려대학교에서 개최된 일본문학연구센터와
고려대학교의 국제학술심포지엄 '디지털 인문학과 데이터베이스를
통해 본 인문학의 세계'에서 요괴 데이터베이스에 대해 발표했다. 일
본에서 많은 사람들이 이용하고 있는 이 데이터베이스를 해외 사용자
들과 어떻게 공유할 수 있을지 고민해 볼 수 있는 좋은 기회였다. 토론
자로 참여한 엄태웅 고려대학교 국어국문학과 부교수는 유사 검색이
어떤 기능인지, 그리고 괴이·요괴 전승 데이터베이스의 기반이 되는
요괴 데이터가 국가 주도로 수집된 것인지와 같은 중요한 질문을 했다.
괴이·요괴 전승 데이터베이스의 기반이 되는 약 3만 5,000건의 사례
는, 현사(縣史)나 여러 잡지의 보고 등 민속학자와 재야 연구자들이
수집한 자료로, 국가가 주도하여 수집한 것은 아니다. 그러나 요괴 데
이터베이스 프로젝트는 과학연구비 지원을 받아 시작되었기 때문에,
그런 의미에서는 국가의 지원을 받은 데이터베이스라고 할 수 있다.
또 이 데이터베이스는 일본어로만 검색할 수 있다는 한계도 있다.
현재 웹 브라우저의 번역 기능이나 번역 사이트를 통해 일본어 텍스트

를 다른 언어로 변환할 수 있지만, 본격적으로 분석하고자 하는 자료가 있다면 전문 소프트웨어를 사용해 번역하는 것이 좋다. 심포지엄에서 토론자인 아라키 히로시(荒木浩) 일본문학연구센터 교수가 데이터 검색에는 전문적인 데이터를 다루는 '정밀한 검색(丁寧な検索)'과 개략적으로 조사하는 '대략적 검색(ぞんざいな検索)'이 있으며, 이 두 가지를 연결하려면 클로드 레비 스트로스(Claude Levi Strauss)가 말하는 '브리콜라주(기술적 수작업)'가 필요하다고 언급했는데, 이는 핵심을 찌르는 말이었다. 같은 맥락에서 '대략적 변환(ぞんざいな変換)'과 '정밀한 번역(丁寧な翻訳)'이 있으며, 이를 연결하는 브리콜라주로 다양한 방법을 고려할 수 있다.

앞으로는 요괴 데이터베이스를 단독으로 사용하는 것뿐만 아니라, 다른 데이터베이스와 정보를 공유하는 것도 가능할 것이다. 심포지엄에서는 이승은 고려대학교 국어국문학과 부교수가 조선시대의 서사시인 한국의 '야담(野談)'을 소재로 발표하며, '야담'에 괴이에 대한 언급이 있다는 점도 지적했다.[18] '야담' 데이터베이스 구축도 진행 중이며, 일본의 요괴 데이터베이스와 함께 활용하는 것도 장기적으로 고려될 수 있다.

한편, 괴이·요괴 이미지 데이터베이스에 대해서는 일본어를 몰라도 요괴 그림을 즐길 수 있어 이용하기 쉽다는 의견이 심포지엄 참가자들로부터 나왔다. 또한 요괴 이미지의 '특징'에 대한 기술을 어떤 방식으로 정하는지에 대한 질문도 있었는데, 이에 대해서는 지금까지 여러 담당자가 시행착오를 거쳐 기재해 왔으며, 지금도 더 나은 표현

---

18) 李承坂, 「データから読む韓国の野談」.

으로 갱신하고 있다고 답했다.

앞으로 요괴 데이터베이스의 자료를 확충하려면 새로운 자료를 전국의 시정촌사(市町村史)까지 확장해 데이터를 수집하는 것이 과제가 될 것이다. 이를 위해서는 자료 수집과 입력 작업에 필요한 인건비를 확보할 필요가 있다. 현대의 요괴·괴이에 관한 정보도 다양한 매체에서 수집되고 있으며, 관련 출판물도 인기를 끌고 있다.[19] 때때로 괴이·요괴 전승 데이터베이스 작성 위원회(현 요괴 프로젝트실)에 '이런 요괴 이야기를 들었으니 기록해 남겨두면 좋겠다'는 연락을 받는 경우도 있다. 현대의 요괴·괴이에 관한 정보는 요괴 데이터베이스에 추가할지는 결정되지 않았으나, 우선 기록으로 남기고 있다.

2) 요괴 데이터베이스를 이용한 신체론

예전에 필자는 괴이·요괴 전승 데이터베이스를 활용한 계량분석을 통해 사람들이 '요괴'에게 쉽게 노려지거나 '괴이'가 출현하기 쉬운 신체 부위를 분석하여, 인간의 신체와 괴이·요괴의 관계를 밝힌 바 있다.[20] 눈이나 귀 등 총 39개의 신체 부위를 나타내는 명칭을 검색하여, 데이터 수가 많은 신체 부위를 도출했다. 그러나 이 과정에서 드러난 데이터베이스의 문제점은 '손'이라는 명칭으로 전문 검색을 하면, '돕다(手伝う)', '공을 세우다(手柄を立てる)', '조수석(助手席)' 등 '손'

19) KADOKAWA의 잡지 『怪と幽』, 朝里樹, 『日本現代怪異事典』, 笠間書院, 2018. 朝里樹監修, 『日本怪異妖怪事典』 시리즈全8巻, 笠間書院, 2021~2023 등.

20) 安井眞奈美, 「怪異·妖怪に狙われやすい日本人の身体部位」, 『怪異と身体の民俗学: 異界から出産と子育てを問い直す』, せりか書房, 2014, pp.205~234.

을 포함하는 모든 데이터가 검색되어 버린다는 것이었다. 결국 각각의 데이터를 일일이 확인하며, 관계없는 데이터를 삭제하는 작업에 상당한 시간이 소요되었다. 이 과정을 통해 '손이 길다'는 특징을 가진 '테나가아시나가(手長足長)'[21]나, '손'에 발생하는 괴이 현상 등을 포함한 데이터를 얻을 수 있었다. 신체 부위 중 상위 10위는 '발, 손, 눈, 머리, 목, 머리카락, 배, 얼굴, 목, 엉덩이'로, 이 부위들이 요괴에게 노려지기 쉽거나 괴이가 발생하기 쉬운 신체 부위로 해석된다.

필자는 계속해서 배꼽(臍)에 주목하여 신체와 괴이·요괴의 관련성을 분석하고 있다. 배꼽은 괴이·요괴 전승 데이터베이스에서 39개의 신체 부위 중 27위로 순위가 낮지만, 여전히 괴이·요괴에게 노려지기 쉬운 신체 부위라고 할 수 있다. 예를 들어 '뇌신이 아이의 배꼽을 빼앗는다'(데이터 번호: 2260182, 1931년)라는 전승이 보여주듯이, 벼락은 인간의 배꼽, 특히 아이의 배꼽을 자주 빼앗는다고 한다. 배꼽은 원래 배 중앙에 있는 작은 함몰부에 불과하며, 물리적으로 빼앗을 수 있는 신체 부위가 아니다. '빼앗다'는 이미지는 아이에게 자주 발생하는 '돌출배꼽(出べそ)', 즉 탈장(ヘルニア)이 원인일 수 있으며, 이것이 마치 '배꼽'을 빼앗는 것처럼 보였기 때문일 가능성이 있다. 이는 마치 '혹을 떼다(瘤取り)'의 전승에서 등장하는 혹과 비슷한 맥락이다. 배꼽이 노리기 쉬운 부위로 여겨진 이유는 신체에서 배꼽의 위치와 관련이 있다. 상광철은 벼락이 배꼽을 빼앗는다는 민간 신앙은 근세에 널리 퍼졌고, 그 후에도 전국적으로 확산되었다고 지적하면서 "배꼽을 빼앗긴다는 것은 신체의 균형을 유지하는 핵심을 잃는 것"이라고 분석

---

21) [역자주] 팔이 긴 요괴(手長)와 다리가 긴 요괴(脚長)가 한쌍을 이루는 일본의 요괴.

했다.[22] 배꼽이 신체의 중심으로 인식된 것에 대한 고찰은 근세에서 근대로 이어지는 신체관과 함께 검토해 나가고자 한다.

또 태아와 태반을 연결하는 탯줄(臍の緒)과 관련해서도 다양한 풍습이 있다. 탯줄은 태반이 나온 후, 신생아의 배꼽 쪽에 약간 남기고 절단하며, 신생아의 배꼽에서 떨어진 탯줄을 건조시켜 보관한다. 탯줄을 보관하는 풍습은 현재도 이어지고 있으며, 병원이나 클리닉에서는 탯줄을 소중히 보관하여 퇴원 시 나무 상자에 넣어 전달하기도 한다.

괴이·요괴 전승 데이터베이스에서는 '탯줄을 묻은 곳을 처음으로 지나간 사람이 무서움을 느끼므로 아버지가 먼저 밟는다'(C1040113-000, 1982년) 등의 민간 신앙도 확인된다. 이 민간 신앙의 배경에는 탯줄이 아이의 분신이라는 신체관이 자리 잡고 있다. 탯줄은 어머니가 태아에게 영양을 공급하는 중요한 역할을 하기 때문에, 태반과 함께 아이의 분신으로 여겨져 왔다.

한국에서도 탯줄을 용기에 넣어 보관하는 경우가 있다고 들었다. 과거에는 탯줄이 '좋은 약'으로 몰래 거래되기도 했으며, 이를 방지하기 위해 현재는 폐기물로 처리하는 병원도 많다고 한다.[23] 또한 중국에서는 길조를 기원하는 물건으로 탯줄의 일부를 포함한 고가의 도장을 만들기도 하며, 건조된 탯줄은 한방약으로도 판매되고 있다.

이러한 배꼽에 관한 민간 신앙이나 요괴·괴이 전승을 바탕으로, 배꼽이라는 신체 부위에 어떠한 의미가 부여되었는지, 그리고 그것이 의학적으로 어떻게 변모해 왔는지를 밝혀 나가고자 한다. 그리고 이

---

22) 常光徹, 『日本俗信辞典 身体編』, KADOKAWA, 2024, p.502.

23) 필자의 2023년 인터뷰 조사에 따름.

어서 소개할 괴이·요괴 전승 데이터베이스의 '유사 사례' 기능은 이러한 질문에 새로운 전개를 가져올 수 있을 것이다.

3) '유사 사례' 기능

괴이·요괴 전승 데이터베이스의 유사 사례 검색 학습 기능에 대한 정보학 전공의 야마다 쇼지의 설명을 소개한다.

각 요지·요약─데이터의 내용으로 괴이·요괴가 해당 텍스트에서 어떻게 소개되고 있는지에 대한 요약─을 Janome라는 소프트웨어로 형태소 분석하여 명사, 형용사, 동사를 추출한다.

1에서 추출한 명사, 형용사, 동사에 대해 TF-IDF 방법을 사용하여 각 요지를 벡터화한다. 즉, 각 요지를 그 내용이 반영된 일차원 숫자 배열로 변환한다.

모든 요지 페어에 대해 2에서 얻어진 벡터 간의 코사인 유사도를 요지 간의 유사도로 삼는다.

각 요지에 대해 유사도가 높은 20건을 계산하여 미리 테이블로 만들어 둔다.

검색 시에는 4의 테이블을 참조하여 유사 사례를 표시한다.

TF-IDF란 '특정 문서 내 특정 단어의 출현 빈도와 전체 문서에서의 그 단어의 드문지를 결합한 값'이다. 이 기능을 통해, 예를 들어 '쥐처럼 작은 여우'라는 사례를 검색하면, 20건의 유사 사례를 추출할 수 있다. 또한 유사 사례로 표시된 전승 중 하나를 선택하여 추가로 유사 사례를 검색할 수도 있다. 이처럼 유사 기능을 사용하면 예상치 못한 데이터를 차례로 만나게 되는 재미가 있다.

필자는 지금까지 임신·출산에 관한 연구를 이어오며, 사망한 여성 요괴인 우부메(産女)[24]가 어떻게 전승되고 묘사되어 왔는지에 주목해 왔다.[25] '우부메' 전승의 최초 출처는 12세기의 『곤자쿠모노가타리슈(今昔物語集)』 권제27의 43, 「요리미쓰의 가신 스에타케가 우부메를 만난 이야기(頼光郎等平季武、産女に会うこと)」로 알려져 있다. 미노국(美濃国)[26]에서는 밤이 되면 여성이 길을 가는 사람에게 다가와 울고 있는 아이를 안아달라는 소문이 퍼졌다. 이 소문을 들은 다이라노 스에타케(平季武)가 이 괴이를 확인하기 위해 나갔고, 그의 앞에 나타난 여성으로부터 아이를 맡아 그대로 소매에 싸서 저택에 돌아갔더니 아이는 없고 나뭇잎만 있었다. 이 괴이는 여우의 장난이거나 아이를 낳다가 죽은 여성의 영혼의 소행으로 전해진다. 이 우부메 이야기는 각지로 전해져 각 지역에서 특유의 전승이 생겨났다.

또한 '우부메'와는 별개로, 밤에 아기를 낚아채는 새의 요괴 '고획조(姑獲鳥)'가 중국에서 전승되었다. 이때부터 기존의 우부메 전승과 결합되어 고획조를 '우부메'로 훈독하게 되면서, 이후 두 전승이 혼동되기 시작했다.[27]

괴이·요괴 전승 데이터베이스의 '호칭 검색'으로 '우부메'를 검색하면, 9건의 데이터가 표시된다.[28] 이 중 하나의 데이터(2260058,

---

24) [역자주] 아이를 낳다 죽은 여성 요괴.
25) Yasui Manami, "Imagining the spirits of deceased pregnant women: an analysis of illustrations of *ubume* in early modern Japan", *Japan Review* 35, 2020. 安井眞奈美,「胎児分離埋葬の習俗と出産をめぐる怪異のフォークロア: その生成と消滅に関する考察」,『怪異と身体の民俗学: 異界から出産と子育てを問い直す』, せりか書房, 2014.
26) [역자주] 현재 일본 기후현(岐阜県) 남부지역에 해당하는 옛 지명.
27) 木場貴俊,『怪異をつくる: 日本近世怪異文化史』, 文学通信, 2020.

1929년)[29]를 '유사 기능'을 사용해 검색하면, 21건의 유사 사례가 검색된다. 유사 사례들의 호칭은 여우(キツネ), 돌지장(イシジゾウ), 여자(オンナ), 오보(オボ)[30]·유령(ユウレイ), 온메(オンメ), 오소리(ムジナ), 산신(ヤマノカミサマ), 가와소(カワソ)[31]·수달(カワウソ), 유키온나(ユキオンナ)[32], 쓰치노코(ツチノコ)[33], 다이자(ダイジャ)[34] 등 다양하다. 우부메 전승의 핵심이 되는 이하의 모티프가 유사하다.

우부메가 아기를 안아달라고 부탁한다. 무거워지는 아기를 계속 안고 있으면, 재산이나 행복이 주어진다. 우부메에게 공격당하거나 속는다.

예를 들어 '돌지장'(0690007, 1918년)은 '젊은 여성이 아기를 안아달라고 부탁하지만, 여자는 돌아오지 않고 아기가 무거워진다. 문득 깨달아보니 아기는 큰 돌지장의 머리'로 변해 있었다. '아기를 안아달라는 부탁'이라는 모티프는 같지만 '우부메' 대신 '젊은 여성'이, '아기'는 '돌지장의 머리'로 변하는 차이가 있다.

또 다른 데이터에서는, 아기를 안아달라는 부탁을 한 것이 '우부메'가 아닌 '유키온나'(雪女, 0590130, 1976년)이다. 아기를 안은 사람은 얼음처럼 차가운 아기가 팔에서 떨어지지 않아 기절하게 된다. 이 이

---

28) '고획조'로 검색하면 4건, 우부메(うぶめ·ウブメ)로 검색하면 '우부메(産女)', '고획조 (姑獲鳥)'를 포함한 48건이 표시된다.

29) 長山源雄, 「豊後国直入地方の民間伝承」, 『民俗学』 1巻5号, 1929, p.44.

30) [역자주] 산모의 영혼, 죽은 여성의 원혼과 관련된 여성 요괴. 지역에 따라 특징이 다르다.

31) [역자주] 물가에 사는 수신(水神) 요괴.

32) [역자주] 설녀(雪女). 키가 크고 아름답게 묘사되는 눈의 여성 요괴.

33) [역자주] 땅딸막한 뱀 형상으로 묘사되는 일본의 미확인 생물.

34) [역자주] 오로치(大蛇)라고도 불리는 거대한 뱀 요괴.

야기는 우부메 전승에서 '유키온나'로 변형된 사례라 할 수 있다.

이처럼 유사 사례 기능을 사용하면, '우부메(産女)'나 '고획조', '우부메(ウブメ)' 등의 이름이 호칭이나 요약문에 없어도, 이야기의 모티프가 유사한 데이터를 찾을 수 있다. '유키온나'도 우부메처럼 아기를 안아달라는 전승에서는 여성 요괴라면 유키온나든 우부메든 상관 없다는 인식이 사람들 사이에 있었던 것으로 보인다.

4. 번역과 비교 연구를 향해

다음으로 요괴 데이터베이스의 향후 과제 중 번역 문제에 대해 생각해 보고자 한다. 현재, 웹 브라우저의 번역 기능과 번역 사이트를 이용해 데이터의 일본어를 다른 언어로 변환하는 것은 크게 어렵지 않다. 그렇지만 괴이·요괴 전승 데이터베이스의 각 데이터의 '호칭'만이라도 알파벳 표기를 제공한다면, 영어권을 비롯한 여러 언어 사용자들이 검색하기 쉬워질 것이다. 하지만 약 3만 5,000건의 데이터에 알파벳 표기를 추가하는 것은 간단하지 않다.

그전에 요괴·괴이 전승 데이터베이스의 해설 페이지에 영어, 중국어, 한국어 설명을 추가해 더 많은 사람들에게 다가가는 것이 더 효과적일 수 있다. 현재 이 데이터베이스는 개설 당시의 영어 표기를 그대로 사용하고 있으며, 괴이·요괴 전승 데이터베이스는 Folktales of Strange Phenomena and Yōkai(Spirits, Ghosts, Monsters), 괴이·요괴 이미지 데이터베이스는 Paintings of Strange Phenomena and Yōkai(Ghosts, Monsters, Spirits)라는 영어 명칭을 사용하고 있다.

Yōkai라는 단어는 게임이나 애니메이션 등 일본 대중문화의 인기로 인해 널리 알려지고 이해되는 단어가 되었지만[35] Yōkai라는 단어가 Spirits, Ghosts, Monsters를 포괄하는지, 또한 '괴이'라는 신비로운 현상의 번역어로 Strange Phenomena가 적절한지에 대해서는 검토가 필요하다.

이 점에 대해 일본문학연구센터에서는 2023년 12월에 심포지엄을 개최해 일본의 요괴를 역사적 맥락에 위치시키기 위한 논의를 진행하였고, 2024년 4월에는 뉴욕의 콜롬비아 대학에서 일본과 중국의 괴이 · 요괴를 각각 영어로 설명하고 논의하는 자리를 가졌다.[36] 이 성과는 2025년 3월에 『디지털 휴머니티즈(DH)가 개척하는 인문학―한일 연구자들의 대화』로 출판될 예정이다. 이러한 기본적인 작업을 지속함으로써 동아시아에서의 요괴 · 괴이 비교 연구로 이어가고자 한다.

5. 결론

지금까지 논의한 것처럼 요괴 데이터베이스를 기반으로 각 문화에서의 '요괴'나 '괴이'와의 비교 연구는 디지털 인문학의 창의적인 연구로 발전할 가능성이 크다. 인류학적으로 볼 때, 어느 문화에도 '요

---

35) Michael Dylan Foster, 「妖怪を翻訳する」, 『ヒューマン 知の森へのいざない』 6, 2014.
36) 2023년 12월 일문연 주최의 심포지엄 '글로벌 · 컨텍스트에서 요괴의 이론화와 역사화 (Theorizing and Historicizing Yōkai in Global Context)'(일본어)와 2024년 4월 콜롬비아 대학교 동아시아 언어문화학부와 도널드 킨 센터 공동 주최로 열린 영어 워크숍 "Questioning the 'Supernatural' in Chinese and Japanese Literature/ Culture(중국과 일본문학 / 문화에서 '초자연'을 묻다")

괴'나 '괴이'와 유사한 것이 존재한다. 그러나 예를 들어 중국처럼 '요괴'라는 단어를 기피하는 사회에서는 앞으로 어떤 용어를 사용해 비교 축을 설정할 것인지, 대만처럼 최근 독자적인 요괴화가 많이 출판되고 있는 지역에서는 어떻게 접근할 것인지, 또 한국의 도깨비처럼 '현대 한국 문화를 대표하는 아이콘'으로 널리 사용되고 있는 경우 등, 동아시아에서의 요괴의 역사적 전개와 현황은 다양하며, 이에 대한 비교 연구는 동아시아의 문화사 측면에서도 중요한 의미를 갖는다. 이를 바탕으로, 유럽이나 미국 등 다른 지역과의 비교를 통해 비교 요괴학도 생각해 볼 수 있다. 디지털 인문학이 할 수 있는 일 중 하나로, 요괴 데이터베이스의 다양한 전승이 자극을 주어 사람들이 창조적 연구를 펼칠 수 있도록 원동력을 제공할 수 있으며, 요괴 데이터베이스를 활용한 비교 요괴학은 디지털 인문학이 지향하는 새로운 성과 중 하나가 될 것이다.

남유민 옮김

제5장

상상×창조하는 제국

요시다 하쓰사부로식 조감도로부터 검증하다

류지엔후이

1. 시작하며

근대 일본에서는 메이지 이후에 도입된 새로운 투어리즘의 성숙과 함께 다이쇼로부터 쇼와 초기에 걸쳐 소위 대관광붐을 맞이했다. 그 붐의 와중에 일본 내외 여행지도, 팸플릿 등에 스스로 고안한 조감도를 넣었던 것이 '다이쇼 히로시게(広重)'라고 불리는 요시다 하쓰사부로(吉田初三郎)이다. 그의 조감도가 가진 가장 큰 특징은 극단적인 데포르메로, 그 대담한 구도와 선명한 배색을 통해 당시 여행지도나 여행안내를 풍부한 상상으로 채색하였다.

하쓰사부로는 교토 태생의 조감도 화가로 다이쇼 2년(1913)에 작성한 〈게이한전차안내(京阪電車御案内)〉가 황태자 시대의 쇼와 천황으로부터 "이건 아름답고 이해하기 쉽다"고 상찬 받은 것을 기뻐하며 생애 동안 1,600점 이상의 작품을 그렸다고 알려져 있다.

본 논문에서는 '상상×창조하는 제국'이라는, 지금까지 없었던 시점을 도입하여, 국제일본문화연구센터가 수집한 '요시다 하쓰사부로

콜렉션' 중 '외지(外地)'를 중심으로 한 대표적인 조감도를 선별하였다. 그 선별된 작품들로부터 일반 민중 레벨에서 '제국 일본'이 어떻게 성립했던 것인지, 현실적인 영유지의 확대에 따른 국민적 상상력(이미지네이션)의 생성 및 그 상상×창조된 프로세스를 재검토하고 싶다.

2. 요시다 하쓰사부로와 그가 발안한 조감도의 탄생

요시다 하쓰사부로는 메이지 17년 (1884) 교토시 주쿄구에서 태어났다. 한 살 때에 부친이 사망했기에 어머니의 성인 이즈미가 붙게 되었다. 열 살부터 니시진 유젠 도안사(西陣友禅図案師) '가마야(釜屋)'에서 견습공으로 일하였고, 18세에 교토 미쓰코시 고후쿠점(三越呉服店) 유젠(友禅)[1] 도

[그림 1] 44세의 요시다 하쓰사부로(『기예구락부(技芸倶楽部)』 1929년 신년호에서)

안부의 직공으로서 일하기 시작하였다. 25세부터 교토 오카자키에 있는 '간사이 미술원(関西美術院)'에 들어가 가노코기 다케시로(鹿子木孟郎)에게 서양화를 배웠다. 그때 자신의 출신을 염려한 가노코기로부터 "서양화계를 위해 포스터, 벽화, 광고도안 등을 그리는 대중화가가 되라"라고 조언을 받았다고 한다. 다이쇼 2년(1913), 하쓰사부로는 게이한 전차의 의뢰를 받아 〈게이한 전차 안내(京阪電車御案内)〉를 제작

---

1) [역자주] 천에 모양을 물들이는 기법 중 하나로 일본의 대표전인 염색법.

했고, 그 작품이 다음해 수학여행으로 게이한 전차를 탄 황태자 시절의 쇼와 천황에게 칭찬을 받아 본인도 크게 기뻐했다고 한다. 이를 계기로 하쓰사부로는 적극적으로 일본 각지의 명승지 그림을 그리기 시작했고, 지방의 교토히노데신문(京都日出新聞)이나 오사카시사(大阪時事) 등에 '다이쇼 히로시게'라고 절찬을 받으며 일약 저명한 지도 그림 화가가 되었다.

　1916년(다이쇼 5), 하쓰사부로가 교토 야마시나노미사사기(京都山科御陵)에 있는 자택 겸 화실에 다이쇼명소도회사(大正名所図絵社)[2]를 설립하고, 철도성(鉄道省) 등으로부터 철도 노선도나 포스터 주문을 받아 정력적으로 제작하기 시작했다. 사업 확대를 위해 1921년(다이쇼 10) 다이쇼명소도회사를 도쿄 교바시구 자이모쿠쵸(京橋区材木町)로 옮기고, 철도성의 의뢰에 의한 철도사업 50주년 기념사업『철도여행안내(鉄道旅行案内)』의 삽화를 담당하여 각 정차역을 중심으로 한 전국 각지의 조감도를 그렸다. 그러나 이렇게 해서 궤도에 오른 하쓰사부로의 창작 사업은 불행히도 1923년(다이쇼 12)의 관동대지진으로 인해 다이쇼명소도회사와 자택 겸 화실이 모두 불타버렸다. 다행히도 그 후 하쓰사부로는 지인인 나고야 철도 상무 가도노 도미노스케(上遠野富之助)의 호의로 나고야 철도사원 기숙사인 '소코 클럽(蘇江倶樂部)'을 제공받아 화실 '소코 가화실(蘇江仮画室)'을 아이치현 이누야마에 마련하는 한편, 나고야 시내에 다이쇼명소도회사 나고야 지사를 설립했다. 이후, 여기를 거점으로 십 수 년간에 걸쳐 전국으로부터 조감도

---

2) [역자주] '図絵(즈에)'는 그림을 뜻하지만 한자음으로는 '도회'이다. 본문 중에는 '그림'으로 번역한 경우도 있고, '도회'로 번역한 곳도 있으며, 그림 이름에 붙었을 때는 '~도'로 번역하기도 하였다. 여기서는 회사 이름이기에 '図絵社'를 '도회사'로 번역했다.

나 홍보 팸플릿 제작 의뢰를 받아 화가로서 활동을 이어갔다.

이 시기 명성이 높아지면서 하쓰사부로는 1927년 조선총독부, 만철, 대련기선의 초빙을 받아 조선, 만주를 시작으로 화북 천진과 북경 등을 조사 여행하고 대련의 만철클럽에서 작품 전시회도 열었다. 또한 1929년(쇼와 4)에는 5개월에 걸쳐 한반도에 건너와 경주, 금강산, 경성, 부산, 평양 등을 순회하며 각지의 조감도를 제작하였다. 또한 1934년(쇼와 9)에는 4개월 동안 대만을 방문해 각지에서 스케치 여행을 했다. 그 후 1936년(쇼와 11)에 이누야마에 있던 본거지를 아오모리현 하치노헤시(八戸市) 다네사시(種差) 초칸소(潮観荘)로 옮기고 이듬해 발발한 중일전쟁의 전선에 종군화가로 여러 번 출정하면서 많은 전쟁 관련 조감도와 엽서 등을 제작하였다.

이처럼 하쓰사부로는 원래 서양화가로 출발했지만, 소년시절 도안사(図案師) 출신이라는 점과 은사인 가노코기 다케시로(鹿子木孟郎)의 권유로 평생에 걸쳐 '상업미술'의 일종인 광고와 팸플릿 등을 제작하는 한편, 국내외 여행 안내 조감도를 계속 창작했다. 조감도 제작에 집착한 이유에 대해 본인은 "내가 여기에 현대의 명소 그림을 남겨 후세에 당대의 명소와 교통의 관계와 발달 상태를 전한다면, 한편으로는 인문 역사의 자료가 되고, 다른 한편으로는 당대 특유의 명소 그림이라는 일종의 예술을 보여줄 수 있을 것이다"(『여행과 명소(旅と名所)』 22, 1928)라고 고백하였다. 이처럼 하쓰사부로는 하나하나의 작품에 매우 의도적으로 지도 기능으로서의 실용성과 예술적 기능으로서의 오락성을 부여하여 일종의 시대적 '기록'을 만들어 오랫동안 후세에 남기고자 했던 것으로 보인다.

원래 조감도는 '날아가는 새의 눈으로 보듯이 보여준다'는 뜻의 지도 제작 기법 중 하나로, 예전부터 창작 현장에서 많이 사용되어 왔다. 에도시대 가쓰시카 호쿠사이(葛飾北斎)의 〈도카이도 명소 일람(東海道名所一覧)〉으로 대표되는 도중도(道中図)[3] 등이 이 기법을 사용한 것으로 알려져 있다. 그러나 하쓰사부로식 조감도는 이러한 기존의 화법에 근대적 원근법이나 측량법을 도입하고, 작가의 주관에 따라 중심과 주변을 자유자재로 옮기거나 표현 대상을 극단적으로 강조하는 등 지금까지의 조감도와는 확연히 구분되는 구도로 그려졌다. 말하자면 하쓰사부로는 전통적 에마키(絵巻)나 에도 시대에 유포된 화법에 근대 지리학, 측량기술, 항공사진 기술 등의 요소를 더해 양자를 능숙하게 융합시킨 형태로 완전히 새로운 묘사 스타일을 만들어 낸 것이다.

그중에서도 항공사진 기술로부터의 영향에 대해 말하면, 제국육군에 의해 항공기로부터의 공중사진촬영이 일본에서 처음 실험적으로 행해진 것은 1911년(메이지 44)이고, 본격적으로 실용적 적용이 시작된 것은 1923년 간토대지진 때였다. 도쿄, 요코하마 등의 피해 상황을 파악하기 위해 육군 항공학교 시모시즈(下志津) 분교가 각지의 공중촬영을 실시하여 광범위하게 재해의 실태를 기록하였다. 하쓰사부로의 조감도가 초기의 조금 단순한 구성에서 벗어나 점차 중후한 실사적 특성을 보이기 시작한 것도 거의 같은 시기부터이다. 이런 의미에서 기존의 기법상 '상상'과는 달리 공중에서의 진짜 '조감'은 하쓰사부로의 창작에 커다란 참고가 되었을 것이다.

그리고 이러한 다양한 전통과 현대의 요소를 통합한 결과, 예를 들

---

3) [역자주] '道中図(도츄즈)'는 에도 시대에 작성된, 육로 및 해로가 기입되어 있는 그림지도이다.

어 도시 안내도를 만드는 경우, 하쓰사부로식 조감도는 주로 역을 중심으로 전차 등 교통망을 알기 쉽게 배치하고 좌우 끝을 U자형으로 굽히면서 파노라마풍 화면을 전개하고 있다. 한편 그 구도 자체는 본인의 직공시절 경험을 살려, 가장 보여주고 것을 중심으로 포착하면서 아름다운 색감을 연출하는 여성의 기모노나 허리띠 등에서 따온 디자인이 아닐까 상상해본다. 때문에 하쓰사부로식 조감도는 항상 '손으로 그리는 것이 아니라 발로 그리고 머리로 그리는' 한 장의 즐길 수 있는 '그림(図絵)'이 된 것이다.

3. 국내외 교통 및 관광의 발달과 하쓰사부로식 조감도

1872년(메이지 5)의 신바시-요코하마 간의 증기기관차 운행으로부터 시작된 일본의 철도 사업은 1889년(메이지 22) 도카이도 전선 개통, 1914년(다이쇼 3) 도쿄역 개통, 그리고 쇼와 초기의 각 지방선 영업 개시와 함께 매우 단기간에 밀도 높은 전국 교통망을 구축했다. 뿐만 아니라 1895년(메이지 28) 러일전쟁의 승리로 선로가 시모노세키-부산 간 관부연락선 운항, 1911년(메이지 44) 중국-조선 국경을 가로지르는 압록강대교의 준공으로 조선철도, 만주철도, 더 나아가 러시아의 동청철도(中東鉄道, 시베리아 철도지선)와 연결되면서 멀리 유럽까지 이어졌다. 또한 복잡한 전사(前史)를 가지고 있지만, 1884년(메이지 17) 오사카 상선, 1885년 일본 우편선, 1896년 동양기선 등의 설립으로 일본의 국내외 항로도 아시아에서 북미, 유럽까지 뻗어 세계 각지와의 교통을 가능케 하였다. 그중에서도 오사카 상선은 일본-만주 연락(日

滿連絡), 일본-대만 연락(內台連絡), 텐진(天津), 칭따오(靑島), 청진(淸津) 등 동아시아 순환 항로를 개설하여 특히 '만주-한국-중국(滿韓支)' 등 외지와의 연락에 힘을 쏟았다.

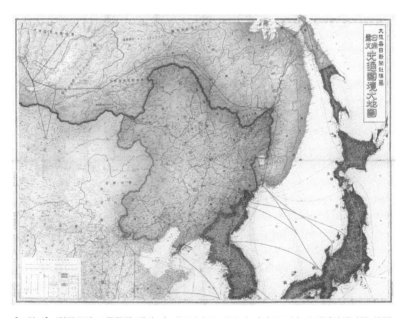

[그림 2] 〈일만로지 교통국경 대지도(日滿露支交通国境大地図)〉(1935년, 오사카마이니치 신문)

원래 오사카 상선은 처음에는 주로 국내선을 중심으로 운항되었다. 1890년(메이지 23)에 첫 해외 항로인 오사카-부산선을 개설한 데 이어 1893년에는 오사카-인천선, 조선 연안선을 개설했다. 청일전쟁 이후 해운업 바람을 타고 1896년(메이지 29) 대만항로, 1898년 양쯔강 항로, 1899년 북중국 항로, 1900년 남중국 항로 등 일본의 권익확대를 도모하는 방향으로 항로 확장이 이루어졌다. 이후 오사카-블라디보스크, 오사카-텐진, 오사카-대련, 오사카-홍콩, 오사카-상하이 등의 항로가 신설되어 일본 우편선에 이어 제2의 기선 회사로서의 지위를 획득했다.

다이쇼 시대(1912~1926년)에 들어가면, 1914년 칭따오 함락에 따라 오사카-칭따오선, 1915년 샌프란시스코 항로, 요코하마-홍콩선, 1916년 호주남양선, 남미선, 1918년 수마트라선 등 차례차례 신항로를 개설하여, 기존의 강고한 항로 동맹이 존재하는 항로에도 진출하였다. 또한 쇼와 시대(1926~1989년)에는 과도한 경쟁을 배제하기 위해 일본 우편선이 유럽-북미 항로를 독점하는 대신 오사카 상선이 남미-근해 항로를 독점하는 '세계 분할' 방식을 취해 종전까지 지속되었다.

후술하겠지만, 하쓰사부로는 조감도에서 이런 국내외 교통의 발달을 반영하여 국내외의 수많은 철도 선로와 역, 그리고 여객선과 그 항로를 돌출된 형태로 묘사하고 있다. 이는 기존의 명소 그림의 표상과는 명확하게 다른 것으로 일류인 그의 데포르메를 통해 당시에 등장하던 '대교통(大交通) 시대'의 모습을 훌륭하게 그려내었다.

한편 이 '대교통 시대'의 도래와 함께 다이쇼 중반 무렵부터 일본에서는 근대 투어리즘이 융성하기 시작했다. 이를 표상하는 사건의 예를 들자면, 우선 1912년(메이지 45)에 지금까지 주로 방일외국인의 알선을 업무로 하던 귀빈회(貴賓会)의 뒤를 잇는 형태로 일본관광청(재팬 투어리스트 뷰로[JTB])이 설립되고, 1924년에는 일본 여행 문화의 향상을 사업 목적으로 하는 일본여행문화협회도 설립되었다. 이 두 단체의 사업 전개로 일본은 본격적으로 옛 명소 순례와 결별하고 완전히 새로운 근대적 관광의 시대로 들어서게 된다. 특히 쇼와 초기에는 교통망이 더욱 발달하고 각지의 온천 개발, 국립공원 설립 등으로 인해 일종의 '디스커버 재팬'이라고 부를 만한 국내 관광붐이 일어나기 시작하였다.

그리고 앞서 언급한 철도 노선과 상선 항로가 조선과 만주 등으로 연장된 것을 배경으로 하여, 이 시기의 관광 여행은 국내를 넘어, 인근의 조선과 만주 그리고 중국도 그 대상이 되었다. 예를 들어 JTB는 국내외 관광객의 요구에 부응하기 위해 해외, 특히 '만한(滿韓)' 및 중국과의 연결을 중시하여 설립 초기부터 대련, 서울, 타이페이 등에 지부나 대리점을 설치했다. 또한 일본여행문화협회 설립 당시, 그 취지로 '조선, 만주,

[그림 3] '조선으로 만주로'(연대불명, 만철선만안내소(滿鉄鮮滿案内所)))]

중국' 등의 소개가 협회 활동의 목적 중 하나라고 명시하였으며, 협회 기관지인 『여행』의 창간호에는 '여행의 계절이 온다. 조선으로! 만주로! 중국으로!'라는 만철의 광고가 대대적으로 게재되었다.

당시 이들 지역으로의 여행이 얼마나 편리했을까? 여기서 구체적인 예로 중국으로 건너가는 두 가지 교통수단인 '만주'로 가는 기차와 상해로 가는 여객선의 경우만 간략하게 소개하고자 한다.

먼저 기차로 '만한'에 접근하는 것인데, 만약 도쿄에서 출발한다고 가정하면 도쿄-시모노세키 간에는 1912년(메이지 45)부터 이미 '특별급행'이 한 편 운행되고 있었으며, 1923년부터는 또 다른 '특급'이 증설되었다. 그리고 전자는 1·2등 특급(후에 각등 특급으로 변경)으로 1929년(쇼와 4) 다이야 개정(ダイヤ改正)으로 '후지'로 명명되고, 후자는 삼등만의 특급(후에 2·3등 특급으로 변경)으로 다이야 개정을 통해 '사쿠라'라는 이름이 붙여졌다. 이 두 특급 외에 제5열차와 제7열차의 급행도 존재했는데, 이들 모두 시모노세키에서 관부(関釜, 시모노세키-

부산) 연락 항로를 통해 부산-장춘(長春[新京]) 간의 급행 '히카리', 혹은 부산-봉천(심양) 간의 급행 '노조미'와 연결되어 일본과 '만한'의 편리한 왕래를 가능하게 하였다.

다음으로 여객선에 의한 상하이 방면으로의 접근인데, 여기에는 주로 메이지 시대부터 일본 우편선에 의한 요코하마-상하이 간, 고베-상하이 간, 그리고 1923년에 신설된 나가사키-상하이 간 세 개의 정기 항로가 존재했다. 그중에서도 최고속력 21노트의 쾌속 여객선인 상하이마루와 나가사키마루의 등장으로 중일(나가사키-상하이) 간은 불과 26시간 만에 연결되었고, 이는 일본인의 대륙 여행에 엄청난 영향을 미쳤다.

이러한 국내외 관광 붐이 계속되는 가운데, 하쓰사부로는 많은 제작 의뢰를 받아 국내의 수많은 관광지와 온천, 신사, 공원 등을 테마로 한 조감도 및 여행 팸플릿을 제작했을 뿐만 아니라, 여러 차례에 걸쳐 조선과 만주, 그리고 중국 내륙과 대만까지 방문하여 현지의 특징을 생생하게 담아낸 조감도 및 안내도를 세상에 내놓았다.

그리고 이러한 '외지' 관련 작품을 만들 때 하쓰사부로는 가능한 한 각각의 의뢰인이 요구한 것을 반영하는 한편, 현지에 방문했을 때 이해한 피사체들의 성격을 리얼하게 표현하려고 노력하였다. 예를 들어 대도시에 대해서는 그 전체상을, 고도(古都)에 대해서는 그 고유한 성격을, 상업도시에 대해서는 그 번영의 모습을, 항구 마을에 대해서는 외부와의 연결 등을 강조하며 그 미묘한 특징을 구분하여 그렸다. 이러한 경향은 전반부의 국내적인 것에 비해 후반부의 소위 '외지'적인 것에서 보다 강화되고 있었던 것으로 보인다.

4. 하쓰사부로식 조감도를 통한 조선과 중국의 표상

메이지 이후, 일본은 세력 확장과 함께 오키나와, 사할린, 대만, 조선, 칭따오, 만주 등을 차례로 지배하에 두게 되었고, 1937년(쇼와 12) 중일전쟁이 시작되자 단기간에 화북을 시작으로 중국 북부와 남부 연해지역을 점령하였다. 그리고 국가와 군부의 이러한 급속한 지배권 확대에 따라 많은 내지의 일본인들도 위의 지역으로 이주하여 명실상부 일본을 중심으로 한 제국의 형태를 갖추게 되었다.

그러나 제국의 성립은 단순히 현실적인 영토의 확장만으로는 결코 완성되지 않으며, 거기에는 제국에 대한 내외 '국민'의 상상과 표상의 개입도 필수적 조건이다. 즉 영유한 곳을 의식적으로 표현·표상해야만 국민들의 상상력이 팽창되고, 정신적 혹은 관념적으로 영유지를 '점유'할 수 있게 된다.

하쓰사부로는 국내 조감도뿐만 아니라 '외지'의 조감도에도 신사를 자주 그렸으며, 근경과 원경에는 반드시 여객선 연락 항로와 후지산 등을 배치했다. 지극히 의식적이었던 것으로 생각되지만, 그 표현이 야말로 국내외를 연결하고 제국 일본의 일체감을 만들어내는 중요한 장치였다고 할 수 있다. 이렇게 보면 기발한 안내도로 관광붐에 기여한 하쓰사부로는 '제국'의 창출에 일조한 것이다.

앞서 언급했듯이 하쓰사부로는 쇼와 시대에 접어들면서 조선과 만주에 자주 건너가 일련의 이른바 '외지' 조감도를 제작했다. 또한 중일전쟁(1937)이 발발한 후 이듬해부터 3년 연속으로 해군, 육군 파견 종군화가로 중국 전선에 파견되었다. 여기서 간략하게 그 사이 하쓰사부로의 주요 발자취를 기록해둔다.

1927년(쇼와 2) : 만철 등의 초청으로 제자 마에다 고에이(前田虹映)
와 함께 만주로 건너감. 대련, 여순, 봉천, 장춘, 하얼빈, 치치
하얼(チチハル), 흥안령(興安嶺), 만저우리(満洲里), 텐진, 베
이징, 칭따오, 상하이 등을 2개월간 순회. 대련 만철 클럽에
서 전시회를 개최.

1928년 : 이전 해의 취재를 기반으로 〈대련〉, 〈호시가우라(星が浦)〉,
〈여순〉, 〈진저우(金洲)〉, 〈천산(千山)〉 등을 작성, 간행.

1929년 : 2월~6월 조선반도를 답사. 경주, 금강산, 경성, 평양, 부산
등 각지의 조감도를 작성. 9월 '조선박람회'를 기념하는 작
품으로서 〈조선박람회도(朝鮮博覧会図絵)〉, 〈조선대도(朝鮮
大図絵)〉 등을 발표.

1931년 : 〈조선금강산대도(朝鮮金剛山大図絵)〉를 창작, 발표.

1932년 : 만주국 성립에 따라 재차 만주로 건너감. 〈만주국대조감
도(満洲国大鳥瞰図)〉, 〈만몽의 교통산업안내(満蒙の交通産業
案内)〉 등을 작성.

1934년 : 4개월에 걸쳐 대만 스케치 여행, 관련 작품을 제작.

1935년 : 〈사할린관광교통조감도(樺太観光交通鳥瞰図)〉, 〈타이페이
시조감도(台北市鳥瞰図)〉를 발표.

1938년 : 5월 종군화가로서 중국에 건너감. 이후 3년 연속 대륙
전선에 건너가 상하이, 난징(南京), 우한(武漢), 화북(華北)
각지를 순회, 〈난징경승조감도(南京景勝鳥瞰図)〉 등을 작성.

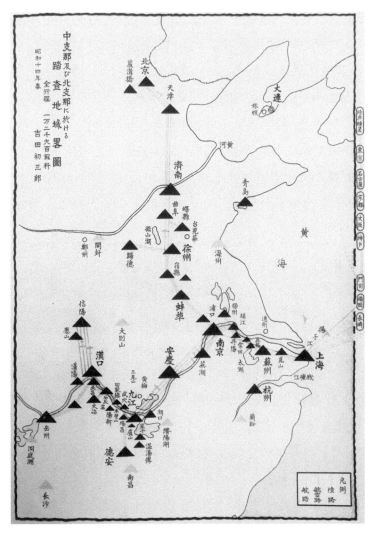

[그림 4] 요시다 하쓰사부로 〈중부 및 북부 중국 답사지역 약도〉
(1940년, 이시카와 하지메(石川肇) 제공)

이 약력에서 알 수 있듯이 하쓰사부로가 처음으로 대륙에 건너간 것은 1927년이지만, 사실 이미 5년 전에 중국을 의식하고 한 장의

웅장한 조감도를 제작하고 있었다. 철도성 운수국의 의뢰로 1922년
(다이쇼 11)에 개최된 평화 기념 도쿄 박람회에 출품한 〈일본을 중심으
로 한 세계의 교통(日本を中心とせる世界の交通)〉이라는 작품이다. 일본
에서 세계 각지로 향하는 항로까지 포함한 교통 조감도이지만, 본문의
해설에 "이것은 지금까지의 일반적인 일본 지도를 보는 것과는 시선을
달리하여, 반대로 동해상에서 비행기로 일본을 보는 기분으로 관람해
주세요"라고 적혀 있는 것처럼, 여기서는 바로 '비행기'의 앵글로 아시
아, 나아가 세계를 부감하는 제국 일본의 모습을 드러내고 있다.

[그림 5] 〈일본을 중심으로 한 세계의 교통〉(1922년, 철도성 운수국)

다만 이 시점에서 중심으로서의 '일본'을 웅장하게 그려낼 수 있었
지만, 아직 대륙을 실제로 경험하지 못한 하쓰사부로에게 '세계'는 이
작품에서 여전히 막연한 것일 뿐, 다소 구체성이 결여된 대상에 불과
했던 것으로 보인다.

이에 하쓰사부로는 조선총독부, 만철, 대련기선의 초청으로 1927년
만주로 건너간다. 그는 이들로부터 세심한 접대를 받은 것도 있어서,
이른바 '관동주(関東洲)'[4]를 포함한 랴오둥반도를 중심으로 철저히 현
지 조사를 한 후 바로 이 일대를 대상으로 한 작품 제작에 착수하여

---

4) [역자주] 1905년부터 1945년까지 요동반도에 있는 제국 일본의 임대 영토.

이듬해에 연이어 〈대련(大連)〉, 〈여순(旅順)〉, 〈천산(千山)〉, 〈호시가우라(星ガ浦)〉, 〈대련기선 회사 정기항로 안내도(大連汽船会社定期航路案内図)〉 등을 간행하였다. 그중에서도 〈대련〉(1927년, 남만주철도주식회사 철도부)이라는 작품은 당시 유통되던 지도와 달리 바다 쪽에서 대련 시가지 전모를 파악하여, 러일전쟁 후 러시아로부터 물려받은 미완의 식민지 도시를 제국의 프론티어로 훌륭하게 만들어낸 일본의 '위업'을 칭송하는 내용을 담고 있다.

[그림 6] 〈대련〉(1927년, 남만주철도주식회사 철도부)

만주의 각 도시뿐만 아니라, 하쓰사부로는 2년 후인 1929년 2월부터 6월까지 다시 한반도를 꼼꼼히 답사한 뒤, 경주, 금강산, 경성, 평양, 부산 등의 조감도를 작성하였다. 그리고 같은 해 9월에 개최된 '조선박람회'를 기념하기 위해 〈조선박람회도(朝鮮博覧会図絵)〉(1929년, 조선총독부), 〈인천을 중심으로 한 명소 교통도(仁川を中心とせる名所交通図絵)〉(1929년, 조선박람회 인천협찬회) 등을 헌상하였다. 그중에서 경성을 중심으로 그린 〈조선대도(朝鮮大図絵)〉(1929년, 원산매일신문사)는 원경에 민족의 영산인 백두산을 두고, 철도가 한반도의 동쪽(오른쪽) 부산에서 경성과 평양을 거쳐 서쪽(왼쪽) 신의주까지 뻗어 있는 것을 그렸다. 이 철도는 국경인 압록강 철교 너머 만주까지 이어

[그림 7] 〈조선대도〉(1929년, 원산매일신문사)

지는 모습을 생생히 그려내며, 식민지 지배로 인한 교통의 정비, 도시의 번영 등을 그려내고자 했다.

수많은 '외지'를 표상하는 조감도 중에서 가장 웅대한 형태로 '제국'의 이미지를 상상하게 만드는 작품은 1932년(쇼와 7)에 만몽교통산업안내사(滿蒙交通産業案内社)를 위해 제작한 〈만몽교통산업안내(滿蒙の交通産業案内)〉이다. 만주국 건국에 맞춰 만주로 건너갔을 때의 것으로, 시인 노구치 우죠(野口雨情)가 만주 각지를 방문했을 때 "사람들이여……. 보라, 만몽을. 방문하라, 중국을."이라고 읊었던 마음을 한 장의 조감도에 응축했다. 이 그림은 독자적인 데포르메를 통해 일본과 대륙의 위치 관계를 그림책처럼 알기 쉽게 그렸으며, 멀리 모스크바, 파리, 런던까지 보이는 구도로 되어 있어, 작지만 유라시아 대륙의 한

[그림 8] 〈만몽교통산업안내〉(1932년, 만몽교통산업안내사)

축을 지배하기 시작한 '제국 일본'의 모습이 선명하게 드러나 있다.

마지막으로 전쟁 중 하쓰사부로의 창작 활동을 살펴보자. 앞서 언급했듯이 하쓰사부로는 중일전쟁 발발 이듬해인 1938년 5월에 해군성의 의뢰로 중국 전선에 파견되었다. 이어 이듬해부터 2년 연속으로 종군화가로 중국으로 건너갔다. 이 기간 동안 그는 화중, 화북 각지를 취재하고 이른바 전적도(戰跡図)를 제작하였다. 그중에서도 난징을 돌아보고 그린 것이 가장 유명한데, 아래에서 이에 대해 간략히 소개하고자 한다.

난징을 그린 하쓰사부로의 작품은 두 가지 종류가 존재한다. 하나는 1937년 12월의 난징 공략전에 관한 것으로, '전적지'를 소재로 한 이 작품들은 4점이나 된다고 한다. 다만 현재 사진으로 확인할 수 있는 것은 1938년 가을에 황실로 헌상된 〈난징성공략전적도(南京城攻略戰跡図)〉한 점 뿐이다. 종군화가로서 하쓰사부로는 어떤 생각으로 난징 전투를 그렸던 것일까? 작품이 확인되지 않기에 뭐라 판단하기 어렵다.

또 하나의 난징 풍경을 그린 작품으로 조감도 〈난징경승조감도(南京景勝鳥瞰図)〉(1938년, 도미나가 만키치(富永萬吉))와 16장의 엽서로 구성된 〈난징십육승(南京十六勝)〉이 현재 확인된다. 전자는 수로로 둘러싸인 난징성과 그 뒤로 우뚝 솟은 종산(鐘山)을 화려하게 구성해서 전쟁 직후의 모습을 전혀 느낄 수 없게 그려져 있다. 후자는 격전이 벌어졌던 중산문(中山門)과 광화문(光華門)을 포함한 난징의 각 경승지를 포착한 것인데, 〈난징성내진회하(南京城内秦淮河)〉로 대표되는 것처럼 전체적인 톤이 매우 서정적이어서 전통문화가 풍부한 아름다운 '난징'을 표현하려고 했다. 전쟁후의 난징을 이렇게 표현한 하쓰사부로의 의도가 명확히 느껴지는 작품이라고 할 수 있다.

[그림 9] 〈난징경승조감도〉(1938년, 도미나가 만키치)

[그림 10] 〈난징성내진회하〉(연대미상), 〈난징십육승〉

5. 마치며 : 상상×창조하는 제국

서두에서도 언급했듯이 본론에서는 지금까지 거의 연구되지 않았던 하쓰사부로의 '외지' 관련 작품을 중심으로 '상상×창조하는 제국'이라는 관점을 도입하여, 그 국민적 상상력의 생성에서 그가 수행한 역할을 검증하였다. 그 과정에서 특히 하쓰사부로를 둘러싼 역사적 시공간의 '연결고리'를 고려하여, 화가로서의 하쓰사부로와 그의 조감도를 '시대' 및 '주변'과의 관계 속에서 재조명하는 데 중점을 두었다. 먼저 '시대'로 말하자면, 가능한 다이쇼 이후 국내외 철도와 항로의 발달 및 투어리즘의 융성이라는 시대적 배경을 제시하였다. 하쓰사부로식 조감도는 매우 독창적이지만 다른 한편으로 일본인이 근대화한 '국토' 혹은 팽창하는 '제국'을 의식하기 시작한 이 시기 특유의 '시대'적 산물이라는 점을 강조하였다. '주변'(공간)에 대해서는 세상에 잘 알려진 국내의 조감도보다 가능한 해외와 관련된 그림의 소개를 통해 작가가 자신의 작품에서 아시아 일대에 펼쳐진 '제국 일본'을 어떻게 상상×창조하였는지. 또 사람들로 하여금 상상×창조하게 만들었는가를 부각시키려고 하였다.

물론 본고의 이런 목적이 어디까지 실현되었는지는 알 수 없지만, 앞서 언급한 작품들의 간단한 소개에서도 알 수 있듯이 당시 국민들은 이런 작품들(조감도, 엽서 등)을 통해 광대한 '식민지'를 소유하고 있다는 '제국 국민'으로서의 실감도 느꼈을 것이다. 그리고 원경에 반드시 후지산이나 도쿄 등을 배치하는 구도에서 자신의 '내지'에 대한 소속감과 함께 '외지'로 웅비하고 싶은 충동도 한층 더 강해졌을 것임은 상상하기 어렵지 않다. 물론 식민지나 점령지에 대한 관념적 영유권의 심리 및 관념을 국민에게 심어준 것은 하쓰사부로식 조감도뿐만 아니다. 자유자재로 데포르메 될 수 있는 한, 지도나 사진, 엽서, 여행 안내서 등의 믹스 미디어는 이런 심리와 관념을 형성하는 가장 중요한 툴 중 하나였다.

이상혁 옮김

제3부

디지털 인문학을 실천하다

제6장
연구논문 데이터베이스로 보는
한국의 일본문학 연구동향과 주제분석

정병호

1. 시작하며

한국의 일본 관련 학회에서는 한국의 일본연구 동향을 보고하거나 일본연구의 과제와 전망을 다양한 각도에서 논의하는 연구기획이 자주 마련되었다. 일본 관련 학회 중 역사가 가장 오래된 한국일본학회가 학회 창립 40주년을 기념하여 2013년에 발간한 『일본연구의 성과와 과제』라는 단행본이 그 대표적인 성과이다. 이 저작물은 한국일본학회가 걸어온 역사뿐만 아니라, '한국에서의 일본연구 현황과 과제'[1] 라는 부제를 통해 '일본고전문학'과 '일본근현대문학'을 포함하여 '일본어학', '일본어교육', '일본사', '일본민속', '일본어통번역연구', '일본정치' 분야에 걸쳐 당시까지의 일본연구 동향과 과제를 정리한 것이다.

---

1) 한국일본학회40주년특별위원회 편, 『日本 研究의 成果와 課題』, 보고사, 2013, pp.161~310.

한국의 일본연구 동향에 관한 이러한 논의를 일본문학이라는 범위로 좁혀 보면, 한국일본문학회 기관지『일본문학연구』3(2000)에 수록된 '글로벌 시대의 일본문학·문화 연구를 어떻게 할 것인가'라는 특집[2], 한국일본학회의 기관지『일본학보』62(2005)에 수록된 '일본문학 기획특집'[3], 한국일어일문학회의 기관지『일어일문학연구』52(2005)의 특집[4] 등이 이러한 논의의 성과에 해당한다. 이러한 보고와 논의에서 나온 문제의식을 구체적으로 살펴보면, 먼저 1989년까지 한국에서 발표된 학위논문, 학술논문, 저작, 번역서를 대상으로 연도별 연구 성과와 연구 대상의 시대별 분류를 시도하면서 "이제 일본문학 연구도 양적인 증가만이 아니라 질적인 성장도 있어야 한다고 생각한다. 한국인 연구자라는 주체성을 견지하고 일본문학의 본질을 파악하기 위한 작품연구가 이루어져야 할 필요가 있다."[5]고 하는 문제제기, 이와 동일한 선상에서 한국의 일본문학 연구가 "일본인 연구자의 추수주의(追隨主義)적 연구태도에서 크게 벗어나지 못하였"[6]다는 주장, 이

---

2) 이 특집에는 총 5편의 논문이 게재되어 있는데, 일본문학에 관한 논문은 이영구의 「글로벌 시대에 우리는 일본문학을 어떻게 연구할 것인가」(pp.20~27), 히라오카 도시오(平岡敏夫)의 「21세기 일본문학은 어떻게 연구될 것일까」(pp.5~19)가 수록되어 있다.

3) 이 '일본문학 기획특집'에는 한국의 일본문학 연구자 15인이 겐지모노가타리(源氏物語), 기기신화(「記紀」神話), 만요슈(万葉集), 중세 극문학, 하이쿠(俳句), 근세문학, 모리 오가이(森鴎外), 나쓰메 소세키(夏目漱石), 아리시마 다케오(有島武郎), 가와바타 야스나리(川端康成), 시마자키 도손(島崎藤村), 일본근현대시, 아쿠타가와 류노스케(芥川龍之介) 등 한국 내 일본문학연구 성과와 향후 과제가 정리되어 있다.

4) 이 특집에는 일본 상대(上代)문학, 헤이안(平安)문학, 중세문학, 근세문학, 근대문학 등 시대별 5편의 논문이 그 분야의 연구 현황과 과제를 검토하고 있다.

5) 김종덕, 「한국에 있어서 일본문학연구의 현황과 전망」,『일어일문학연구』45(2), 한국일어일문학회, 2003, p.51.

6) 김순전, 「일본 근대문학과 한국의 문학적 트라우마 극복을 위하여」,『2009년도 국내

러한 한국적 주체성이나 일본에 대한 연구의 자립을 비판적으로 검토
하면서 일본문학 연구가 "국가를 위한 학문이기를 거부하는 연구가
되어야 할 것이며 일본인뿐 아니라 한국의 다른 분야 인문학계 전체에
대해 발신하고 소통하는 연구가 되어야 할 것"[7]을 제안하는 논의, 나
아가 "논문이 학문적인 논리에 의하여 쓰여지는 것이 아니라 거의 감
상문 수준에 그치"[8]는 경우가 많다는 비판 등 다기에 걸쳐 있다.

　이 외에도 한국에서의 일본 근현대 문학연구의 현황 소개와 더불어
"일본의 학회나 학술지가 국제적인 일본 연구의 진정한 플랫폼이 될
수 있도록"[9] 그러한 희망을 제언한 논고, 일본국제교류기금 서울문화
센터의 위탁을 받아 실시한 '2019년도 한국에서의 일본연구조사'의
일환으로 작성된 논고[10]도 한국 내 일본문학 연구동향을 정리하고 향
후 과제를 분명히 하기 하려는 의도에서 작성된 것이다. 이러한 조사
연구는 한국에서 일본문학연구의 도정을 점검하고 그 과제를 확인하
면서 새로운 연구 전망을 이끌어 왔다는 점에서 다대한 역할을 수행했
다고 할 수 있다. 그러나 현재 시점에서 보면 그 조사연구가 상당히
오래된 경우가 많고 특정 학회지나 데이터에 편중되어 있거나 특정한
시기만을 다루고 있는 경우가 적지 않으며, 내용적으로는 일부 연구

일본연구자 초청 워크숍」, 고려대학교 일본연구센터, 2009, p.8.

7)　박유하, 「한국에서의 일본근대문학연구에 관한 일고찰」, 『일어일문학연구』 52(2), 한
　　국일어일문학회, 2005, p.70.

8)　하태후, 「한국에서 아쿠타가와 류노스케 문학 연구 성과와 과제 조명」, 『일본학보』
　　62, 한국일본학회, 2005, p.543.

9)　鄭炳浩, 「韓国の日本近代文学研究と国際研究交流: 日本文学研究の国際的フラット
　　フォームという眼差しから」, 『日本近代文学』 100, 日本近代文学会, 2019, p.94.

10)　최재철, 「일본근현대문학 연구(2012~2018년)를 중심으로」, 『일본연구논총』 51, 현
　　대일본학회, 2020, pp.273~295.

논문에 국한되어 인상비평적 해석에 그치는 경향이 있었던 점도 결코 부인할 수 없는 사실이다.

그래서 본 연구에서는 한국에서 가장 활발하게 활동하고 있는, 일본 관련 8개의 학회가 간행하고 있는 기관지[한국일본학회(1973)의 『일본학보』, 한국일어일문학회(1978)의 『일어일문연구』, 동아시아일본학회(1999)의 『일본문화연구』, 한국일본언어문화학회(2001)의 『일본언어문화』, 한국일본어문학회(1995)의 『일본어문학』, 일본어문학회(1992)의 『일본어문학』, 한국일본문화학회(1996)의 『일본문화학보』, 대한일본어일본문학회(1991)의 『일본어일본문학』]에 게재된 일본문학 관련 논문을 대상으로 그 양적 연구를 시도하여, 2003년부터 2023년까지 최근 20년간의 연구동향을 파악하는 것을 목적으로 한다. 구체적으로 8개의 일본 관련 학술지에서 한국어로 작성된 일본문학 관련 논문의 결론 부분을 수집하고, 텍스트 마이닝을 활용하여 데이터의 출현 빈도 및 TF-IDF 분석을 통해 2004년부터 2023년까지 한국에서의 일본문학 연구의 시기별 흐름과 특징, 동향을 파악하도록 한다. 또한 이러한 데이터 분석 결과에서 얻은 몇 가지 시사점을 바탕으로 최근 20년간의 모든 일본문학 논문의 내용 및 경향을 재차 조사함으로써 한국에서의 일본문학 연구동향과 주제를 분석하도록 한다.

2. 연구 대상과 방법

널리 알려졌듯이 한국의 인문·사회 분야 학술지는 일본과 달리 학술지 평가를 정기적으로 실시하고 있으며, '한국학술지 인용색인

(KOREA CITATION INDEX)'의 데이터베이스에 등재된 학술지 논문은 기본적으로 오픈 액세스 형태를 취하고 있다. 즉, 한국에서는 한국연구재단이 1998년부터 학술지 평가를 통해 일정 기준을 충족하는 학술지를 '한국학술지 인용색인'에 등재하는 제도를 시행하고 있으며, 해당 학술지의 정보와 논문 정보, 참고문헌 등을 데이터베이스화하고 있다. 이 제도에 따라 학술지마다 다르지만 2000년대 이후 모든 학문 분야의 주요 학술지가 데이터베이스화되어 그 정보와 논문 원문이 공개되고 있다.

따라서 본 연구에서는 '한국학술지 인용색인'에 등재된 한국의 8개 일본 관련 학회에서 발간하는 학술지 중에서 2004년부터 2023년까지의 〈일본문학〉 관련 논문을 대상으로 하여 그 데이터를 수집하여 분석하고자 한다. 수집한 논문 수는 아래의 [표 1]에서 볼 수 있듯이 한국일본학회의 『일본학보』가 513편, 한국일어일문학회의 『일어일문연구』가 923편, 동아시아일본학회의 『일본문화연구』가 500편, 한국일본언어문화학회의 『일본언어문화』가 420편, 한국일본어문학회의 『일본어문학』이 608편, 일본어문학회의 『일본어문학』이 700편, 한국일본문화학회의 『일본문화학보』가 513편, 대한일어일문학회의 『일어일문학』이 433편으로 총 4777편에 이르고 있다. 그 논문을 각 5년씩 네 시기로 나누어 그 규모를 제시하면 다음과 같다.

[표 1] 한국 내 8개 일본 관련 학회의 일본문학 분야 논문 수

학회명(학술지)	2004~2008년	2009~2013년	2014~2018년	2019~2023년	총계
한국일본학회 (일본학보)	254(170)	179(135)	147(117)	100(66)	680

한국일어일문학회 (일어일문연구)	285(163)	295(198)	217(149)	126(93)	923
동아시아일본학회 (일본문화연구)	152(98)	180(147)	96(78)	72(64)	500
한국일본언어문화학회 (일본언어문화)	87(48)	111(76)	126(80)	96(24)	420
한국일본어문학회 (일본어문학)	168(113)	159(127)	152(118)	129(98)	608
일본어문학회 (일본어문학)	196(90)	168(113)	192(126)	144(114)	700
한국일본문화학회 (일본문화학보)	163(89)	125(75)	98(69)	127(94)	513
대한일어일문학회 (일어일문학)	108(61)	126(92)	118(90)	81(62)	433
총계	1413(832)	1343(963)	1146(827)	875(615)	4777(3237)

※ ( ) 내의 숫자는 한국어로 작성된 논문의 수

　본 연구에서는 위와 같이 2004년부터 2023년까지 발간된 8개의 학술지에서 한국어로 작성된 문학 분야 논문을 각각 5년씩 나누어 논문의 결론 부분을 수집하고, 그 데이터를 텍스트마이닝 기법으로 분석함으로써 한국 내 일본문학 연구동향을 파악하고자 한다. 이를 위해 이 데이터를 TEXTOM SV[11]라는 빅데이터 분석 플랫폼을 통해 '데이터 전처리' 과정을 거쳐 '단어 출현빈도(Term Frequency)'와 '상대적 단어 출현빈도', 'TF-IDF(Term Frequency-Inverse Document Frequency)'의 데이터를 도출한다. 이 데이터를 처리할 때 2004~2008년, 2009~2013년, 2014~2018년, 2019~2023년 네 시기로 구분하여 작업을 진행하는데, 5년씩 네 시기로 나눈 것은 한국 일본문학

---

11) https://textom.co.kr/main

연구의 동향을 보다 명확하게 파악하기 위함이다.

또한, 이렇게 얻어진 데이터를 세밀하게 분석·해석하여 2004년부터 2023년까지 한국의 일본문학 연구동향에 어떤 변화가 있는지, 그 주제의 변화에는 어떤 특징이 있는지 살펴보도록 한다. 또한 위와 같은 분석을 바탕으로 한국어로 쓰여진 논문뿐만 아니라 일본어 논문을 포함한 모든 논문을 대상으로 한국에서의 일본문학 연구가 어느 시대의 문학을 대상으로 하고 있는지, 근현대문학 논문의 경우 어느 작가·장르를 대상으로 하고 있는지에 대한 시기별 통계를 만들어 그 지표를 분석함으로써 최근 20년간 한국 내 일본문학 연구의 동향과 그 변화를 보다 명확히 하도록 한다.

3. 출현빈도수로 보는 일본문학연구의 동향과 특징

먼저 2004년부터 2023년까지 한국의 8개 일본 관련 학술지에서 한국어로 작성된 일본문학 논문의 결론 부분에서 얻은 키워드의 출현 빈도를 보면 [표 2]와 같다. 상위 75위까지의 출현빈도를 나타낸 [표 2]에서 볼 수 있듯이 〈문학〉, 〈작품〉, 〈일본〉, 〈소설〉, 〈시〉 등의 단어가 어느 시기에도 상위권에 위치하고 있음을 알 수 있다. 이러한 단어의 출현빈도가 높은 것은 수집된 데이터가 일본문학 관련 논문이기 때문에 당연한 결과라고 할 수 있다. 또한, 출현빈도 중 상위권에 위치한 키워드로 〈한국〉(8→8→8→10→7위), 〈조선〉(7→4→5→5→5위)과 함께 〈재일코리안〉(21→12→9→8위) 등의 단어가 눈에 띄는데, 이 키워드는 연구를 수행하고 학술지를 간행하는 지역인 한국과 관련이 있는 단어이다. 한국의 일본문학 연구라는 의미에서 당연해 보이지만, '재일코리안'도 상위에 위치하고 있다는 측면에서 판단하면 일본과 한국의 역사적 관계 속에서 일본문학이 연구되었을 가능성을 시사하고 있다.

[표 2] 연구논문 데이터의 키워드 상위 출현빈도수

순	2004~08년		2009~13년		2014~18년		2019~23년	
	키워드	수	키워드	수	키워드	수	키워드	수
1	문학	1850	일본	2124	일본	1930	일본	1571
2	작품	1811	작품	1965	작품	1694	작품	1228
3	일본	1788	문학	1461	문학	1337	문학	823
4	소설	652	조선	946	소설	793	소설	652
5	근대	561	소설	908	조선	756	조선	519
6	시	533	근대	666	시	483	영화	381
7	조선	451	시	524	근대	483	한국	376
8	한국	375	한국	427	번역	443	재일코리안	360
9	사상	367	일본인	383	재일코리안	437	시	308
10	영화	351	번역	377	한국	417	근대	259
11	나쓰메소세키	337	사상	360	영화	372	일본인	206
12	모노가타리	316	재일코리안	348	일본인	366	식민지	204
13	일본인	311	모노가타리	337	모노가타리	339	차별	180
14	아쿠타가와류노스케	311	식민지	307	설화	312	대중	177
15	번역	230	노래	276	식민지	303	현대	168
16	전통	217	나쓰메소세키	276	대중	248	모노가타리	153
17	메이지	211	영화	258	와카	209	조선인	152
18	마쓰오바쇼	204	설화	256	사상	201	사상	148
19	설화	189	아쿠타가와류노스케	218	전통	197	애미메이션	147
20	다자이오사무	184	조선인	213	나쓰메소세키	190	오키나와	145
21	재일코리안	184	하이카이	204	조선인	185	요괴	142
22	신화	178	천황	200	노래	181	일기	141
23	천황	164	전통	197	일본사회	175	천황	133

24	다니자키준이치로	151	일본어	183	메이지	170	일본사회	130
25	중국	141	마쓰오바쇼	163	차별	163	전통	127
26	노래	136	차별	163	현대	161	원폭	116
27	시인	132	기타무라도코쿠	159	천황	158	메이지	113
28	와카	129	현대	158	중국	156	번역	113
29	기타무라도코쿠	125	신화	155	아쿠타가와류노스케	156	와카	106
30	고전	122	대중	154	다자이오사무	154	미스테리	103
31	식민지	119	지배	152	시인	135	설화	102
32	겐지	113	메이지	150	신화	133	콘텐츠	98
33	지배	112	일제	148	일본문학	131	지배	98
34	문학사	110	중국	145	고전	129	제국	97
35	현대	109	고전	144	무사	128	오에겐자부로	96
36	사소설	106	오에겐자부로	142	오키나와	121	다이쇼	93
37	오에겐자부로	106	일본문학	139	지배	114	일본어	92
38	중세	104	일본사회	137	제국	113	신화	90
39	해방	98	사소설	135	일본어	110	고전	90
40	일본문학	97	시인	132	마쓰오바쇼	103	중국	89
41	하이카이	92	제국	117	헤이안	100	노래	84
42	자연주의	87	오키나와	112	제국주의	96	동화	78
43	가와바타야스나리	87	와카	108	패전	94	일제	77
44	차별	87	고대	105	해방	92	나쓰메소세키	77
45	대중	87	제국주의	99	하이쿠	90	시인	75
46	일본어	84	일기	98	고대	89	냉전	75
47	문학작품	83	만엽집	97	일제	87	무라카미하루키	74
48	조선인	82	다니자키준이치로	97	마이너리티	83	제국주의	70
49	시마자키도손	77	애미메이션	94	고사기	82	해방	69
50	일기	75	무사	91	오에겐자부로	77	문학작품	67
51	헤이안	73	다자이오사무	90	일기	76	드라마	63
52	일본사회	71	겐지	90	헤이케	76	하이쿠	60
53	고대	70	하이쿠	89	식민	74	근세	59
54	근세	70	시가	88	동화	73	무사	59
55	무사	69	문학작품	87	근세	72	유녀	58
56	곤자쿠모노가타리	68	고사기	83	문학작품	68	미시마유키오	56

57	이세모노가타리	67	패전	82	무라카미하루키	68	식민	56
58	제국주의	65	해방	82	드라마	65	패전	55
59	하이쿠	65	만화	81	전설	61	고사기	54
60	패전	61	동화	77	시가	59	재조일본인	53
61	임진왜란	61	식민	74	대만	58	일본문학	53
62	시가	60	가와바타야스나리	69	문학사	58	대만	53
63	동화	60	시바료타로	67	모리오가이	56	만화	53
64	헤이케	59	무라카미하루키	65	일본서기	56	재해	49
65	다카무라고타로	59	헤이안	64	재조일본인	54	가부키	48
66	일제	57	근세	63	가와바타야스나리	52	젠더	47
67	다이쇼	51	미시마유키오	62	콘텐츠	52	재난	46
68	하야시후미코	50	문학사	61	하이카이	51	디아스포라	43
69	장혁주	50	전설	59	중세	51	가와바타야스나리	42
70	오키나와	49	한국인	58	시마자키도손	49	교쿠테이바킨	39
71	일본서기	47	우에다아키나리	58	민요	48	중세	38
72	우에다아키나리	47	조선어	58	아리시마다케오	48	시가	38
73	만엽집	45	모리오가이	58	겐지	47	나카가미겐지	38
74	제아미	43	안용복	55	한반도	46	다니자키준이치로	37
75	유녀	41	한반도	54	강점기	42	헤이안	36

　그렇다면 2004년부터 2023년까지 각각 네 시기에 걸쳐 연구 대상이 되는 문학은 시대별로 어떤 변화가 있을까? 실제로 어느 시대의 문학을 다루고 있는지를 제시하는, 각각의 시대를 나타내는 단어인 〈고대〉(53→44→46→86위), 〈중세〉(38→76→69→71위), 〈근세〉(54→66→55→53위), 〈헤이안〉(51→65→41→75위), 〈근대〉(5→6→7→10위), 〈현대〉(35→28→26→26→15위)라는 단어의 출현빈도 순위를 보면 그 변화를 알 수 있다. 에도시대에 해당하는 '근세'의 순위는 보합세를 보이고 있으며, 1945년부터 현재까지를 의미하는 '현대'의 순위는 상당히 상승하고 그 외 다른 단어들의 순위는 모두 하락하였다. 이 결과

를 보면 고전의 경우 근세를 제외하고는 대부분 지난 20년간 시간의 경과와 더불어 관심도가 낮아지고, 대신 1945년 이후의 현대적 장르에 대한 관심이 높아진 것으로 해석할 수 있다.

일반적으로 일본문학을 전근대의 고전문학과 그 이후의 근현대문학으로 구분한다면, 한국의 일본문학 연구 분야에서 주요 작가와 작품은 시기별로 어떤 동향을 보이는지, 최근 20년간 그 빈도에 변화가 있었는지 어떤지를 살펴보도록 한다. 근대 이전 고전문학의 상위빈도에 속하는 작품과 작가, 근대 이후 근현대의 상위빈도에 속하는 작가를 좀 더 구체적으로 나타내면 다음 [표 3]과 같다.

[표 3] 상위 출현빈도의 작가·작품

	고전문학 중 상위빈도의 작품·작가	근현대문학 중 상위빈도의 작가
2004~08년	마쓰오바쇼(18)·겐지(32)·곤자쿠모노가타리(56)·이세모노가타리(57)·헤이케(64)·일본서기(71)·우에다아키나리(72)·만엽집(73)·제아미(74)·고사기(76)·伎樂(80)·겐코(86)·이하라사이카쿠(89)	나쓰메소세키(11)·아쿠타가와류노스케(14)·다자이오사무(20)·다니자키준이치로(24)·기타무라도코쿠(29)·오에겐자부로(37)·가와바타야스나리(43)·시마자키도손(49)·다카무라고타로(65)·하야시후미코(68)·김사량(77)·모리오가이(78)·김달수(83)·야나기무네요시(84)
2009~13년	마쓰오바쇼(25)·만엽집(47)·겐지(52)·고사기(56)·우에다아키나리(71)·헤이케(80)	나쓰메소세키(16)·아쿠타가와류노스케(19)·기타무라도코쿠(27)·오에겐자부로(36)·다니자키준이치로(48)·다자이오사무(51)·가와바타야스나리(62)·시바료타로(63)·무라카미하루키(64)·미시마유키오(67)·모리오가이(73)·시마자키도손(77)·미야자키하야오(88)·야나기무네요시(89)
2014~18년	마쓰오바쇼(40)·고사기(49)·헤이케(52)·일본서기(64)·겐지(73)·만엽집(78)	나쓰메소세키(21)·아쿠타가와류노스케(29)·다자이오사무(30)·오에겐자부로(50)·무라카미하루키(57)·모리오가이(63)·가와바타야스나리(66)·시마자키도손(70)·아리시마다케오(72)·미시마유키오(77)·아베고보(83)·김달수(84)

2019~23년	고사기(59)·교쿠테이바킨(70)·가게로(76)·헤이케(80)	오에겐자부로(35)·나쓰메소세키(44)·무라카미하루키(47)·미시마유키오(56)·가와바타야스나리(69)·나카가미겐지(73)·다니자키준이치로(74)·아리시마다케오(87)·미야자기히야오(89)

위의 표를 보면 알 수 있듯이, 2004년부터 2023년까지 고전문학과 근현대문학 모두 상위권에 등장하는 작가와 작품의 종류와 빈도수가 전반적으로 감소하고 있음을 알 수 있다. 고전의 경우 2004년부터 2008년까지 고대문학부터 근세문학까지 13명의 작가와 작품이 등장하지만, 2019년부터 2023년 사이에는 고작 4명의 작가와 작품밖에 등장하지 않으며 출현빈도 순위도 상당히 낮아졌다. 90위 이내의 상위에 출현하는 근현대문학의 작가도 2004년부터 2008년까지, 그리고 2009년부터 2013년까지의 기간에 각각 14명, 2014년부터 2018년까지 12명, 2019년부터 2023년까지 9명으로 시간의 진행과 더불어 그 수가 줄어들고 있으며, 출현빈도도 하락하는 경향을 보이고 있다. 고전문학, 근현대문학을 불문하고 일본문학 연구의 주요 대상이었던 전통적인 대작가·거대작품의 출현빈도가 낮아지고 있으며, 특히 근현대 쪽에서는 애니메이션 감독인 미야자키 하야오(宮崎駿)가 두 시기에 포함되어 있는 것을 보면, 최근 20년간 한국의 일본문학 연구 분야에서는 연구 대상의 측면에서 상당히 변화가 있었다고 할 수 있다.

다음으로 고전문학과 근현대문학에 등장하는 각각의 문학·문화 하위 장르에는 어떤 변화가 있는지를 살펴보자.

[표 4] 상위 출현빈도의 문학·문화 장르

2004~08년	소설(4)·시(6)·영화(10)·모노가타리(12)·설화(19)·신화(22)·노래(26)·와카(28)·하이카이(41)·일기(50)·하이쿠(59)·동화(63)·드라마(85)·애미메이션(96)
2009~13년	소설(5)·시(7)·모노가타리(13)·노래(15)·영화(17)·설화(18)·하이카이(21)·신화(29)·와카(43)·애미메이션(49)·일기(46)·하이쿠(53)·만화(59)·동화(60)·전설(69)·희곡(83)
2014~08년	소설(4)·시(6)·영화(11)·모노가타리(13)·설화(14)·와카(17)·노래(22)·신화(32)·하이쿠(45)·일기(51)·동화(54)·드라마(58)·전설(59)·콘텐츠(67)·하이카이(68)·민요(71)·요괴(82)·가부키(85)·희곡(88)
2019~23년	소설(4)·영화(6)·시(9)·모노가타리(16)·애미메이션(19)·요괴(21)·일기(22)·와카(29)·미스테리(30)·설화(31)·콘텐츠(32)·신화(38)·노래(41)·동화(42)·드라마(51)·하이쿠(52)·만화(63)·가부키(65)·희곡(79)·서브컬처(81)

이 [표 4]를 보면 〈시〉와 〈소설〉이라는 근대적 문학장르, 또는 〈모노가타리〉, 〈설화〉, 〈와카〉, 〈하이쿠〉, 〈신화〉와 같은 고전 문학장르는 네 시기에 걸쳐 출현빈도의 변화가 보이지만, 그다지 심하게 변동하고 있다고 보기는 어렵다. 그러나 위의 [표 4]에서 가장 눈에 띄는 단어는 전통적인 문학장르라고 할 수 없는 〈영화〉, 〈드라마〉, 〈애니메이션〉, 〈만화〉, 〈콘텐츠〉, 〈미스터리〉, 〈서브컬처〉와 같은 용어들이다. 이런 단어들은 '서브컬처'라는 단어가 보여주고 있듯이 대중문화와 매우 밀접한 관련이 있는 키워드이다. 대중문화와 관련된 이 단어들은 점차 그 종류도 늘어나고 있는데, 특히 코로나 바이러스 대유행과 맞물린 2019~2023년 시기에는 비약적으로 증가했다. 따라서 이 시기에는 대중문화적 장르에 대한 관심이 급증하고 그러한 주제를 다루는 연구가 늘어났다고 지적할 수 있다.

한편, 2014~18년 기간에는 그 이전에는 상위권에 등장하지 않았

던 〈재조일본인〉(65위), 〈일본어문학〉(87위), 〈원폭〉(89위), 〈원자력〉
(90위), 〈지진〉(91위)이라는 단어가 새롭게 출현하였으며, 2019~23
년에는 〈재조일본인〉(60위), 〈재해〉(64위), 〈재난〉(67위)이라는 단어
가 상위에 출현하였다. 이러한 단어들의 출현 배경에는 2010년대부
터 한국에서 매우 활발하게 연구되었던 '식민지 일본어문학' 및 '재조
일본인' 연구의 결과이며, 다른 한편으로는 2011년 동일본대지진 이
후 한국에서도 '재해(災害)문학'과 '핵(核)문학' 연구가 증가하였다는
경향을 반영하는 결과이다.

4. '상대적 단어 출현빈도', 'TF-IDF'로 보는
　한국 내 일본문학연구 동향

　지금까지 단어 출현빈도 분석을 통해 2004년부터 2023년까지 네
시기에 걸쳐 연구 대상의 시대별 분포, 주요 작가와 작품, 문학 장르
에 대한 연구경향, 한국 내 일본문학 연구에 나타나는 특징 등을 살
펴보았다. 여기서는 이러한 분석의 논점을 바탕으로 '상대적 출현빈
도'와 'TF-IDF' 결과를 통해 최근 20년간 한국 내 일본문학연구 동
향과 시기별 특징을 보다 구체적으로 살펴보고자 한다. TF-IDF란 단
어의 출현빈도(Term Frequency, TF)와 역문서빈도(Inverse Document
Frequency, IDF)를 곱한 수치를 말하는데, 어떤 문서 중에서 특정 단
어가 얼마나 중요한지를 나타내는 통계적 지표로서 텍스트마이닝으
로 특정 단어의 중요도를 계산하는 방법이다.
　먼저, 출현빈도 상위권을 차지하고 있는 근현대작가들이 네 시기에

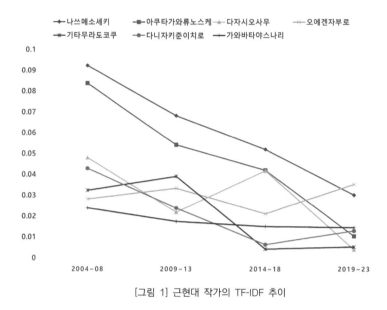

[그림 1] 근현대 작가의 TF-IDF 추이

각각 어떠한 추이를 보이고 있는지를 [그림 1]의 그래프를 통해 살펴
보도록 한다. 이 그래프는 2004년부터 2023년까지 전 시기에 걸쳐
출현빈도가 상위권에 해당하는 〈나쓰메 소세키(夏目漱石)〉(16위), 〈아
쿠타가와 류노스케(芥川龍之介)〉(19위), 〈다자이 오사무(太宰治)〉(36
위), 〈오에 겐자부로(大江健三郎)〉(38위), 〈기타무라 도코쿠(北村透
谷)〉(47위), 〈다니자키 준이치로(谷崎潤一郎)〉(48위), 〈가와바타 야스
나리(川端康成)〉(61위)라는 단어를 각각 네 시기에 걸쳐 'TF-IDF'의
수치를 기록한 것이다. 이 그래프의 변화를 보면 알 수 있듯이, 현대
작가인 오에 겐자부로만이 미세하게 등락을 거듭하고 있는 것을 제외
하고는 대부분의 작가들이 그 수치가 하락하는 경향을 보이고 있다.
특히 근현대 작가 중 가장 많이 연구되었던 나쓰메 소세키와 아쿠타가
와 류노스케의 'TF-IDF' 수치가 각각 '0.092→0.068→0.052→0.03',

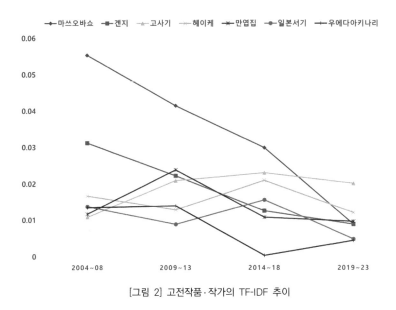

[그림 2] 고전작품·작가의 TF-IDF 추이

'0.084→0.054→0.054→0.042→0.01'의 추이를 보이고 있어서 급감이라고 표현해도 될 정도로 수치가 낮아지고 있다. 이러한 결과를 보면 2004년부터 기존 일본문학사에서 중시하던 이른바 캐논(정전) 중심의 연구 경향이 점차 약화되고 있음을 알 수 있다.

다음은 출현빈도 상위권을 차지하고 있는 고전 작품과 전근대 작가들의 추이를 살펴보기로 한다. 근현대 작가와 마찬가지로 [그림 2]의 그래프는 고전 작품과 작가 중 2004년부터 2023년까지 전 시기에 걸쳐 출현빈도가 높은 〈마쓰오 바쇼(松尾芭蕉)〉(31위), 〈겐지(源氏)〉(57위), 〈고사기(古事記)〉(60위), 〈헤이케(平家)〉(68위), 〈만엽집(万葉集)〉(69위), 〈일본서기(日本書記)〉(81위), 〈우에다 아키나리(上田秋成)〉(92위)라는 단어에 대해 네 기간에 걸쳐 각각 'TF-IDF'의 수치를 표시한 것이다. 이 그래프에서 볼 수 있듯이 시기별로 살펴보면 고전 작품이

나 작가의 '상대적 출현빈도'나 'TF-IDF' 결과가 상당히 하락한 항목
도 있지만, '마쓰오 바쇼'라는 단어를 제외하면 전반적으로 보합세 또
는 소폭 등락하는 경향을 보이고 있다. 특히 〈고전〉이라는 단어의
TF-IDF 수치(0.034→0.038→0.038→0.038→0.036)가 거의 변동이 없
으며, 고전의 하위 장르에 해당하는 '모노가타리', '설화', '신화', '와
카' 등도 그다지 극단적인 하락세를 보이고 있다고 볼 수 없다. 이런
의미에서 고전 작품이나 근대 이전 작가에 비해 오히려 근현대 작가의
'TF-IDF' 수치가 더 심하게 떨어졌다고 할 수 있는데, 이 현상은 근현
대 일본문학 연구에서 연구 대상과 테마가 특정 작가에 집중되기보다
다변화되어 왔다는 점을 지적할 수 있다.

　이렇듯이 근대 이후 일본문학 연구에서 테마의 다양화를 고려할 때,
그 이유를 잘 설명해주는 것이 다음 [그림 3]의 그래프이다. 이 그래프
는 대중문화와 관련된 〈영화〉(9위), 〈대중〉(21위), 〈애니메이션〉(51
위), 〈만화〉(74위), 〈미스테리〉(75위), 〈콘텐츠〉(79위) 등의 단어를 네
시기에 걸쳐 'TF-IDF'의 수치를 표시한 것이다. 네 시기에 걸친 수치
의 추이는 전통적인 문학 분야의 작가와는 반대로 모든 키워드가 큰
폭으로 상승하였다. 이 그래프에는 기록되어 있지 않지만 〈드라
마〉(71위, 0.01→0.007→0.018→0.023)나 〈서브컬처〉(163위, 0.0003→
0.0027→0.0027→0.012) 등 대중문화와 관련된 장르를 나타내는 키워
드는 전반적으로 증가하고 있으며, 〈미야자키 하야오〉(121위)라는 애
니메이션 감독도 비교적 상위권에 등장하여 빈도수가 상당히 상승
(0.0009[2004~08]→0.011[2019~23])하고 있다. 따라서 지금까지 전통
적 문학 장르와 대작가를 중심으로 이루어졌던 한국의 일본문학 연구
가 2000년대 이후 점차 연구 분야가 대중문화의 영역으로 이동했다고

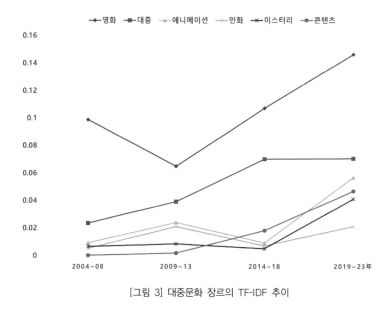

[그림 3] 대중문화 장르의 TF-IDF 추이

할 수 있는데, 특히 코로나 펜데믹 시기와 겹치는 2019~2023년 시기에 대중문화가 연구 대상으로 급격하게 증가한 것은 주목할 만하다.

　한편, 앞서 지적하였듯이 〈한국〉, 〈조선〉, 〈재일코리안〉과 같이 연구자의 정체성과 관련된 단어가 네 시기에 걸쳐 모두 상위권을 차지하였지만, 그 외에도 이와 같은 키워드로는 〈번역〉(12위), 〈식민지〉(15위), 〈일제〉(41위), 〈한반도〉(78위), 〈재조일본인〉(82위) 등의 단어가 포함되어 있다. 이 키워드의 'TF-IDF' 수치는 〈조선〉이 '0.127→0.247→0.221→0.204', 〈한국〉이 '0.103→0.108→0.118→0.119→0.143', 〈재일코리안〉이 '0.05→0.088→0.124→0.139', 〈번역〉이 '0.065→0.099→0.13→0.045', 〈식민지〉가 '0.033→0.08→0.088→0.088→0.079', 〈한반도〉가 '0.007→0.014→0.013→0.012', 〈재조일본인〉이 '0→0.013→0.019→0.025' 등의 추이를 보이고 있는데, 거

의 네 시기에 걸쳐 출현빈도가 상승하는 경향을 보이고 있다. 이처럼 2000년대 이후 한국의 일본문학 연구 분야에서는 한국 혹은 한국이라는 입장, 나아가 일본과 한국의 역사적 관계를 연상시키는 단어가 두드러지는데, 이러한 현상은 "한국은 2000년도를 전후로 하여 여러 일본 관련 학회에서는 일본적인 시각을 뛰어넘어 한국적 시각에 기초한 일본문학연구를 주창하였고, (중략) 일본(근현대)문학에 대해 타자의 주체적인 시각을 획득하려고 하는 의미 있는 문제의식"[12]의 결과라고 볼 수 있다. 그 외에도 2004년부터 20년간 한국의 일본문학연구에서 한국과의 관계 속에서 일본문학을 추구하는 태도는 1990년대 중반 이후 문학주의적인 문학연구를 상대화하려는 움직임이나 포스트콜로니얼 연구의 움직임과도 관련이 있으며, 이러한 방향에서 '재일문학', '식민지일본어문학', '번역' 연구가 매우 활발하게 이루어졌다. 그리고 이 기간에 〈만주〉〈오키나와〉〈타이완〉이라는 단어도 상당히 빈번하게 출현하는 것도 이러한 문학연구의 스탠스와 밀접하게 관련되어 있다.

5. 한국에서 일본문학 논문의 데이터 통계로 보는 일본문학 연구의 동향

지금까지 2004년부터 2023년까지 한국의 8개 일본 관련 학회가 발행한 학술지 중에서 한국어로 작성된 일본문학 논문의 결론 부분을 수집하고, 텍스트마이닝 기법을 활용하여 얻은 '단어 출현빈도'와

---

12) 정병호, 「한국의 일본근현대문학 연구와 과제」, 『일본학보』 91, 한국일본학회, 2012, p.36.

'TF-IDF' 결과를 통해 네 시기의 한국 내 일본문학 연구동향과 관련된 다양한 논점을 분석하였다. 여기에서는 이러한 논점을 바탕으로 한국어 논문뿐만 아니라 일본어로 작성된 논문을 포함한 모든 일본문학 논문의 데이터로부터 통계지표를 작성하여 시기별 특징을 보다 구체적으로 고찰하고자 한다.

[그림 4]의 그래프는 2004년부터 2023년까지 8개의 학회지에 게재된 일본문학 논문 4,777편을 대상으로 하여 해당 논문이 어느 시대에 창작된 문학을 대상으로 하고 있는지를 나타낸 것이다. 이 그래프를 보면 2004~2008년 사이의 일본문학 논문이 1,413편에서 2019~2023년 사이의 875편으로 급감하는 가운데, 이 중에서 가장 격심하게 감소한 시기는 메이지유신 이후부터 1945년까지의 근대문학이다. 실제로 근대문학을 테마로 한 논문은 네 시기에 걸쳐 665편(47.1%)→544편(40.5%)→409편(35.7%)→219편(25%)의 추이를 보이고 있어

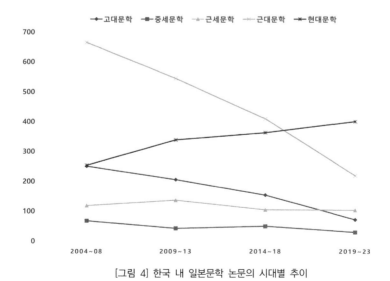

[그림 4] 한국 내 일본문학 논문의 시대별 추이

논문 수와 비율 모두 상당히 감소했다고 볼 수 있다. 그 대신 1945년 이후 현대를 대상으로 한 논문은 253편(17.9%)→338편(25.2%)→362편(31.6%)→400편(45.7%)이라는 추이를 보이고 있는 것처럼 전체 논문 수가 상당히 감소했음에도 불구하고 논문 수와 비율이 모두 상당히 증가하는 경향을 보이고 있다. 이러한 현상은 앞서 살펴본 바와 같이 시기적 흐름에 따라 대중문화라는 주제에 대한 관심이 높아졌기 때문인데, 실제로 해당 주제를 다룬 논문 수가 최소 33편→70편→86편→138편의 추이를 보이고 있으며, 이러한 테마의 대부분이 현대와 관련된 주제이기 때문에 전체적으로 현대를 다루는 논문의 수가 증가했다고 볼 수 있다.

한편, 최근 한국에서는 "일본문학 연구, 특히 고전문학 연구가 감소하고 있다"[13]는 이미지가 강하였지만, 위의 그래프를 보면 나라(奈良)·헤이안(平安)시대의 '고대문학'을 제외하면 반드시 고전문학이 현저하게 감소했다고 볼 수는 없다. 예를 들어, 일본 고전문학의 원류라 할 수 있는 고대문학은 250편(17.7%)→205편(15.3%)→153편(13.4%)→71편(8.11%)의 추이를 보이며 상당한 감소가 확인되지만, 중세문학과 근세문학은 비율 면에서 보면 큰 변화가 없다고 봐도 무방하다. 중세문학 연구논문은 67편(4.74%)→42편(3.13%)→49편(4.28%)→29편(3.31%)의 변화를 보여 감소세를 보이고는 있지만 비율상으로 큰 변화는 아니다. 근세문학 연구논문은 118편(8.35%)→136편(10.1%)→104편(9.08%)→103편(11.8%)의 추이를 보였으나, 시계열적으로 보

---

13) 최재철, 「일본근현대문학 연구(2012~2018년)를 중심으로」, 『일본연구논총』 51, 현대일본학회, 2020, p.278.

면 오히려 비율이 상승했다. 전체적으로 고전문학의 연구논문은 453 편(32.1%)→423편(31.5%)→343편(29.9%)→235편(26.9%)의 추이이 며, 근현대문학의 연구논문은 946편(66.9%)→909편(67.7%)→793편 (69.2%)→633편(72.3%)의 추이를 보여주고 있다. 근대문학과 고대문 학 관련 논문의 감소 부분이 현대 관련 논문의 증가 부분과 거의 동일 한데, 그 원인은 나중에 분석하겠지만 [그림 5]에서 제시한 연구 추이 와 밀접한 관계가 있다.

그렇다면 데이터의 '단어 출현빈도'와 'TF-IDF'의 결과를 통해 본, 소위 대작가의 연구동향은 실제로 어떻게 나타나고 있을까? 지난 20 년간 한국의 일본문학 연구자들은 일본의 어떤 대작가를 선택하여 연 구해왔는지 다음 [표 5]를 통해 살펴보자.

[표 5] 주요한 근현대작가의 논문 추이

순서	작가명	2004	2009	2014	2019	총계
1	아쿠타가와류노스케	101	67	43	18	229
2	나쓰메소세키	72	54	34	16	176
3	오에겐자부로	37	29	16	19	101
4	다자이오사무	35	26	29	5	95
5	다니자키준이치로	47	22	11	11	91
6	시마자키도손	39	21	15	6	81
7	무라카미하루키	10	24	23	23	80
8	가와바타야스나리	25	24	9	9	67
9	기타무라도코쿠	22	29	10	2	63
10	시가나오야	31	12	6	6	55
11	엔도슈사쿠	20	18	13	4	55
12	미시마유키오	15	13	11	14	53
13	아리시마다케오	15	11	8	7	41
14	미야자와겐지	16	10	10	3	39
15	아베고보	12	7	12	7	38

16	요코미쓰리이치	9	15	4	3	31
17	모리오가이	11	11	6	0	28
18	하기와라시쿠다로	12	8	6	2	28
19	다무라도시코	7	13	4	2	26
20	미야모토유리코	8	8	4	2	22
21	히구치이치요	9	5	5	2	21
22	하야시후미코	7	12	2	0	21
23	다야마가타이	8	7	1	3	19
24	이시카와다쿠보쿠	6	6	2	3	17
25	이부세마스지	11	1	4	1	17
26	사다이네코	11	1	4	0	16
27	오오카쇼헤이	4	5	4	3	16
28	무샤노코지사네아쓰	5	1	8	1	15
29	마사오카시키	5	6	3	0	14
30	기타하라하쿠슈	7	3	4	0	14

한국어 논문과 일본어 논문을 합친 모든 논문을 대상으로 조사한 위의 통계지표를 보면, 한국어 논문의 결론 부분의 데이터에서 얻은 '단어 출현빈도'나 'TF-IDF'의 결과와 반드시 일치하지는 않지만, 커다란 방향에서는 대동소이한 결과를 보여주고 있다. 무라카미 하루키를 제외하고 근대작가와 현대작가를 막론하고 전체적으로 일본문학사의 중심이 되는 대작가를 대상으로 한 논문의 수는 최근 20년간 줄어들었다고 할 수 있다. 특히 한국에서 가장 많이 연구되었던 아쿠타가와 류노스케와 나쓰메 소세키에 관한 논문이 각각 101편→67편→43편→18편, 72편→54편→34편→16편이라는 추이를 보이고 있는 결과를 보면, 문학사에서 가장 권위 있는 작가에 대한 연구가 매우 급감하고 있다. 이러한 현상은 한국에서도 2000년대 이후 전통적인 캐논(정전)에 해당하는 대작가나 거대 작품을 상대화하려는 문학 관념의 변화가 작용한 결과일 것이다. 특히 [그림 5]의 그래프에서 볼

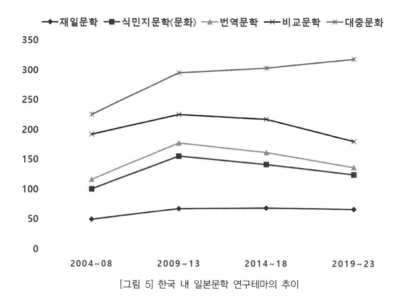

[그림 5] 한국 내 일본문학 연구테마의 추이

수 있듯이 기존의 '일본문학사'에서 중시하는 작가에 초점을 맞추기 보다 연구 주제가 다변화한 것도 그 한 요인이다. 앞서 '단어 출현빈 도'나 'TF-IDF'의 결과에서도 나타났듯이 2000년대 이후 시간순에 따라서 전통적인 문학보다 대중문화의 다양한 장르에 대한 관심이 높 아지면서[14], 자연스럽게 전통적 작가에 대한 관심이 낮아졌다고 할 수 있다. 또한 '비교문학'이나 '번역문학'을 포함하여 한국과 일본의

14) 실제로 "2003년부터 서비스된 한국 네이버 블로그에서는 매년 〈일본문화 콘텐츠〉와 〈일본 대중문화〉의 출현 건수가 증가하고 있으며, 특히 2010년대부터 크게 증가하여 신종 코로나 바이러스 감염증이 시작된 2020년부터는 급증하는 경향을 보이고 있다. 2010년대 한일의 다양한 외교적 갈등과 관계 악화에도 불구하고 일본문화 콘텐츠의 소비가 증대했다고 할 수 있다."[鄭炳浩, 「テキストマイニングを活用した韓国人の日本 文化コンテンツの認識」(東アジアと同時代日本語文学フォーラム・高麗大学校グローバ ル日本研究院, 『跨境·日本語文学研究』 17, 2023), p.39.]라는 지적에서 볼 수 있듯이 일본 연구자뿐만 아니라 한국의 일반 시민들 사이에서도 일본 대중문화에 대한 관심이 높아졌음을 확인할 수 있다.

관계, 혹은 한국과 일본의 역사적 유산 관련 연구에 대한 관심이 높아진 것도 그러한 변화와 관련이 있는데, 그 대표적인 영역이 '식민지문학'이나 '재일코리안 문학' 연구이다.

이상, 2004년부터 2023년까지 국내 8개 학회가 발간하는 학회지에 게재된 일본문학 논문 전체를 대상으로 그 통계지표를 조사해 보았는데, 그 결과는 한국어 논문의 결론 부분의 데이터에서 얻은 '단어 출현 빈도'와 'TF-IDF'의 데이터와 상당 부분 조응하고 있다.

6. 마치며

한국의 일본문학 연구동향을 논하면서 지금까지 한 번도 언급하지 않았지만, 실제로 2004년부터 2023년까지 한국의 일본문학 논문 추이에서 가장 두드러진 현상은 최근 20년간 일본문학 논문이 양적으로 크게 감소했다는 사실이다. 구체적으로 살펴보면 1413편→1343편→1146편→875편으로 추이하고 있는데, 2010년대 중반부터 이러한 감소가 두드러지게 나타나고 있다. 그 원인으로는 한국 내 인문학 위기의 심화, 이로 인한 일본연구 분야의 차세대 연구자 급감, 한일 관계 악화 등 다양한 이유를 들 수 있다.

지금까지 살펴본 바와 같이 최근 20년간 한국에서의 일본문학 연구동향을 크게 정리하면 다음과 같다. 첫째, 고전문학·근현대문학을 불문하고 기존의 문학사에서 중시되었던 정전 혹은 대작가·거대작품 연구가 점차 감소하고 있으며 그 연구 대상과 테마가 다양화되고 있다. 둘째, 네 시기에 걸쳐 공통적으로 나타나는 현상은 일본문학을 한

일관계의 역사 혹은 한국과의 관계 속에서 연구하려는 경향이 현저한 점이다. 셋째, 2010년대 후반부터 일본문학 연구자들이 대중문화·문화 콘텐츠도 시야에 넣고 연구를 전개하는 경향이 두드러지게 나타나고 있어서 이 분야의 연구가 상당히 증가하고 있다. 넷째, 식민지 일본어문학(재조일본인문학), 재일문학, 재난문학, 여성문학 등 일본의 동시대 문학연구와 공명하면서 한국에서의 독자적인 연구도 개척하려는 움직임이 확산되고 있다. 한국 내 일본문학 연구의 이러한 동향의 변화는 전통적인 문학개념의 변화, 캐논(정전) 중심의 문학연구로부터의 탈피, 한국 내 일본문학 연구를 둘러싼 활발한 논의 등이 반영된 결과이기도 하다.

본 연구는 한국 내 일본문학 연구의 동향을 둘러싼 논의이지만, 기본적으로 최근 20년간의 연구 논문에 한정하여 고찰하였다. 이러한 기간 설정은 한국에서 '한국학술지 인용색인' 데이터베이스가 공개된 것이 2000년대 이후이기 때문에 2000년대 이전의 연구논문은 조사에서 제외할 수밖에 없었기 때문이다. 또한 이러한 조사연구는 언어에 따라 분석하는 디지털 도구가 다르기 때문에 일본문학 연구의 동향이라고 해도 한국이라는 한 나라에 국한된 조사에 그치고 있다. 따라서 시간적으로는 2000년대 이전의 연구논문도 포함시키고, 공간적으로는 일본의 주요 일본문학 학술지, 나아가 중국, 대만, 서구의 일본문학 연구도 시야에 넣어 상호 교차적으로 고찰하는 것이 앞으로의 과제가 될 것이다.

이 글은 「研究論文ビックデータから見る韓国における日本文学の研究動向と主題分析」(高麗大学校グローバル日本研究院, 『跨境·日本語文学研究』 19, 2024.12)를 한국어로 옮기고 수정한 것이다.

제7장

데이터로 읽는 야담

이승은

1. 시작하며

최근 고전문학계에서 디지털 인문학의 방법론을 적용한 연구가 다수 제출되고 있다. 그러나 여전히 그 효용에 대한 의심의 눈초리도 적지 않다. 이는 연구의 대상인 작품이 지닌 특징을 디지털 데이터, 즉 0과 1로 변환하는 과정에서 작품의 복합적 의미와 미묘한 뉘앙스가 충분히 반영되지 못할 수 있다는 우려 때문이다. 이러한 우려는 디지털 인문학적 접근이 양적인 분석에는 강점이 있지만, 텍스트의 이면에 자리 잡고 있는 기의(記意)와 맥락적 이해를 놓칠 수 있다는 비판으로 이어지곤 한다.[1] 또한 문학 작품을 디지털 인문학적 방법을 적용하여 분석하기 위해서는 컴퓨터 시스템이 처리하고 저장할 수 있는 형식의 정보인 데이터로의 전환이 필수적인데, 분절된 디지털 데이터의 총합은 현실에 존재하는 작품 세계를 온전하게 재현할 수 없다

---

1) 김바로·강우규, 「빅데이터와 고전문학 연구방법론」, 『어문론집』 78, 중앙어문학회, 2019, p.11.

는 것도 한계로 지적할 수 있다. 이 과정에서 텍스트의 연속성과 맥락, 그리고 독자가 경험하는 정서적 울림이나 해석의 다양성 등이 단순화되거나 왜곡, 나아가 망실될 위험이 있기 때문이다.

모든 문학 연구가 데이터 기반으로 이루어질 필요는 없다. 다만 데이터로 표현했을 때 보다 명료하고 거시적인 분석이 가능한 영역도 있을 수 있다. 특히 야담과 같은 갈래가 이에 해당한다. 야담은 한문으로 된 단형의 서사로, 다양한 성격의 이야기를 포괄하는 장르 명칭이다. 연구자마다 야담의 장르적 성격을 규정하는 방식에는 차이가 있지만, 일정하게 합의를 이루어 왔던 것은 야담이 주로 유통되었던 조선 후기 현실을 반영한다는 점이다. 야담에 대한 관심을 본격적으로 추동한 『이조한문단편집』의 초판 서문은 민담계, 동화·전설계, 견문한 사실과 소재 그대로를 남겨놓은 것 등을 언급하여 야담의 다양성을 인정하면서도 주류는 "당시의 사회와 인생에 관한 심각한 문제의 일면을 다뤄놓은 것"이라고 보았다.[2] 야담이 "생활 경험에서 우러난 것으로서, 현실에 대한 대응 방식이 서사적 언어로 전화된 것"[3]이라거나, "일상에 대한 관심, 실제 생활을 모방"[4]한 장르라는 견해 또한 이와 동궤에 놓여 있다.

야담의 이러한 특징은 데이터 기반 연구가 유효할 수 있음을 시사한다. 첫째, 야담은 다른 서사문학 갈래에 비해 상대적으로 그 길이가 짧다. 이는 인물, 사건, 배경 등 서사를 구성하는 정보가 아주 많거나

---

2) 이우성·임형택, 「초판서문」, 『李朝漢文短篇集』 1~4, 창비, 2018, pp.8~9.

3) 이강옥, 「한국 야담의 서사세계」, 돌베개, 2018.

4) 김준형, 「야담의 문학 전통과 독자적 갈래로 변전」, 『고소설연구』 12, 한국고소설학회, 2001, p.408.

복잡하지 않음을 의미한다. 둘째, 야담은 사실과 허구의 교섭을 보이나, 기본적으로 사실 지향의 성격을 지니고 있다. 허구적인 요소가 첨입되더라도 사실성을 강조하는 양상을 보이며, 인물의 감정 등을 문학적으로 묘파하기보다는 사건의 전개에 초점을 맞추는 경향이 강하다. 이 두 가지 특징은 정서적, 주관적 표현을 주로 하는 여타 문학 갈래에 비해 데이터로의 전환 과정에서 망실, 왜곡의 가능성을 낮춘다. 셋째, 야담의 이야기는 일정한 서사구조, 즉 패턴을 보이기도 한다. 데이터를 통해 패턴을 분석하거나, 이를 근간으로 공통 자질과 달라지는 양상을 밝히고 의미를 구명할 수 있다. 넷째, 계보를 이루는 각편이 존재한다.[5] 동일한 모티프와 서사구조를 지닌 이야기가 다른 야담집으로 전승되며, 그 과정에서 약간의 변이를 보이기도 하는 것이다.[6] 데이터 분석을 통해 이를 보다 거시적으로 추적할 수 있으며, 이는 나아가 야담 향유층의 수용의식을 분석하는 토대가 될 수 있다.

그렇다면 이를 입증하기 위한 시론적 작업으로 야담에 적합한 데이터 모델을 구상하고, 특정 유형군의 야담 각편의 실제 데이터를 입력해 그 유효성을 점검할 필요성이 제기된다. 이에 본고는 야담 그 자체의 내용 요소를 데이터로 전환하여 데이터베이스를 구축하고[7], 그에

---

5) 정환국은 『정본 한국야담전집』에 수록된 다종의 야담집에 빠짐없이 전재됨으로써 자기 계보를 획득한 작품은 150여 편이라고 밝힌 바 있다. 정환국 책임교열, 「정본 한국야담전집 해제」, 『정본 한국야담전집』 1~10, 보고사, 2021.

6) 남궁윤, 「계보를 획득한 야담들과 그 서사적 특징」, 『한국문학연구』 69, 동국대 한국문학연구소, 2022.

7) 이 과정에서는 야담의 데이터 모델에 대한 다음의 연구를 참조하였다. 권기성·김동건, 「야담집 색인 데이터베이스의 구축방안 모색: 『기문총화(記聞叢話)』를 중심으로」, 『고전과 해석』 22, 고전문학한문학연구학회, 2017; 양승목·류인태, 「야담의 데이터, 야담으로부터의 데이터: 한국 야담 데이터 모델의 구상」, 『한국문학연구』 68, 동국대

기반한 분석을 시도하고자 한다. 대상으로 삼은 것은 『천예록(天倪錄)』, 『동패락송(東稗洛誦)』, 『계서잡록(溪西雜錄)』, 『동야휘집(東野彙輯)』에 수록된 출세담이다.[8] 출세담은 과거급제를 통한 사회적 신분 변동을 포함하는 이야기로 유형의 계선이 비교적 분명하기에 유형의 추출, 패턴의 포착이 용이할 것으로 보이기 때문이다. 동시에 출세는 인간의 보편적 욕망이라는 점에서 문학적 형상화의 주된 관심이 되어 왔고, 그 결과 다른 유형과 비교하여 출세담은 그 수량이 풍부한 편이다.[9] 따라서 본고는 출세담을 통해 데이터로 야담 읽기의 가능성을 타진해보고자 한다.

2. 야담 시맨틱 데이터 구축의 실제

야담은 한문으로 된 텍스트로, 고정된 구조나 형식을 지니지 않는 비정형 데이터이다. 텍스트에 내포된 '이야기'는 등장인물, 사건, 장

한국문학연구소, 2022.

8) 『천예록』, 『동패락송』, 『계서잡록』, 『동야휘집』은 모두 조선 후기 야담사의 전개에 있어 중요한 위치를 차지하고 있다. 또한 『천예록』과 『동패락송』, 『계서잡록』에 수록된 이야기는 편찬자 가문 간의 교유 관계로 미루어 볼 때 이야기판을 통해 공유되거나 상호 참조되었을 가능성이 매우 높다. 『천예록』의 편찬자 임방(任埅)은 홍봉한(洪鳳漢)의 외할아버지이며, 『동패락송』의 편찬자 노명흠(盧命欽)은 홍봉한 가의 숙사(塾師)였다. 『계서잡록』의 편찬자 이희평은 홍봉한의 딸 혜경궁홍씨(惠慶宮洪氏)와 외6촌간이다. 한편, 『동야휘집』은 그 서문에서 다른 작품집에서 이야기를 뽑고 다듬었음을 밝히고 있으므로, 작품 간 변이를 확인하는데 유용한 자료라고 할 수 있다.

9) 정환국은 18세기 이후 야담집의 주요 키워드로 '출사(出仕)'와 '치부(致富)'를 언급한 바 있다. 이는 조선 후기의 현실을 보여주는 것인 동시에 인간의 보편적 욕망이라고도 할 수 있다. 정환국, 「18세기 후반 한문단편의 성격」, 『고전문학연구』 54, 한국고전문학회, 2018.

소, 시간 등 다양한 의미 요소가 다층적으로 상호 연결되어 복잡한 관계를 형성하며, 인과나 선후 관계 등 시간의 흐름에 따라 전개된다. 또 작품에 따라 새로운 인물이 등장하거나 이전에 정의되지 않은 관계가 나타날 수도 있다. 이야기의 이러한 특징은 야담을 정형화된 테이블 구조로 표현하기 어렵게 한다.

이와 같은 비정형 데이터를 분석 가능한 형태로 만들기 위해서는 구조화가 필요하다. 이를 고려해 본 연구에서는 우선 야담을 구성하는 내용 요소를 시맨틱(semantic) 데이터로 편찬하였다.[10] 시맨틱 데이터는 텍스트로부터 추출한 여러 요소들과 그들 간의 관계를 명시적으로 표현하는 방식으로, 온톨로지나 RDF(Resource Description Framework)와 같은 형식을 사용하여 지식 그래프 형태로 구축된다. 고정된 스키마 없이 데이터 간의 다양한 관계를 나타낼 수 있으며, 데이터를 단순히 구조화하는 것을 넘어 데이터의 의미와 관계를 이해하고 해석할 수 있도록 만들어 준다. 야담을 예로 들어보자면, 시맨틱 데이터를 통해 이야기 속의 인물 관계, 사건 간의 인과 관계 등을 보다 유연하게 탐색하고 분석할 수 있다. 그러므로 시맨틱 데이터로 변환된 야담은 단순한 데이터베이스 검색을 넘어, 의미론적 연결을 기반으로 한 심화된 분석이 가능해진다. 또한 시맨틱 데이터는 시맨틱 웹 기술을 기반으로 하여, 다른 데이터 소스와 자연스럽게 연동될 수 있

---

10) 선행연구 또한 야담의 내용과 형식, 야담으로부터 채집할 수 있는 정보와 지식을 체계적으로 정리·표현·공유하기 위해서는, 원문 및 번역문 텍스트를 웹에서 공유하는 문자열 기반의 데이터베이스가 아니라 야담을 다채로운 데이터의 군집체로 보고 그것을 디지털 환경에서 높은 해상도로 펼쳐내 드러낼 수 있는 시맨틱 테크놀로지 기반의 데이터 아카이브를 설계할 필요가 있다고 주장한 바 있다. 양승목·류인태, 앞의 논문 (2022), p.279.

다. 가령 야담에 등장하는 역사적 인물은 링크드 데이터(Linked Data)를 통해 역사 데이터베이스의 정보와 연결되어, 인물의 실제 행적이나 시대적 배경을 더욱 정확히 파악할 수 있다. 이러한 연동을 통해 야담의 데이터는 개별 이야기의 분석을 넘어 광범위한 지식 네트워크 속에서 통합적이고 다층적인 해석의 재료가 된다.

시맨틱 데이터를 편찬하기 위해서는 도메인 정의와 온톨로지 설계를 통해 개념적 틀을 설정하고, 데이터를 구조화하고 데이터 간 의미적 관계를 명확히 하여 지식 그래프를 구축해야 한다. 본 연구에서는 대상 야담집으로부터 총 101건의 출세담을 선택하여 [그림 1]과 같은 형태로 온톨로지를 설계하였다.

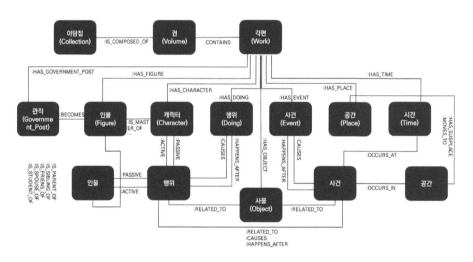

[그림 1] 야담의 출세담 데이터 모델

선행연구에서는 야담의 문맥을 통해 확인되는 다채로운 정보를 등장인물, 배경, 사건, 소재 참고의 다섯 가지 대분류 하에 12개 클래스로 설계할 것을 제안한 바 있다.[11] 이는 이상적인 모델링이라 할 수 있으나, 개별 작품을 대상으로 개인이 실제로 구축하기에는 지나치게 복잡한 것이기도 하다. 본 연구의 목적은 출세담의 서사적 특징과 야담집 간 전승의 양상을 데이터를 기반으로 살피는 것이므로, 선행연구의 제안 중 일부를 활용, 단순화하여 위와 같은 온톨로지를 설계하였다.

개별 클래스에 대한 보다 구체적인 설명은 선행연구를 따르되, 여기서는 각편에서 추출한 개체 간의 관계 중 특징적인 부분에 대해 설명하고자 한다. 인물, 캐릭터와 행위는 능동[:ACTIVE]적으로 행위를 수행한 경우와 피동[:PASSIVE]적으로 행위를 당한 경우로 나누어 표현했다. 행위와 사건은 이야기의 핵심 요소로 인물과 캐릭터, 시간과 공간과 관련을 맺는다. 또한 행위와 사건 클래스에 포함되는 개체 간의 관계를 인과[:CAUSES]와 선후[:HAPPENS_AFTER]로 규정함으로써 시간의 흐름에 따른 이야기 진행을 표현할 수 있도록 했다. 공간은 한양 내에 묵정동, 창경궁 등 하위의 공간 분류[:HAS_SUBPLACE]를 지니고 있음을 표현하여, 공간의 구체화 정도를 살필 수 있게 설계하였다. 또 공간과 공간의 관계로 [:MOVES_TO]를 설정하여 등장인물의 이동 경로를 파악할 수 있게 하였다.

다음 사례를 통해 야담 각편이 시맨틱 데이터로 전환되는 양상을 확인할 수 있다. 이야기 제목은 "이덕중(李德重)"이며, 『계서잡록』권1에 수록된 것이다. 이덕중이 한양 서학현(西學峴)에 살았는데, 하루는 부인이 용꿈을 꾸었다. 다음날 아침 형 이태중이 도착해 함께 과거시

11) 양승목·류인태, 앞의 논문(2022), p.301.

험을 치렀는데, 둘 다 급제했다는 내용이다. 이는 그래프 DBMS인 Neo4j[12]를 활용해 [그림 2]와 같이 표현된다.

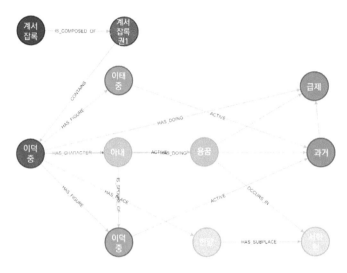

[그림 2] 야담 내용 요소 데이터 편찬 사례

계서잡록[Collection]과 권1[Volume], 〈이덕중〉이라는 작품의 관계와 함께 작품으로부터 추출한 인물, 캐릭터, 행위, 공간 정보와 그들 간의 관계가 명시되어 있다. Figure 라벨의 인물 노드에 해당하는 것은 이덕중, 이태중(李台重)이며 이덕중과 부인의 관계는 [IS_SPOUSE _OF]로 표현되었다. Doing 라벨의 행위 노드는 용꿈, 과거시험, 과거급제이며 인물 및 캐릭터와의 관계는 [ACTIVE]로 정의하여 인물 및 캐릭터가 행위를 능동적으로 수행했음을 표현했다. 과거시험과 과거급제는 시간의 흐름에 따른 선후관계로, 용꿈과 과거급제는 인과관계

---

12) https://neo4j.com/

로 표현하였다. Place 라벨의 공간 노드는 한양, 서학현의 두 가지로 용꿈이라는 행위 노드와는 [OCCURS_IN]의 관계가 명시되었다. 서학현은 조선시대 서학(西學)이 위치했던 중구 태평로 근방의 야트막한 고개이므로 한양이라는 공간의 하위 공간[HAS_SUBPLACE]으로 표현하였다.

언뜻 번다해보이는 라벨링과 관계 설정은 각편의 내용을 구조화하는 과정이며, 관계나 라벨을 추가할 수 있다는 점에서 유연한 구조화

[그림 3] 야담 출세담 데이터 구축 결과

를 지원한다. 또한 이러한 구조화는 이야기 간의 상호 연결성을 높인
다. [그림 2]에 표현된 노드는 다른 각편에도 등장할 수 있다. 가령
다른 각편에 서학현이라는 공간이 배경으로 등장한다면, 이를 매개로
두 작품은 연결된다. 이는 거시적인 관점에서 야담 속에서 특정한 인
물이나 캐릭터, 공간과 사물의 분포를 분석할 수 있게 한다. 뿐만 아니
라 노드 간 관계를 중심으로 한 검색도 가능해진다. 예를 들어 용꿈을
원인으로 하는 다른 행위나 사건을 찾아본다거나, 과거급제라는 행위
의 원인이 무엇으로 표상되는지를 알 수 있게 된다.

　이처럼 각편으로부터 내용 요소를 추출하고 그 관계를 정의한 후,
그래프 DBMS인 Neo4j를 이용하여 대상 작품의 전체 데이터를 구축
한 결과는 [그림 3]과 같다.

3. 데이터로 본 출세담의 계보와 특징

1) 전승의 개괄적 양상

　야담집에 실린 하나의 각편은 다른 야담집으로 전승된다.[13] 물론
모든 각편이 그러한 것은 아니며, 이 과정에서 주로 전승되는 이야기

---

13) 야담집 간 각편의 전승에 대해서는 문헌전승과 구비전승의 두 측면이 있음을 그간
　여러 사례 연구를 통해 밝혀졌다. 최근 연구에서는 전대문헌에 수록된 작품이 구비전
　승과 문헌전승 양면을 아우른 독특한 방식으로 향유되는 과정에서 새로운 작품이 생성
　되기도 한다는 점을 규명하기도 하였다. 정출헌·김준형, 「『동패락송』의 전대 이야기
　수용 양상: 전대 문헌 수재 「박진헌」과 「양사언 모친」을 중심으로」, 『동양한문학연구』
　57, 동양한문학회, 2020.

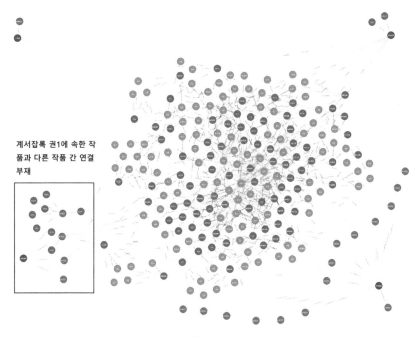

계서잡록 권1에 속한 작품과 다른 작품 간 연결 부재

[그림 4] 출세담의 전승 양상

가 무엇이며 그렇지 않은 것은 무엇인가를 통해 일차적으로 야담 향유자들의 이야기에 대한 기호를 확인할 수 있다. 또 전승의 과정에서 이야기를 구성하는 내용 요소에 변화가 나타나기도 한다. 주인공의 이름이나 신분이 바뀌기도 하고, 배경이 달라지는 경우도 있으며, 화소가 축소되거나 확장되기도 한다. 이처럼 변이의 폭이 다양할 수 있음을 고려하여, 한 이야기가 다른 이야기와 전승 관계에 있음을 파악하기 위한 최소한의 기준으로 3개 이상의 행위 노드를 공유하는 작품을 데이터베이스에서 검색하였다.

　[그림 4]는 좌상단의 『천예록』, 좌하단의 『계서잡록』, 우상단의 『동패락송』, 우하단의 『동야휘집』의 작품 중 행위 노드를 공유하는

작품을 출력한 결과이다. 서로 공유하는 내용 요소가 많은 작품과 그
에 연결된 행위 노드는 그래프의 가운데 몰려 있다. 이중 세 편 이상의
야담집에 모두 등장하는 각편을 검색한 결과는 다음과 같다.

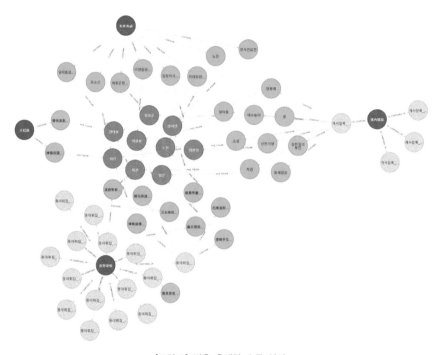

[그림 5] 빈출 출세담 수록 양상

　[그림 5]를 통해 각 야담집의 권차별로 출세담의 각편이 편중되어
있음이 나타난다. 『계서잡록』의 경우 권4에, 『동야휘집』의 경우 권12
에 다른 야담집에도 수록되어 있는 이야기가 몰려 있는 것이다. 특히
『계서잡록』 권4에 수록된 작품은 모두 『동패락송』에도 수록되어 두
야담집 간의 전승관계를 밝힌 선행연구[14]를 뒷받침한다.
　네 편의 야담집에 모두 수록된 것은 이른바 일타홍, 옥소선 이야기

이다. 그 외 정효준, 양사언, 정온, 이완, 노진, 이광정, 김천일이 등장
하는 이야기들이 공통적으로 보인다. 이들이 지속적으로 야담 향유층
에게 수용되었던 까닭은 무엇일까? 일차적으로 이들 작품이 지니고
있는 서사적 특징을 통해 그 이유를 도출할 수 있다. 예를 들어 일타
홍, 옥소선 이야기의 경우, 기생과 양반 자제의 애정과 양반 자제의
출세를 다루며, 결연과 이별, 좌절과 성취, 성취에 대한 보상이라는
다채로운 화소를 상대적으로 긴 편폭으로 그린다. 이는 다른 작품에
서도 유사하게 드러나는 특징인 바, 다음 절에서 상술하기로 한다.

전승이 이루어지지 않는 작품도 [그림 5]를 통해 확인할 수 있다.
『계서잡록』 권1의 경우, 6편의 출세담 중 1편만이 다른 야담집의 각편
과 연결되고 있다는 점이 눈에 띈다. 즉『계서잡록』 권1 수록 출세담
은 다른 야담집과 전승관계를 형성하지 못한 것이다. 그 까닭은 무엇
인가. 전승의 범위가 좁았기 때문일 수도 있겠으나, 이는 다음과 같은
사실과도 무관하지 않다. 첫째, 『계서잡록』 권1은 편찬자 이희평의
가간사적(家間事跡)이 주를 이룬다. 출세담 또한 이덕중, 이해중, 이산
중, 이태중 등 한산 이씨 가문 인물들의 과거 급제담으로 이루어져
있다. 둘째, 이들 작품은 실존 인물의 출세와 관련된 일화를 단순한
구조로 적시하고 있다. 급제의 원인으로 자주 등장하는 것은 용꿈을
꾸었다는 것인데, 이는 가문 구성원들에게나 정해진 미래를 예고하는
신비로운 징조일 뿐이다.

이는 향유층의 흥미를 끌 만한 내용 요소를 가지지 못하고 있음을

---

14) 김준형, 「19세기 야담 작가의 존재 양상: 계서 이희평론」, 『민족문학사연구』 15, 민족
    문학사학회·민족문학사연구소, 1992.

의미한다. 한산 이씨는 고려 말 이색과 3명의 아들이 과거에 급제한
후, 세종 대에 10여 명의 재상을 배출하고 임진왜란 후까지 24명이
공신으로 책봉되는 등 대표적인 명문거족으로 자리 잡았다.[15] 그렇기
에 이들의 급제는 가문의 일원이 아닌 일반적인 사람들의 보편적 욕망
과 꿈의 반영과는 거리가 있을 수밖에 없었다. 이를 통해 이야기가
지속적으로 전승되기 위해서는 다양한 인물의 감정과 갈등을 복합적
으로 그리면서 공감과 흥미를 유발할 수 있는 요인을 가져야 함을 알
수 있다.

　전승 과정에서의 변이 또한 그래프를 통해 명료하게 드러난다. 변
이의 양상은 크게 세 가지로 나누어볼 수 있다. 첫째, 다른 야담집의
이야기를 결합하여 하나의 이야기로 만드는 것, 둘째, 인물의 이름 등
내용 요소를 일부 바꾸는 것, 셋째, 다른 야담집의 이야기에 새로운
인물이나 행위, 사건을 부연하여 이야기를 확장하는 것이다. 한 작품
에 이들 세 가지 변이가 복합적으로 드러나기도 한다. 우선 첫째 경우
의 사례로 다음 [그림 6]을 보자.

　왼쪽에는『천예록』소재 두 작품이, 오른쪽에는『동야휘집』소재
한 작품이 배치되어 있다.『천예록』의〈妄人內苑陞顯官〉은 승정원 구
경을 하러 궁궐에 갔다가 우연히 그곳에서 하룻밤을 보내게 된 우 아
무개가 세종을 만나 주역을 문답하고 현달하게 되었다는 이야기이며,
〈獨守空齊擢上第〉는 모두가 소풍을 떠난 성균관을 방문한 세종이 홀
로 남아있던 유생과 문답을 나누고 그를 급제시켰다는 이야기이다.

15) 김의환,「한산 이씨의 세계와 삼산 이태중의 관직활동」,『역사와실학』75, 역사실학회,
　　2021.

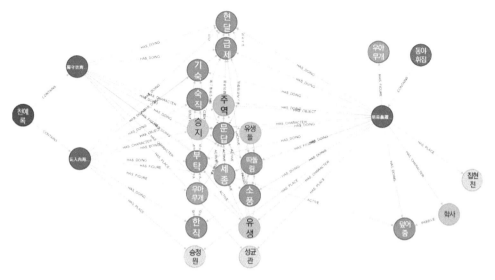

[그림 6] 각편의 결합을 통한 새로운 각편 형성

이들 이야기의 공통점은 한미한 선비가 우연히 임금을 만나 현달하게 되었다는 것이다. 우 아무개는 한직을 전전하는 관리로 한 번도 궁궐에 들어와 본 적이 없으며, 성균관 유생은 다른 유생들과 어울리지 못하는 외톨이 처지이다. 그러나 이들은 모두 나름의 재주를 품고 있다. 임금이 『주역』의 한 구절로 물었을 때 막힘없이 답변하였기에 비로소 높은 자리에 오를 수 있었던 것이다. 즉 이는 준비된 자에게 찾아온 행운에 대한 이야기라고 할 수 있다.

두 이야기는 『동야휘집』의 〈明易義擢列淸選〉에서 하나로 묶인다. 더하여 〈明易義擢列淸選〉에만 존재하는 화소로 세종이 집현전 학사들에게 이불을 덮어주었다는 이야기가 부연되었다. 이는 두 이야기를 물리적으로 결합하되, 공통 요소 중 하나인 세종을 주인공으로 삼아하나의 이야기를 만든 것이다. 나아가 세종의 성군적 면모를 강조하기

위하여 새로운 행위를 부연함으로써 한미한 선비의 출세담이었던 『천
예록』의 이야기는 현명한 군주의 인재선발담의 성격으로 전환된다.

이는 〈感宸夢獨占鬼科〉에서도 동일한 양상으로 드러난다. 성종(成
宗)이 미행(微行)을 나갔을 때의 일화 세 편이 『계서잡록』 권2에 연이
어 수록되어 있는데, 『동야휘집』은 이를 성종을 주인공으로 하는 하나
의 이야기로 만든다. 이는 이원명(李源命)이 밝힌 "한 사람의 사적이
비록 여러 항목이더라도 한 편에 나란히 실었다[一人事蹟, 雖累條並錄於
一篇]"는 편찬 원칙에 부합하는 것이기도 하다.[16] 동시에 세종과 성종
두 임금을 주인공으로 만듦으로써 그들이 인재를 알아보는 감식안이
있다는 것과 공정하게 등용하는 현명함을 갖추었음을 부각하게 된다.

다음으로 내용 요소의 변화가 나타나는 경우를 살펴보자. 『동패락
송』의 〈昔有武弁善於風鑑〉은 『동야휘집』의 〈繡衣給訪茶母家〉과 인
물 및 행위, 장소 요소를 공유한다. 그런데 『동패락송』에서는 무명의
상주로 등장했던 인물이 『동야휘집』에서는 이만웅이라는 이름을 지
니게 된다. 이밖에도 〈嶺南有一巨擘〉의 영남의 무명 선비는 〈假竊馬
轉禍媒榮〉에서 김씨 선비로, 그의 과거길 운수를 점쳐준 무명 술사는
이만갑으로 바뀐다. 『동패락송』, 『계서잡록』에 공통적으로 수록된 우
하형과 수급비 이야기는 『동야휘집』의 〈贖碎銀圖占仕路〉에서 구병사
와 주씨의 이야기로 변화한다.

인물의 이름을 바꾸는 데에서 더 나아가 새로운 화소를 부연하여
이야기를 확장하는 사례도 확인할 수 있다. [그림 7]은 『동패락송』과
『계서잡록』에 수록된 김천일의 아내 이야기가 『동야휘집』으로 수용

---

16) 『東野彙輯』, 凡例.

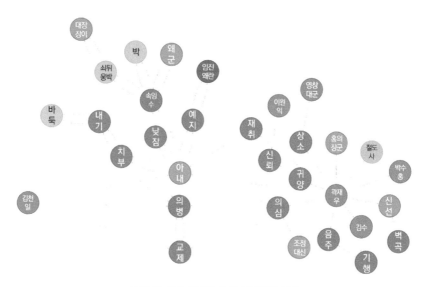

[그림 7] 화소 부연을 통한 이야기의 확장

되면서 변화하는 양상을 보여준다.

『동패락송』과 『계서잡록』에서 이야기는 김천일과 그의 아내를 중심으로 전개된다. 이는 그림의 왼쪽에서부터 가운데까지의 노드와 관계를 통해 확인할 수 있다. 그에 따르면, 사실 이 이야기의 주인공은 김천일의 아내라고 할 수 있다. 아내는 시집 온 처음에는 낮잠만 자다가, 임진왜란을 예지하고 이에 대한 대비로 재산을 모으고, 또 대장장이를 시켜 쇠로 된 뒤웅박을 만들어 이후 왜군에게 속임수를 쓸 준비를 하는 등 이인에 가까운 면모를 보인다. 김천일의 아내가 행한 일련의 행위는 『동야휘집』에도 그대로 수록되는데, 그림의 가운데와 오른쪽이 바로 그 내용을 시각화한 것이다. 우선 남성 인물의 이름이 김천일에서 곽재우로 바뀌고 있다는 점, 곽재우의 재취로 아내가 설정되어 있다는 점을 확인할 수 있다. 뿐만 아니라 곽재우가 영창대군을 위한 상소를 올리거나 벽곡하여 신선이 되었다는 등 그의 사적을 길게 부연하여 이를 곽재우의 서사로 탈바꿈하고 있다.

　이러한 변이는 『동야휘집』 곳곳에서 산견된다. 『계서잡록』의 〈해인사 노승〉은 무명의 승려가 평안감사의 아들을 가르치고, 그의 출세와 그 이후 운세를 예지하는 내용이나 『동야휘집』에서는 휴정대사의 일대기 속 한 화소로 수용된다. 역시 『계서잡록』의 〈낮잠꾸러기 사위〉는 처가에서 박대받았지만 실은 큰 인물이었던 이병정의 일화인데, 『동야휘집』의 〈賢尉揭鑑飮贅壻〉에는 홍명하 이야기의 일부로 수용되었다. 〈用田功卹窮獲報〉에서는 전동흘이 가난했던 이상진을 도와준 방식을 구체적으로 부연한다. 『동패락송』과의 비교를 통해 보면, 이상진에게 쌀을 주었다고 간단하게 서술된 것을 그 쌀로 술을 빚도록 하여 마을 사람들과 나누어 마시고, 마을 사람들로 하여금 이상진이 밭을 일구는 데 도움을 주도록 독려하는 등 전동흘의 행위가 크게 확장되어 있음을 알 수 있다.

　이처럼 무명인에게 이름을 부여하거나, 실제 인물의 일대기를 기록하는 傳의 형식에 앞선 야담집의 내용을 화소로 편입시키는 것은 『동야휘집』의 특징적인 면모이다.[17] 또 새로운 화소를 부연하여 이야기를 확장하는 방식은 편찬자 이원명의 의도적 변개의 소산이다.[18]

---

17) 이강옥은 『동야휘집』이 무명의 등장인물을 유명인물로 바꾸고, 단순한 일화류를 傳의 형식으로 바꾸었다고 하였다. 특히 傳의 형식을 모방하고자 한 것은 『동야휘집』 서문에서 이원명이 밝힌 바이기도 하다. 이강옥, 「『동야휘집』의 세계관 연구」, 『한국문화』 13, 서울대 규장각한국학연구원, 1992, p.201.

18) 이원명은 『동야휘집』의 서문에서 『어우야담』, 『기문총화』 등 다른 작품집에서 이야기를 뽑고 다듬었음을 밝힌 바 있다. "마침내 두 책에서 그 이야기가 뛰어나고 긴 것과 고실(故實)을 증명할 만한 것을 뽑고 한편 다른 책에서도 널리 아는 데에 도움이 될 만한 것을 취하여, 아울러 다듬어 실었다. 또 여항에 유전하는 고담도 채집하여 문장으

2) 서사적 특징

출세담은 이야기의 결말, 즉 지향을 등장인물의 출세에 두고 있다. 이는 크게 과거시험에 급제하는 것, 그리고 급제 이후 현달로 대변된다. 이들 이야기의 서사적 특징을 파악하기 위해 급제와 현달의 원인으로 무엇이 설정되는가를 데이터베이스에 검색해본 결과는 [그림 8]과 같다.

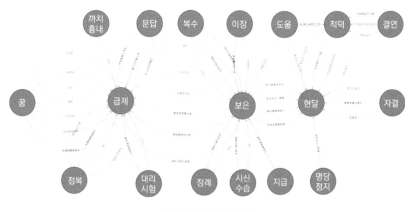

[그림 8] 출세의 원인

[그림 8]은 출세담에서 급제와 현달의 원인이 되는 것이 무엇인지를 직관적으로 표현해준다. 그에 따르면 주인공을 급제로 이끄는 것은 꿈, 점복, 문답, 대리시험, 보은 등이며 주인공을 현달하게 하는 것은 적덕, 명당점지, 보은 등이다. 이는 크게 두 가지 성격으로 나누어볼 수 있다. 첫째, 명당점지나 점복, 꿈처럼 인물의 의지와 무관하게

로 엮어 사이에 끼워 넣었다.[遂就兩書, 撮其篇鉅話長堪證故實者, 旁及他書之可資該
洽者, 並修潤載錄, 又采閭巷古談之流傳者, 綴文以間之.]『東野彙輯』序.

이루어지는 행위이다. 명당점지는 조상의 음덕을 빌리는 것이며, 꿈과 점복은 정해진 운명을 등장인물에게 전해주는 역할을 할 뿐이다. 즉 이러한 요소가 출세의 원인으로 지목되는 이야기에는 과거급제와 현달은 운수소관이라는 의식이 반영되어 있다고 하겠다. 둘째는 보은, 적덕 등 인물의 선한 행위에 대한 보답으로 출세가 이루어지는 경우이다. 연결된 선의 개수로 보아 출세담의 상당수가 이를 원인으로 설정하고 있음을 알 수 있다.[19]

그렇다면 보은과 적덕의 구체적인 내용은 어떠한가? 이번에는 보은을 향하는 노드가 무엇인지 살펴보자. 이는 곧 인물이 누군가에게 은혜를 갚겠다고 마음먹게 되는 계기이자 출세의 당사자가 행한 시은(施恩)의 구체적인 내용으로 장례, 시신수습, 도움, 복수, 이장 등으로 나타난다. 또 적덕의 구체적인 성격은 결연과 도움이다.

이때 결연, 장례, 복수는 모두 인륜과 관련되어 있는 행위라는 점에서 주목된다. 우선 결연과 관련된 이야기인 『동패락송』과 『계서잡록』, 『동야휘집』에 고루 수록된 〈이광정〉, 『동야휘집』의 〈作良媒俱受晩福〉 등이다. 그 내용은 가난한 집안의 처녀총각에게 혼인을 주선한 결과 본인 혹은 후손들이 출세하게 되었다는 이야기이다. 주지하듯이 성리학적 질서 속에서 혼인하여 부부가 되는 것은 인륜의 시작이자

---

19) 『천예록』의 〈臨場屋枯骸冥報〉, 『동패락송』의 〈노진〉, 〈연천김생〉, 〈이병사상진〉, 〈관상〉, 〈이광정〉, 〈홍수〉, 〈정온〉, 〈순흥만석꾼〉과 같은 작품이 인물의 출세와 보은을 연결짓고 있으며, 『계서잡록』 또한 『동패락송』을 일부 계승하여 〈보은〉, 〈고려장군〉, 〈유진항〉, 〈노동지〉, 〈수급비〉, 〈동계정온〉, 〈선천기생〉, 〈태수놀이〉가 보은과 관련된 이야기로 존재한다. 『동야휘집』에는 〈富翁達理贐科儒〉, 〈繡衣給訪茶母家〉, 〈五女嫁因太守戲〉, 〈用田功卹窮獲報〉, 〈貸銀要酬長柱礎〉이 『동패락송』, 『계서잡록』을 계승하는 가운데, 〈恤三葬遇女登仕〉, 〈救四命占山發福〉, 〈酬前惠竆儒筮仕〉, 〈除惡奴處變報讐〉, 〈作良媒俱受晩福〉, 〈獲奇遇二妾列屋〉 등이 새로운 이야기로 등장하고 있다.

천지의 큰 의[夫婦人倫之始, 天地之大義[20]]로 간주되어왔다. 그러므로 혼인을 주선한다는 것은 사람으로서의 도리를 다할 수 있게 하는 큰 은혜를 베푼 셈이 된다. 다음으로 〈桐溪鄭蘊〉, 〈除惡奴處變報讐〉, 〈導射夫報仇話恩〉, 〈除惡奴處變報讐〉, 〈洪脩〉 등 상당한 분량을 차지하고 있는 유형에서는 등장인물이 여성인물이 처한 위기 상황-집안의 하인이나 간부(奸夫)의 주인 살해, 중이 길 가는 부인을 겁탈하려는 상황 등을 극복할 수 있도록 복수 혹은 처단을 대신해준다. 이들 이야기는 "선을 쌓은 집안에는 후손에게 반드시 경사가 있게 마련이고, 불선을 쌓은 집안에는 후손에게 반드시 재앙이 돌아오게 마련이다.[積善之家 必有餘慶 積不善之家 必有餘殃[21]]"는 언급을 서사화한 것이다.

흥미로운 점은, 이들 이야기가 전반적으로든, 부분적으로든 일종의 데칼코마니와 같은 서사구조를 지닌다는 사실이다. 물론 적선-보은의 구성이 등장인물 간의 주고받음을 두드러지게 하기 때문이지만, 그밖에도 [그림 9]와 같은 구조가 여러 차례 나타난다는 점은 특징적이다.

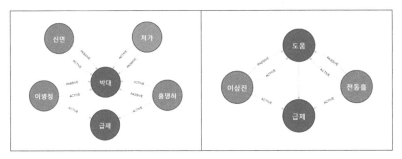

[그림 9] 출세담의 구조

20) 『근사록집해』 卷之六, 「家道」.
21) 『주역』 「곤괘(坤卦)」 문언(文言).

『동패락송』의 〈홍명하〉는 기천(沂川)의 일화로, 홍명하(洪命夏)는 처남 신면(申冕)에게 박대를 받다가[PASSIVE], 급제하여 현달한 후 신면이 김좌점의 옥사에 연루되어 국문을 받게 되었을 때 그를 외면한다 [ACTIVE]. 『계서잡록』의 〈낮잠꾸러기 사위〉의 주인공 이병정 또한 처가로부터 박대받는다. 급제 후 그는 처가의 구성원들에게 자신이 받았던 홀대를 그대로 되돌려 준다. 이는 두 인물의 국량이 좁다는 것을 증거하는 일화이지만, 받은 대로 돌려주는 응보의 구조가 뚜렷하게 나타난다. 응보의 구조는 보은이 출세의 원인이 되는 이야기에도 보인다. 『동패락송』, 『동야휘집』에 수록된 이상진과 전동흘의 이야기를 예로 들어보자. 이상진이 젊을 때 몹시 가난하였는데, 누이(혹은 자신) 의 혼수를 구걸하러 다니자 전동흘이 이를 안쓰럽게 여겨 쌀을 보내준다. 전동흘의 도움으로 위기를 넘긴 이상진이 급제한 후, 이번에는 전동흘을 무과에 급제하도록 돕는다. 이는 베푼 대로 돌려받는 응보의 구조이다.

이러한 구조는 출세담에 빈번하게 보인다. 『계서잡록』의 〈유진항〉은 밀주를 단속하라는 어명을 받고 주금(酒禁)을 어긴 집을 찾아가지만, 홀어머니를 모시고 있는 가난한 유생의 신세가 딱하여 이를 숨겨주고 대신 벌을 받는다. 시간이 흐른 후 유진항은 지방관이 되어 학정을 일삼는데, 어사가 내려와 이를 벌하게 된다. 그러나 어사는 과거에 유진항이 숨겨주었던 밀주가의 유생이었고, 이번에는 어사가 유진항의 잘못을 숨겨주었을 뿐만 아니라 그의 치적을 포장하여 장계를 올린다. 결국 유진항은 벼슬이 올라 통제사에 이르게 된다. 이야기의 전반부와 후반부, 유생과 유진항의 처지와 행동은 서로 완전히 부합한다. 『동패락송』의 〈순흥만석꾼〉과 『동야휘집』의 〈富翁達理贐科儒〉 또한

그러하다. 순흥지역의 황부자가 최생이라는 가난한 선비의 과거길 노
자를 지원해주고, 그 결과 최생은 급제한다. 시간이 많이 흐른 후 그가
지방관이 되어 고향으로 돌아왔을 때, 이번에는 몰락한 황씨 부자의
아들을 지원해준다.

 이상의 사례는 모두 서사 전반부와 후반부 인물의 처지를 역전시키
고 행위를 반복함으로써 적덕과 보은의 고리를 강조하고 있다. 또한
이는 형태적으로 이들 이야기가 기억하기 쉬운 반복적, 대립적 성격
을 띠며 구조화되어 있음을 의미하는 것이기도 하다.

3) 인물

 출세담의 주인공이 주로 남성인 것은 당연한 사실이다. 조선 후기
여성의 사회적 활동은 한계가 분명했기 때문이다. 그런데 서사에서는
남성의 출세를 위한 필수 조건으로 여성의 존재가 그려진다는 점이
특징적이다. 이들은 주인공인 남성과의 결연을 통해 출세담의 또 다
른 주인공이 된다.

 출세를 위한 여성의 내조는 지인지감과 예지를 기반으로 수행되는
바가 크다. [그림 10]은 출세담 내에서 지인지감과 예지의 능력을 보
이는 인물을 조회한 결과이다.

 휴정대사와 같은 이인적 인물의 예지, 신익성의 사위에 대한 지인
지감, 술사라는 캐릭터의 특성에 따른 예지를 제외하면, 지인지감과
예지의 주체는 대체로 여성으로 드러난다.[22] 이들은 임진왜란, 인조반

---

22) 강영순, 「조선 후기 여성지인담의 존재양상과 의의」, 『연민학지』 3, 연민학회, 1995.

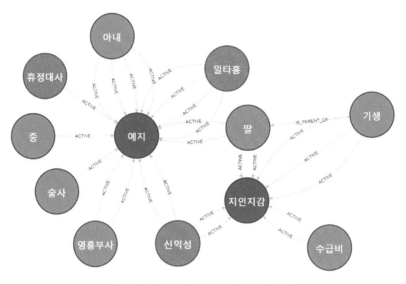

[그림 10] 예지와 지인지감을 지니는 인물

정 등 국가의 중대한 위기 상황을 예지하고 이를 기회로 삼아 상대방 남성을 출세로 이끌거나, 위기에 처한 남성에게 경제적인 도움을 제공하여 출세의 기반을 마련해준다. 이때 여성의 신분은 기생, 수급비, 객점주인·과부의 딸로, 서사가 진행되는 과정에서 남성과 결연하여 부실이 된다. 신분이 적시되지 않았으나 아내가 예지력을 가지고 남편의 출세를 보조하는 이야기도 보인다. 이중 비중이 상대적으로 큰 부류는 신분이 낮은 여성들이다. 이들의 낮은 신분과 그에 따라 기대되지 않는 예지력 및 지인지감의 능력은 이들이 선택한 상대방 남성의 출세가 성공적으로 수행됨에 따라 극적인 반전을 만들어낸다.

한편, 이들의 상대가 되는 남성 또한 미천하거나 빈한하긴 마찬가지이다. 출세담의 성격이 본래 낮은 지위의 인물이 높은 지위로 옮겨가는 과정을 담은 것이므로, 서사의 초반에 남성 인물은 주로 머슴이

나 한직을 전전하는 무변, 급제 전의 유생으로 표상되며, 경제적으로
도 매우 빈궁한 처지에 놓여있는 경우가 많다. 이들은 여성과의 결연
을 통해 급제 혹은 현달의 상태에 이르게 되며, 이 과정에서 자신에게
도움을 주었던 여성의 신분적 상승을 이루어준다. 일타홍, 옥소선을
비롯해『동패락송』,『계서잡록』,『동야휘집』에 두루 수록된 노진 이야
기의 여성인물은 모두 기생이지만 남성의 출세를 물심양면으로 도울
뿐만 아니라 그를 위해 기지를 발휘해 신의를 지킨다. 그에 대한 보답
으로 남성은 이들을 부실로 삼아, 결과적으로 남성과 여성 모두 사회
적 신분의 상승을 성취하게 된다.

　실제로도 여성은 어머니로서, 아내로서 남성의 출세를 내조하는 역
할을 한다. 이야기는 여성의 내조와 남성의 출세를 더욱 극적으로 연
출하기 위해 낮은 신분과 높은 식견을 한몸에 갖춘 여성인물을 주조해
내고, 그 상대역인 남성 역시 한미하거나 불우한 처지로 설정한다. 남
성보다 경제적으로나 식견에 있어 우월한 여성, 그러면서도 천한 신
분을 지닌 여성인물은 일반적 인식이 역전된 존재이다. 이러한 성격
을 지닌 이야기가 지속적으로 전승되는 데에서도 향유층의 기호를 확
인할 수 있다. 인식의 역전은 사람들의 관심을 끌고, 이야기의 재미를
더하기 때문이다.

　그렇다고 인물에서 드러난 특징이 전적으로 사람들의 흥미를 끌 만
한 요소, 허구적이고 믿기 어려운 인물과 사건에만 집중된 것은 아니
다. 그것들은 사실에 기반하며, 이는 다음에서 볼 수 있는 문·무관(文
·武官)의 출세담의 성격, 내용에서도 드러난다. 관직에 나아가는 두
가지 주요한 관문인 문과와 무과에 따라서도 인물의 사건의 성격은
달라진다. 문관이 주인공인 작품은 과거급제 자체가 문제 상황인 경우

가 상당하다. 초시(初試)에는 합격하지만 회시(會試)에 계속 낙방하는 주인공이 빈번하게 등장하고, 환관(宦官)의 처와 관계하면 급제한다는 속설에 따라 간통을 시도하는 인물이 보이는 것은 급제 이후의 현달보다도 일차적으로는 과거급제 자체를 출세로 보는 인식이 내포되어 있다. 보은의 방식으로 대리시험을 치러준다거나, 시제(試題)를 예고해준다거나 하는 것 또한 모두 과거시험 그 자체와 연관되어 있다.

반면 무관이 주인공인 작품은 과거보다는 그 이후 출사(出仕)와 현달을 위해 분투하는 양상을 보인다. [그림 11]을 통해 무관이 주인공인 작품의 경개를 확인할 수 있다. 그림의 가운데, 여러 작품에 공히 등장하는 화소는 "벼슬구함"이다. 여기에는 무과 급제자가 출사하기 어려운 상황과 이를 극복하고자 하는 노력이 잘 그려져 있다.

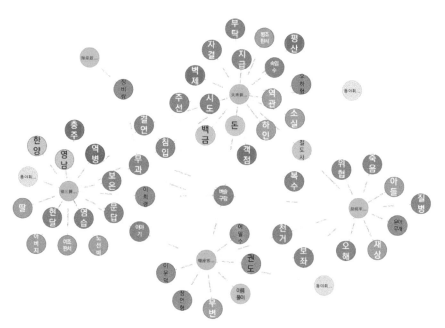

[그림 11] 무관을 주인공으로 하는 출세담

〈嘲座客騁辯得官〉과 〈劫病宰窮弁膴仕〉에서의 이름모를 무변과 윤 아무개는 높은 벼슬아치나 재상을 보좌하면서 출사의 기회를 엿보는 인물들이다. 〈失靑銅獲妾橫財〉과 〈恤三葬遇女登仕〉, 〈除惡奴處變報讐〉에는 공통적으로 침입 화소가 보인다. 이들은 벼슬자리를 구하고자 노력했던 무관이 끝내 뜻을 이루지 못하자 좌절하여 이조판서의 집에 침입, 사정을 호소하거나, 〈失靑銅獲妾橫財〉에서처럼 무관이 병조판서의 서리를 자처하는 자에게 가진 돈을 모두 바쳤으나 속임을 당한 것을 알고 죽기 위해 여염집에 무단으로 침입하는 등 극적인 상황이 그려지기도 한다.

이는 조선 후기 무과 급제자가 급증한 상황을 핍진하게 반영한 것이다. 조선시대 무과 급제자 총인원은 대략 13만 명 안팎으로 추산되는데, 조선 전기와 후기 급제자의 수는 15배 가량 차이가 난다.[23] 1676년 병진년에는 무과 급제자가 17,652명에 달해 만과(萬科)라고 불릴 지경이었으며, 그러므로 "무과는 시험도 아니다[24]"는 볼멘 소리가 나오지 않을 수 없는 상황이었다. 작품은 이러한 문제 상황을 반영하되, 이를 다양한 방식으로 낭만적으로 해소하고 있다.

〈恤三葬遇女登仕〉는 이희령이 과거에 장례를 도와주었던 집안의 딸이 이조판서의 소실이 되어, 침입한 그를 알아보고 출사를 도와주며, 〈除惡奴處變報讐〉 역시 장비랑이 복수를 도왔던 김씨처녀를 이조판서의 소실로 재회한다. 앞서 살펴본 보은의 코드가 작동하고 있는

---

23) 정해은, 「조선후기 무과급제자의 진로에 나타난 차별의 문제」, 『한국문화』 58, 서울대 규장각한국학연구원, 2012.

24) 李命龍, 『戒逸軒日記』, 1760년 10월 24일, "文科五十餘人 武科三百六十八人 所謂文科非其科也."

것이다. 〈嘲座客騁辯得官〉의 무명 무변은 구변으로 한 자리를 얻어내고, 〈劫病宰窮弁膴仕〉는 병든 재상의 가슴에 올라타 그를 위협함으로써 천거의 약속을 받아낸다. 문제상황의 낭만적이고도 극적인 해결은 이야기 향유층에게 재미를 선사하고, 그들의 기대지평을 환상적으로 충족시키는 역할을 한다.

4) 공간

출세담의 배경이 되는 공간은 전국에 걸쳐 있다. 야담에 종종 등장하는 저승, 지옥, 신선세계 등과 같은 비현실적 공간은 철저하게 배제되며, 현실 세계의 실제 공간을 배경으로 하는 점이 특징이다.

[그림 12]에서 드러나는 공간의 특징은 다음의 두 가지이다. 첫째, 출세담의 공간은 한양을 중심으로 하고 있으며, 그 지향도 한양이라는 사실이다. 이는 가장 많은 연결선을 가진 노드가 한양라는 점, 다른 지역 노드와 한양 사이에 [:MOVES_TO]로 설정된 이동의 방향성이 보인다는 점을 통해 확인할 수 있다. 이처럼 한양이 출세담의 주요 공간으로 등장하는 것은 과거급제가 출세의 주요 수단이라는 점, 과거시험이 펼쳐지는 무대가 한양이라는 점을 고려하면 당대의 현실을 구체적으로 반영한 결과라 하겠다. 동시에 이러한 공간 분포는 17세기 이후 서울과 지방의 격차가 벌어지게 되는 상황[25]을 사실적으로

---

25) 김준형은 17세기 이후 서울은 이전과 다른 형태로 변모하며, 이 도정에서 모든 권력은 서울로 향하고, 지방은 권력의 중심에서 멀어진다고 보았다. 김준형, 「조선후기 야담집에 나타난 서울과 지방의 풍경」, 『민족문학사연구』 51, 민족문학사학회·민족문학사연구소, 2013.

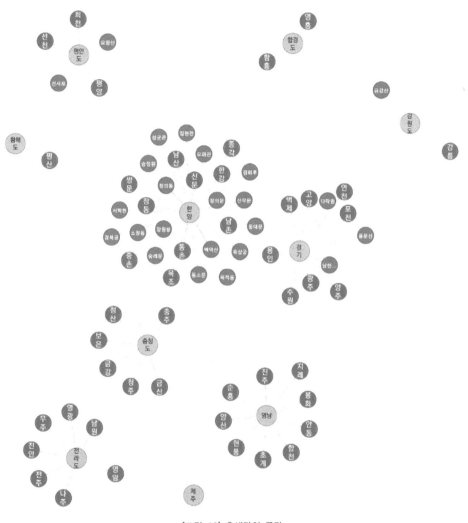

[그림 12] 출세담의 공간

반영한 결과이기도 하다. 선행연구에서는 조선 후기로 갈수록 입신
출세에 있어 서울과 지방의 불균형이 점차 커져갔던 상황을 언급하며,
야담의 상경담에서 등장인물이 겪게 되는 일은 당대 현실의 여러 가지

모순을 함축적으로 담고 있다고 하였다. 즉 상경담의 등장인물이 한양으로 가는 길에서 마주하게 되는 조우자와 그들이 처한 어려운 상황을 벗어날 수 있도록 등장인물이 도와주는 구도가 자주 나타난다고 하면서, 이는 출세를 위해 상경하는 등장인물이 목민관의 자질을 지니고 있음을 암시하는 것이라고 보았다.[26] 실제로 등장인물에게 다가와 문제상황을 하소연하는 사람들은 여종이나 딸로 사회적으로 완전하지 못한 개체의 성격을 지닌다. 이들의 억울함과 원한을 풀어주는 남성인물 역시 아직 사회적인 신분을 획득하지 못한 존재이다. 도중에서 만난 사람들의 억울함을 풀어주는 남성인물의 행위는 경세(經世)에의 연습과 같은 기능을 하면서, 그가 한양에 도착하여 출세하게 되는 결말을 자연스럽게 납득하게 만들어준다.

  둘째, 한양과 여타 지역의 공간 층위에 있어 차이가 두드러진다는 사실이다. [그림 9]에서 가장 많은 하위 공간 노드를 가지는 것은 한양이다. 충청, 경기, 경상, 전라, 함경, 평안, 황해 등 다른 지역의 하위 공간이 적게는 1개, 많게는 10여 개 정도인 것에 반해 한양의 하위 공간은 20개가 넘는다. 그 장소의 구체성 또한 여타 지역과 비교할 만한다. 조선시대 팔도 아래의 기초행정구역 체계는 유수부, 부, 목, 대도호부, 도호부, 군, 현으로 하위 단위를 지니고 있었다. 그림에 따르면 지역별로 주요 행정 구역이 주로 출세담의 배경으로 등장함을 알 수 있다. 무주, 보은 등 일부 현 단위를 제외하면 전라도의 나주, 남원, 전주, 충청도의 충주, 청주, 영남의 진주, 순흥, 안동, 강원도 강

---

26) 임완혁, 「입신출세의 상경길, 욕망의 길: 野譚을 통해 본」, 『고전문학연구』 38, 한국고전문학회, 2010, p.106.

릉, 함길도 함흥, 평안도 평양 등이 그것이다. 그러나 그뿐, 이들 지역의 배경은 더 이상의 구체화 없이 다소 막연한 양상을 띤다.

반면 한양은 연결된 하위 공간 노드를 통해 볼 때 동촌, 남촌, 중촌 및 묵적동, 소정동, 창의동 등 동 단위의 구분뿐만 아니라 육조거리, 종각 등 특정한 위치를 지정하기도 하고, 경복궁 내의 경회루, 신무문 및 승정원, 집현전 같은 건물이나 장원봉, 즉 춘당대 같은 석대의 이름까지 포함하여 매우 자세한 정도로 공간 정보를 드러내고 있다. 이는 야담 작품을 향유하던 계층의 공간 관념을 추측할 수 있게 한다. 야담집 편찬자의 상당수가 경화 노론계 문인이라는 점을 고려하면[27], 야담집에 그들의 세계관과 취향, 사유가 반영된 것은 자연스러운 현상이다. 이들에게 한양은 매우 구체적으로 그려낼 수 있는 공간이었으나 그 외의 지방은 관념적으로 사유하거나 피상적으로 거쳐가는 공간이었던 것이다.

4. 마치며

본고는 디지털 인문학의 방법론을 활용하여 야담의 내용 요소를 시맨틱 데이터로 구축하고 이에 기반한 분석의 사례를 보인 것이다. 그 내용을 요약하면 다음과 같다. 야담은 조선 후기의 현실을 반영한 한문 서사로, 그 길이가 상대적으로 짧을 뿐만 아니라 사실 지향의

27) 김영진, 「조선 후기 사대부의 야담 창작과 향유의 일양상」, 『어문논집』 37, 안암어문학회, 1998, pp.21~45.

성격 때문에 데이터 기반의 분석에 적합한 장르라 할 수 있다. 또한 한번 만들어진 후 지속적으로 전승되는 야담의 특성을 거시적인 관점에서 분석하기 위해서도 데이터 기반의 연구가 필요하다고 판단할 수 있었다.

이에 본고에서는 『천예록』, 『동패락송』, 『계서잡록』, 『동야휘집』에서 출세담을 추출하여 이를 데이터화하고 분석하였다. 야담 그 자체의 서사적 패턴과 내용 요소를 데이터로 전환하여 야담이 지닌 내적 특징과 패턴, 서사적 요소 등을 규명하고자 한 것이다. 분석은 전승의 개괄적 양상과 이야기의 패턴, 인물, 공간의 측면에서 진행하였으며, 이를 통해 야담 향유층의 기호와 시대적 맥락을 파악하고자 하였다. 이 과정에서 다음과 같은 결과를 얻을 수 있었다.

첫째, 데이터를 통해 보았을 때 출세담에 대한 기존 연구 성과를 객관적이고 체계적으로 확인할 수 있었다. 야담의 전승에 대한 문헌학적 연구 성과는 본 연구에서 활용한 그래프 데이터의 형태로 전환하여 보았을 때 보다 가시적으로 그 양상이 드러날 수 있었다. 둘째, 기존 연구 성과에 대한 일부 보완을 수행할 수 있었다. 출세담의 원인인 보은과 적덕, 꿈과 예지에는 내재된 인식구조를 확인하고, 그중 보은과 적덕에 의한 출세가 더 많이 전승되고 있음을 데이터로 확인함으로써 출세담이 인륜의 수호와 같은 보편 가치를 지향하고 있음을 밝혔다. 셋째, 기존 연구 성과를 기반으로 거시적인 관점에서 출세담의 양상을 살펴 새로운 논의의 단초를 마련할 수 있었다. 반복과 역전의 구조가 출세담에 빈번하게 등장하며, 이는 서사적 반전을 통한 흥미 추구의 경향을 보여준다는 것이다. 또 출세담의 공간이 한양에 집중되었을 뿐만 아니라 공간 표상의 층위에 있어서도 한양과 기타 지역에 차이가 있음을 확인할 수 있었다. 이러한 논의는 개별 작품에 대한 해석에 집중할 때와는 다른, 야담이라는 갈래와 그를 향유하던 사람들에게 관습적으로 내재되어 있던 인식을 분석하는 새로운 출발점이 될 수 있다.

　이 연구는 기존의 해석적 접근을 넘어, 데이터 기반의 분석 방법론을 통해 야담을 보다 객관적이고 체계적으로 탐구할 수 있는 가능성을 열어준다는 점에서 그 의의를 평가할 수 있다. 추후 보다 정교한 모델링과 함께 다른 야담집 및 서사류, 역사자료와의 연계로까지 데이터 구축 작업이 확장된다면, 이를 통해 조선 후기 서사의 한 지형도를 파악할 수 있을 것으로 기대된다.

제8장

메이지 시대 일본 군의관과 학력

『육군 현역 장교 동 상당관 실역 정년 명부(陸軍現役将校同相当官実役停年名簿)』의
수량 분석을 중심으로

마쓰다 도시히코

1. 시작하며

이번 장에서는 메이지 시대(明治時代, 1868~1912) 일본의 육군 군의관—이하 '군의관'이라 하며 육군 군의(장교 상당관)를 지칭한다—은 어떤 학력을 가진 집단이었으며, 그 구성과 배치가 청일·러일전쟁을 거치면서 어떻게 변화했는가에 대한 문제를 검토하고자 한다.

이 연구의 출발점은 국제일본문화연구센터(이하 일문연)가 2020~2022년도에 걸쳐 구입한 사토 쓰네마루(佐藤恒丸, 1872~1954)의 유족 소장 자료(이하 『사토 쓰네마루 관련 문서』)를 필자가 정리하면서 시작되었다.[1] 사토 쓰네마루는 메이지에서 쇼와 시대(昭和時代, 1926~1989)

---

1) 국제일본문화연구센터가 정리하여 현재 공개하고 있는 『사토 쓰네마루 관련 문서』(일부 미정리)는 편지 약 1,900점, 엽서 약 1,100점, 80점 남짓의 서류가 중심이며, 시기적으로는 사토의 도쿄 제국대학 대학원 시절부터 은퇴 후까지 거의 전 생애에 걸쳐 있다. 육군 위생부 수뇌부에서 사토에게 보낸 편지가 양적, 질적으로 충실하며, 모리 린타로(森林太郎), 이시구로 다다노리(石黒忠悳), 고이케 마사나오(小池正直) 등의 편지가

에 이르는 시기의 육군 군의관이었다. 1896년에 도쿄제국대학 의과대
학을 수석으로 졸업하고 군의로 임관하였다. 1907년부터 1910년까지
독일 유학(육군 관비 유학생)을 거친 후, 1910~1920년에는 식민지기
초기의 조선에서 경성위수병원(京城衛戍病院) 원장, 조선 주찰군(駐箚
軍) 군의부장을 역임하였다. 그 후에는 적십자사 병원장(1920~1927),
시의두(侍医頭, 1927~1937) 등을 맡았다. 군의로서 최고위인 군의총감
(1922)까지 오른 엘리트였다.[2]

　이와 같이 사토의 생애를 추적하는 과정에서, 사토를 포함한 도쿄
제국대학 출신의 고위 군의관이 군의 전체 속에서 어떠한 위치를 차지
했는지, 나아가 군의들 중에는 어떠한 학력을 가진 이들이 어떻게 분
포했는지 밝힐 필요성을 느끼게 되었다. 이를 위해 청일전쟁 이전부
터 러일전쟁 이후(1890~1912)까지의 모든 군의관(장교 상당관) 명부
를 데이터베이스화하고, 이를 디지털화된 인명록과 대조하여 학력 등
의 전수 조사를 수행하였다.

　이 장의 과제를 새삼 정리하자면, 첫째는 청일·러일전쟁 시기 군의
관 확대가 어떠한 학력층에서 리크루트되어 이루어졌는지를 밝히는
것이다. [그림 1]에서 보이듯, 이 시기는 중일전쟁 시기 이후를 제외
하면 근대 일본에서 유례없는 군의관 확장 시기에 해당한다(각 연도의
구체적 인원수는 뒤에 수록된 [표 1]을 참조). 군의관의 학력을 검토함으

포함되어 있다. 또한, 이리사와 다쓰키치(入沢達吉), 가야 다카요시(賀屋隆吉), 시가
기요시(志賀潔)와 같은 대학 관계자 및 의학자의 편지도 많다. 자세한 내용은 다음
웹사이트를 참조 바란다. https://toshonin.nichibun.ac.jp/webopac/BB10556069
2) 사토의 경력에 관해서는 松田利彦, 「佐藤恒丸と森鷗外」, 石川肇·林正子·松田利彦
　　編, 『新発見書簡で読み解く 軍医森鷗外 後輩軍医佐藤恒丸に問う海外情勢』, 法蔵館,
　　2024.를 참조.

로써, 이 시기 군의관 집단이 양적 확장과 더불어 고학력화라는 질적
변화를 이루었다는 면이 드러날 것이다.

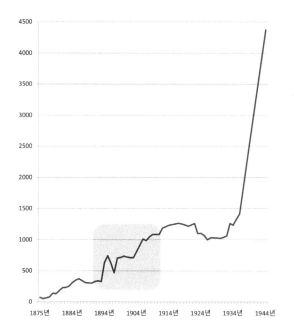

[그림 1] 전전 일본의 육군 군의관 수 추이(1875~1944)
출전 : 이 글의 뒤에 게재하는 [표 1]에 원 데이터와 출전을 기재.

　두 번째로, 군의가 어디에 배속되었는가에 대한 문제를 고찰한다.
청일전쟁 이후 7사단 체제를 13사단 체제로 확대하는 계획이 추진되
었으며(1896년 당초 계획), 러일전쟁 후에는 19개 사단을 평시 25개
사단으로 확대하는 방침이 제시되었다(1907년 「제국 국방방침」). 동시
에 청일전쟁에 따른 타이완 영유권(1895), 러일전쟁에 따른 관동주
조차(1905)와 한국의 보호국화(1905) 및 한국 '병합'(1910) 등을 거쳐
일본 제국의 판도는 크게 확장되었다. 이러한 청일·러일전쟁 이후의

사단 증설 및 '외지'에 대한 일본군 주둔으로 군의관 자리도 급증했다. '외지'를 포함하여 새로운 자리에 어떠한 학력층의 군의가 배치되었는지 그 경향도 탐색할 것이다.

　다음으로 선행 연구에 대해 언급해 두기로 한다. 메이지 시대에 군의 창설과 근대화라는 문제는 일본 근대사에서 중요한 테마인데, 비전투 부문의 군의관에 대해서는 다소 소홀히 다루어진 감이 있다. 하지만 근대적 국민군의 창설에 있어서는 국가의 이름으로 징병된 신체에 대해 국가가 책임을 지는 것이 제도의 전제가 되었으며, 군의관 제도는 이른 시기부터 시작되었다. 이러한 초창기 군의관 제도의 정비에 관해서는 비교적 연구가 많이 이루어졌다.[3] 그러나 그 이후의 군의관 제도 운영에 대한 연구는 드물며, 청일전쟁 후의 군의관 전문직화에 대해 다룬 가토 마사키(加藤真生)의 논문 정도이다.[4] 이 글에서도 또한 군의관의 전문직화를 위해 육군 위생부(군의관과 약제관으로 구성된 육군 조직)가 행한 개혁에 대해 가토 논문에서 많은 점을 배웠으나, 해당 논문에서는 개혁의 결과로 나타난 군의관 집단의 질적 변화(고학력화)는 간과되었다. 그밖에 군사사 연구 및 의사 사회 연구에서 수량 분석을 사용한 선행 연구에 관해서는 다음 절에서 언급하고자 한다.

　이하, 제2절에서 자료와 분석 방법에 대해 논한 다음 제3절, 제4절

---

3) 군의관 제도의 창설 과정에 대해서는 다음 연구들을 참조했다. 坂本秀次, 「明治の陸軍軍医学校: 校長石黒忠悳、教官森林太郎」, 『医学史研究』 61, 1988; 西岡香織, 「日本陸軍における軍医制度の成立」, 『軍事史学』 26(1), 1990; 黒澤嘉幸, 「明治初期の陸軍軍医学校」, 『日本医史学雑誌』 47(1), 2001; 黒澤嘉幸, 「明治初期の陸軍軍医学校の卒業生」, 『日本医史学雑誌』 47(2), 2001; 熊谷光久, 「明治期陸軍軍医の養成・補充制度」, 『軍事史学』 46(2), 2010.

4) 加藤真生, 「明治期日本陸軍衛生部の補充・教育制度の社会史」, 『専修史学』 74, 2023.

에서 위의 두 가지 과제에 대해 고찰한다.

2. 자료와 분석 방법에 관하여

이 글에서는 현역 육군 군인(장교 및 동 상당관)의 명부인 『육군 현역 장교 동 상당관 실역 정년 명부』를 기초 자료로 삼았다. 이 명부는 육군성에 의해 1875년 이후(아마도 매년) 작성되었으며[5], 각 연도에 해당하는 육군 장교의 실역 정년(진급에 필요한 최소 연한), 각 계급에 임관된 연월, 배속 부서, 출신지, 족적(族籍, 사족인가 평민인가) 등을 기록하고 있다. 이 글에서는 『실역 정년 명부』 1890년, 1894년, 1898년, 1903년, 1906년, 1908년, 1909년, 1911년, 1912년 각 연도판을 바탕으로 전체 군의관(현역 및 재직자) 누계 7,608건에 관하여 성명, 계급, 배속 부서의 정보를 데이터베이스화하였다. 이러한 각 군의관 정보를 의사 인명록[6] 및 각 제국대학, 관공립 의학 전문학교의 학교

----

5) 1875년 8월에 각 부서의 상급 장교에 대한 실역 정년 명부가 작성되었다. 이후 같은 해 12월에 「정년 명부 편찬 개칙(停年名簿編纂概則)」이 제정되면서, 이 개칙에 따른 실역 정년 명부의 작성이 이루어지게 되었다(「실역 정년 명부 개정」 1876년 1월 17일. 아시아역사자료센터(アジア歴史資料センター) Ref. A24011245100, 太政類典·第二編·明治四年~明治十年·第二百八卷·兵制七·武官職制七[国立公文書館]. (열람일: 2024.7.15)

6) 橫井寬編, 『内務省免許全国医師薬舗産婆一覧』, 英蘭堂, 1882, 1884; 山口力之助編, 『帝国医籍宝鑑』, 南江堂, 1898; 日本杏林社編刊, 『日本杏林要覧』, 1909; 医事時論社編刊, 『日本医籍録』 各年版, 1926~ 등. 모두 「국회도서관 디지털 컬렉션(国会図書館デジタルコレクション)」 https://dl.ndl.go.jp/에 디지털화되어 공개되어 있다. 또한 「아시아역사자료센터(アジア歴史資料センター)」 https://www.jacar.go.jp/, 「한국학자료 통합 플랫폼(韓国学資料統合プラットフォーム)」 https://kdp.aks.ac.kr/ 등에서도 적절한 정보를 얻었다.

일람, 관보 등과 대조하여 학력이나 기타 정보를 보완하였다. 이와 같이 작성된 데이터베이스를 이하 「메이지 시대 군의관 데이터베이스」로 부른다. 연도의 선정에는 자료의 정밀한 정도에 다소 차이가 있지만, 청일·러일전쟁을 포함하는 약 20년간의 중기적 동향을 추출하는 데는 문제가 없다고 생각된다.

이처럼 명부 종류로부터 데이터를 집적하여 어떤 특정 집단의 구조를 탐구하는 방법은 역사학에서 친숙한 것이다. 경제사에서는 오래전부터 수량 분석이 주요 연구 방법으로 자리 잡아 왔으며, 이 글과 관련이 깊은 군사사나 의료 사회사 분야에서도 주류라고까지 하기는 어렵지만 몇 가지 중요한 연구가 이루어져 왔다. 예를 들어, 디지털 인문학이라는 말이 아직 일반적이지 않았던 1990년대에 나가이 가즈(永井和)는 이미 『직원록』 각 연도판 등을 이용하여 내각이나 고위 관료 자리를 차지한 군인의 실상을 수량 분석하고, 그 방법론을 '그 자체로는 아무런 이야기도 들려주지 않는 것이나 다름없는 빈약한 정보량뿐인 "사료"라기보다 "데이터"를, 대량으로 집적하여 그것을 분석하는 방식'이라고 설명하고 있다.[7] 군의와 학력이라는 이 글의 문제의식 및 관심사와 근접한 분야에서는, 군사사 연구에서 『육군 현역 장교 동 상당관 실역 정년 명부』에 의한 수량 분석을 수행한 구마가이 데루히사(熊谷光久), 호리 시게루(堀茂), 오에 히로요(大江洋代)의 각 논고가 있다.[8] 그러나 메이지 시대 육군에서 조슈(長州, 현재의 야마구치현

7) 永井和, 『近代日本の軍部と政治』, 思文閣出版, 1993, p.414.
8) 熊谷光久, 『日本軍の人的制度と問題点の研究』, 国書刊行会, 1994. 중 堀茂, 「第三章 「長閥」の数値的実態に関する一考察: 「二葉会」による長州人陸大入学阻止について」, 『軍事史学』 43(1), 2007; 大江洋代, 『明治期日本の陸軍: 官僚制と国民軍の形成』, 東

(山口県)) 파벌의 전개나 장교의 전문직화를 주된 관심사로 삼은 이들 연구에서, 분석 대상은 병과(兵科) 장교들이었으며 군의관은 대상에서 제외되어 있다.

후술하겠지만, 군의관의 주된 공급원은−병과 장교가 육군사관학교와 같은 육군의 전문 교육 기관 출신자에 의해 충당된 것과는 달리 − 민간 의사 사회였는데, 이에 관해서는 하시모토 고이치(橋本鉱市)가 『일본행림요람(日本杏林要覧)』(1909년 간행본)에 실린 의사를 수량 분석하였다.[9] 그러나 의사 사회 전체에서 군의관이 되는 자는 극소수에 불과했기 때문에[10], 하시모토 논문에서도 군의관에 대한 언급은 거의 없다. 전문적인 교육을 받은 군의의 형성, 즉 군의의 근대화 및 전문직화에 관해서는, 선행 연구에서 육군의 근대화와 의사의 근대화 문제 사이에 놓인 바람에 그 고유한 성격이 검토되지 못했던 것이다.

3. 군의관 리쿠르트와 학력

메이지 유신(明治維新, 1868) 이후 일본에서는 근대적 국민군의 창설과 함께 군의관 제도 확립이 시급한 과제가 되었다. 1873년 징병제 시행에 앞서, 1871년에 군의를 관할하는 부서로 병부성(兵部省) 군의

京大学出版会, 2018. 중 제4장, 제5장.

9) 橋本鉱市,「近代日本における医師社会の階層的構造: 『日本杏林要覧』(M42)による実証的分析」, 『放送教育開発センター研究紀要』 7, 1992.

10) 예를 들어 1912년 시점에서 일본('내지'만을 일컬음)의 의사 전체수는 40,088명, 군의관 수는 1,185명이었다. 内務省衛生局編刊, 『衛生局年報』 明治45年・大正元年版, 1914, p.137 및 이 장에서 뒤에 제시하는 [표 1]에 근거한다.

료(軍医寮)가 발족하였다. 1872년에는 최초의 군의관 양성기관으로 5년제 군의료학사(軍医寮学舎)가 설립되었다. 이듬해 1873년에 군의료학사는 군의학교로 개칭되었다(1888년에 군의관 단기 속성 교육기관으로 설치된 군의학교와 구별하기 위해 전기 군의학교/후기 군의학교라 부른다).

이처럼 육군은 당초, (전기) 군의학교라는 육군 독자적인 전문 교육기관을 통해 군의를 양성하려 했지만 이 방침은 머지않아 폐기되었다. 도쿄의학교(도쿄제국대학 의과대학의 전신)의 정비에 따라, 이 학교 학생들 중에서 지원자를 모집하는 방침으로 전환되었고, 1877년에 군의학교는 폐지된 것이다. 이때 창설된 육군 의탁생 제도(졸업 후에 군의관이 되는 것을 조건으로 한 장학금 제도)에 의해, 도쿄제국대학 의과대학이 군의관 공급원으로 자리매김하게 되었다(1893년 육군 의탁 학생으로 개칭).

그렇다면 도쿄제국대학은 군의관 공급을 충족할 수 있었던 것일까? 당국의 인식에 따르자면 명백히 불충분했다. 예를 들어 1898년, 이시자카 이칸(石阪惟寛) 의무국장의 건의에서는 '위생부 현역 사관의 보충은 제국대학 의과대학 의탁학생'으로 이루어지는 것이 '현행 보충 조례의 정신'이다. 하지만 '과거 몇 년간의 실험에 따르면 의탁학생 지원자는 그 인원이 매우 적어 도저히 필요 인원을 충족시키기에 부족'[11]하다고 언급하고 있다.

이로 인해 군의관 모집처는 도쿄제국대학 이외의 곳까지 확장할 수밖에 없었다. 1883년에는 민간의 지원자 중에서 '상당한 자격' 즉, 의

11) 陸軍軍医団編刊, 『陸軍衛生制度史』, 1913, p.291.

료 개업 면허를 취득한 자에게 5개월간 군진의학 교육을 실시하고 군
의관 시보 등으로 임관시키기로 하였다. 1888년에는 관공립 의학전
문학교에서도 의탁 학생을 채용하여, (후기) 군의학교에서 단기 교육
을 받고 보충하도록 했다.[12] 한마디로 군의 인재 풀이 일반 의사 사회
와 접속된 것이다. 이렇게 해서 관립 사립 병원, 대학 등과 함께 육군
도 민간 의사 쟁탈전에 참여하게 되었다. 당시 육군성의 연보(年報)에
는 '무릇 현재 의술에 뛰어난 자는 관청이 앞다투어 이들을 거두어들
이고, 부현(府県)이 경쟁적으로 이들을 초빙하므로 거의 재야에 의원
이 없는 지경에 이르렀다'고 기록되어 있다.[13]

그렇다면 당시 육군이 군의관 인재를 구한 의사 사회는 어떤 구조를
가지고 있었는가? 많은 선행 연구에서 지적된 것처럼,[14] 메이지 시대
의사 사회에는 제국대학 의과대학 출신자-관공립 의학전문학교 출신
자-의술 개업 시험 합격자-옛날 의원(한방의)이라는 서열이 형성되
어 있었다. 이 중 제국대학 의과대학과 관공립 의학전문학교 출신자들
이 정규 의학교육기관에서 수학하고, 졸업 후에는 무시험으로 의사
자격을 얻을 수 있었다. 이러한 학교에 다닐 자금이 없는 자는 개업의
밑에서 수련하거나 예비교 성격의 학교에 다니며 의술 개업 시험(1875
년부터 시행)에 합격하여 의사 자격을 얻었다. 이상이 서양의학 수련자
들이었던 것에 비해, 에도 시대 이후 이어진 구식 의원(한방의)은 그

---

12) 熊谷光久,「明治期陸軍軍医の養成・補充制度」, 앞의 논문, pp.34~36.

13) 『陸軍省第三年報』, 1878, p.144.

14) 橋本鉱市 앞의 논문 외에 川上武, 『現代日本医療史: 開業医制の変遷』, 勁草書房,
1965, pp.38~44; 厚生省医務局編, 『医制百年史』, ぎょうせい, 1976, pp.61~80; 猪飼
周平, 『病院の世紀の理論』, 有斐閣, 2010, pp.69~78 등.

하위에 있었다. 종래 개업했던 자들과 그 자제(종래 개업의), 또는 의사 면허 규칙(1883) 이전부터 의술을 가지고 관청에 출사하던 봉직 경력 의사 등으로 이루어졌다.

「메이지 시대 군의관 데이터베이스」에서도 이 네 가지 구분을 채택하였다. 이 데이터베이스에서는, 도쿄제국대학 의과대학·교토제국대학 의과대학·교토제국대학 후쿠오카(福岡) 의학교(나중에 규슈제국대학 의과대학이 됨) 출신자(의학사)에, 소수의 외국 의학교 출신자 및 앞서 언급한 전기 군의학교 수료생[15]도 포함하여 '제국대학'의 이름표를 붙였다. 그 다음 위치에는 센다이(仙台), 지바(千葉), 아이치(愛知), 교토(京都), 오사카(大阪), 오카야마(岡山), 나가사키(長崎), 가고시마(鹿児島)의 관공립 의학 전문학교 출신자(득업사)들에게, 도쿄대학 의학부 별과생까지 포함하여 '관공립 의전'의 꼬리표를 달았다. 의술 개업 시험에 합격하여 의사 개업 면허를 얻은 그룹을 '시험 합격'으로 구분하였다. 마지막으로, 종래 개업의와 봉직 경력 의사 등을 구식 의원, 즉 '구의'로 구분하였다.

군의 집단 내에서 '제국대학', '관공립 의전', '시험 합격', '구의'의 네 그룹이 어떤 계층 구조를 이루었으며, 청일·러일전쟁을 거치며 어떻게 변화했는지를 [그림 2]로 정리하였다.

[그림 2]에 따르면, 청일·러일전쟁 시기 동안 군의관의 학력 중심적 계층 구조에는 뚜렷한 변화가 발생하였다. '구의'의 감소, '시험 합격자'의 감소, 그리고 그와 동시에 '관공립 의전' 출신자의 급증과 '제

---

15) 육군 위생부에서는 "위 대학[도쿄 의학교] 의학부는 군의관 학교[전기 군의관학교]와 마찬가지로 간주한"다고 한 바에 따른다. 陸軍軍医団編, 앞의 책(1913), p.271.

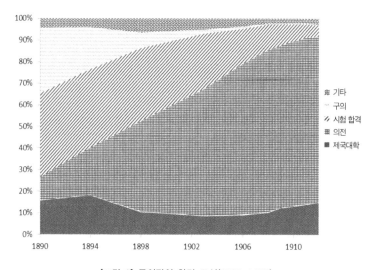

[그림 2] 군의관의 학력 구성(1890~1912)
출전 : 이 장의 [표 3]에 원 데이터와 출전을 기재함.

국대학' 출신자 유지라는 경향이 드러난다. 청일전쟁 전인 1890년 시점에서는 군의관의 과반을 차지한 것은 구의나 시험 합격자들이었으나, 러일전쟁 이후에는 이들 계층이 거의 도태되고 관공립 의전 출신자가 대부분을 차지하게 되었으며, 제국대 출신자도 10% 전후를 계속 차지했던 것이다.

전문 교육 기관에서 수련하는 것을 전문직화의 조건으로 생각한다면, 군의관의 전문직화는 청일전쟁 후부터 러일전쟁 시기까지는 달성된 것이라 할 수 있다. 이는 육군 전체의 전문직화와 발맞춰 실현된 것으로 볼 수 있다. 육군 장교의 다수를 차지하는 보병과(步兵科) 장교들 중에서, 육군사관학교 졸업생이 육군 관료기구의 중핵을 차지한 것도 청일전쟁 후로 알려져 있기 때문이다.[16]

다른 한편으로 메이지 시대 일본의 의사 사회 전체와 비교해 보면,

군의관 집단에서 '학교 출신자'가 다수를 차지하게 된 것은 상당히 일렀다고 할 수 있다. [그림 2]의 최종 연도인 1912년에는, 대학 졸업자 비율은 의사 전체 중에서 7.5%, 군의관 중에서는 14.8%, 관공립 의전 졸업자는 의사 전체에서 29.0%, 군의 중에서는 76.8%에 달한다.[17] 이는 군의 집단이 얼마나 고학력이었는지를 보여준다. 기존에는 '메이지 시대에는 (군의관이) 종래의 구의와 시험 합격자들로 대부분 구성되었고, 학교 졸업의나 대학 졸업의는 극히 소수였다'[18]고 여겨졌지만, 이 글의 분석을 통해 이 견해가 잘못되었음이 드러났다.

아울러 이처럼 군의관 집단이 고학력자를 확보하고, 의사 사회 전체보다 더 빨리 전문직화를 이룰 수 있었던 것은, 선행 연구가 보여주는 청일전쟁 이후 군의관(지원자)에 대한 다양한 인센티브-위탁 학생, 위탁 생도 제도에 따른 학비 지원, 후기 군의학교에서의 교육 시스템 쇄신, 연구 성과 발표 매체의 정비로 인한 경력 상승을 실현하려는 욕구[19]-가 작용한 결과로 보인다. 다만 주의해야 할 점은, 관공립 의전 졸업자와 제국대학 출신자 간에는 이러한 인센티브의 유효성이 다소 달랐으리라는 점이다. 의전 졸업자들에게는 이러한 인센티브가 효과적으로 작용했다는 것이, 앞서 언급한 군의관 집단 내의 급증으로 이어졌다고 볼 수 있다. 그러나 졸업 후 군의관의 길을 선택하지 않더라도 어느 정도의 사회적 성공이 보장된 제국대학 출신자의 경우는

---

16) 大江洋代, 앞의 책, 제5장.
17) 의사 전체의 수는 内務省衛生局編, 『衛生局年報』, 明治45年·大正元年版(앞의 책), p.137로부터, 군의관 수는 뒤에 수록한 [표 2]로부터 산출하였다.
18) 加藤真生, 앞의 논문, p.5.
19) 加藤真生, 앞의 논문, pp.10~32.

반드시 그렇지만은 않았다. 도쿄 제국대학만을 살펴볼 경우, 러일전쟁 이후 임관자가 증가했다고는 하지만, 관공립 의전 출신자처럼 폭발적인 증가를 보이지는 않았다(뒤의 [표 2] 참조). 그럼에도 불구하고 제국대학 출신자가 일정한 비율을 유지한 것은 제국대학 자체의 증설과 관련이 있을 것이다. 교토 제국대학(1897년 창설, 의과대학 설치는 1899), 교토 제국대학 후쿠오카 의과대학(1903년 설치, 후일 규슈 제국대학 의과대학) 등의 설립에 따라 공급의 모체가 되는 제국대학 자체가 증가한 것이다. 「메이지 시대 군의관 데이터베이스」에 따르면, 1906년부터 교토 제국대학 출신 군의관, 1908년부터 교토 제국대학 후쿠오카 의과대학 출신 군의관이 등장하고 있다(뒤의 [표 2] 참조).

4. 군의관의 배치

군의관의 학력과 배치처 간에는 어떠한 관계가 있었을까? 군의관의 배치처를 크게 세 가지로 나누어 분석하고, 학력별로 각각의 배치처에 분배된 비율을 산출하였다.

'중앙 관아'는 육군성 의무국의 과원(課員)이나 (후기) 군의학교, 또는 육군 사관학교·동 유년학교·동 도야마(戸山)학교 등의 각 학교 교관과 같은 직책을 의미한다. '내지 부대'는 각 사단에 배치된 군의부나 위수병원 및 부대 부속으로 배속된 직책을 가리킨다. '외지'는 청일전쟁 이후 영유한 타이완, 의화단 사건 이후 베이징·톈진에 설치된 청국 주둔군, 러일전쟁 이후 영유한 사할린(일본에서는 가라후토[樺太]라 부름), 조차지였던 관동주, 1905년에 보호국화되고 1910년에 식민지화

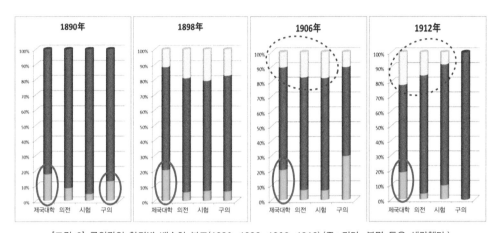

[그림 3] 군의관의 학력별 배속처 분포(1890, 1898, 1906, 1912) (주 : 기타, 불명 등은 생략했다.)

출전 : 메이지 시대 군의관 데이터베이스

> 외지
> 내지 부대
> 중앙 관아

된 한국·조선을 지칭하며, 각 지역에 설치된 군의부나 위수병원, 부대 부속의 직책이 포함된다(배치처의 세부 항목과 배치 인원수는 뒤의 [표 3]을 참조).

번잡하지 않도록 [그림 3]에서는 1890년, 1894년, 1906년, 1912년 4년분만을 다루기로 한다. 이에 따르면, 어떤 학력층에서도 '내지 부대'에 배치된 군의관의 비율이 높게 나타나고 있다. 군의관이 부대 부속, 위수병원 근무를 통해 장병의 건강 관리를 담당하는 실무 부문에 속해 있는 이상, 당연한 결과라 할 수 있다.

그러나 '내지 부대' 이외의 배치처를 살펴보면, 학력에 따른 배치 경향의 차이도 확인할 수 있다.

'중앙 관아'에 관해서는, 청일전쟁 이전([그림 3]에서는 1890)에는 '제국대학'와 '구의'의 배치 비율이 높았지만, 점차 '제국대학' 출신자만이 높은 비율로 배치되기 시작한다(실선 원으로 표시된 부분). 즉, 청일전쟁 이전에는 육군성을 중심으로 하는 중앙 관아에는 베테랑 '구의'와 최첨단 학문을 배운 도쿄 제국대학 출신자가 배치되는 비율이 높았으나, '구의'가 도태됨에 따라 '제국대학' 출신자가 중앙 관아의 중심 위치를 차지하게 된 경향을 읽을 수 있다.[20] 뒤의 [표 3]을 보면 알 수 있듯이, 특히 육군성 의무국의 국장이나 과원과 같은 행정직, 군의관 학교의 교관, 대학원 파견, 외국 주재(유학) 등 차세대 양성을 위한 직책은 제국대학 출신자들이 대부분을 차지했다.

또한 '외지'에 관해서도 흥미로운 경향을 확인할 수 있다. [그림 3] 에서 1906년과 1912년 '외지'에 배치된 비율을 보면, 1906년에는 제국대학<관공립 의전<시험 합격자 순서였으나, 1912년에는 제국대학>관공립 의전>시험 합격자의 순서로 바뀌어 있다([그림 3]의 점선 원으로 표시된 부분). 이른바 학력이 낮은 자를 우선적으로 '외지'에 보낸다는 방침이, 러일전쟁 후 어느 시점에서 역전된 양상을 볼 수 있다. 또한, 뒤의 [표 3]을 통해 알 수 있는 것은, '외지' 중에서도 이러한 배치 경향에는 지역차가 있었다는 점이다. 청나라(C-①), 타이완(C-② ~④), 사할린(C-⑤)에서 아주 두드러진 변화는 없었지만, 대조적으로 관동주(C-⑥~⑩)에서는 5.9%(1906)에서 32.4%(1912), 한국·조선(C- ⑪~⑰)에서도 3.5%(1906)에서 10.3%(1912)로 제국대학 출신 군의관 배치 비율이 비약적으로 늘었다. 두 지역에서 제국대학 출신자의 비율이 급증한 부서는 관동주의 위수병원(C-⑦) 및 만철계의 다롄병원(C-

---

20) [그림 3]에서는 1906년 그래프에서도 '구의'가 높은 비율로 '중앙 관아'에 배속되어 있는 것처럼 보이지만, 실제로는 같은 해의 '구의'는 겨우 10명(군의관 전체의 0.9%) 에 불과하므로 극소수라 할 수 있다.

⑨), 한국·조선에서는 대한의원·조선총독부 의원·도(道)자혜병원(C-⑰)이다.

데이터의 수량 분석에서는 이러한 경향까지는 명확히 할 수 있지만, 그 배경에 있던 정책적 의도까지는 파악할 수 없다. 이 점을 이 글 모두에서 소개한 『사토 쓰네마루 관련 문서』를 포함한 사료를 통해 보완해 두기로 한다.

'외지', 특히 관동주와 한국·조선의 병원에 제국대학 출신의 군의관이 배치되기 시작한 것은, 1907년 11월에 군의관 최고 책임자인 육군성 의무국장에 취임한 모리 린타로(森林太郎＝모리 오가이[森鴎外])의 인사 정책에 따른 것이다. 모리의 전임 의무국장이던 고이케 마사나오(小池正直)가 인사 정책의 변화를 감지하고, 1909년경부터 불만을 표출하고 있었다. 1909년 8월에 고이케가 사토 쓰네마루에게 보낸 서신에서는, 고이케가 의무국장이던 시절에 도쿄 제국대학 출신자를 육군 위생부의 중심에 앉히고 은퇴했음에도 불구하고, 모리 국장이 "소생의 재직 중에 신임한 자들을 모조리 해외로 쫓아"냈으며, 이러한 "역행의 기세"에 도쿄 제국대학 계통의 고위 군의관들이 모두 "분개"하고 있다고 전하였다.[21]

이후에도 대한의원(1907년에 설립된 대한제국의 관립 중앙병원. 일본인이 주요 직책을 장악하고 있었다)으로 도쿄 제국대학 출신 군의관을 도

---

[21] 고이케 마사나오(小池正直, 모리 린타로의 전임 의무국장)가 사토 쓰네마루에게 보낸 편지, 1909년 8월 28일(『佐藤恒丸関係文書』 74-13). 고이케가 모리의 인사정책을 비판한 편지는 이 편지 외에도 『사토 쓰네마루 관련 문서』에서 확인할 수 있다. 松田利彦, 「森林太郎陸軍省医務局長の人事政策(1): 佐藤恒丸宛小池正直書簡を中心に」, 『鴎外』 113, 2023. 이 논문에서 고이케의 편지 여섯 통을 부분적으로 번각하여 소개하고 있으므로 상세 내용을 참조하기 바란다.

입하는 문제를 둘러싸고, 고이케와 모리는 대립했다. 모리가 한국 '병합' 직전에 데라우치 마사타케(寺内正毅) 육군대신 겸 한국통감에게 보낸 대한의원 인사안에서는, 주요 직책의 절반을 도쿄 제국대학 계열 군의관으로 충원하는 방안을 제시하고 있다.[22] 조선의 식민지 시대 초기에는 육군 중심의 '무단 정치'가 시행되어 관립 병원에도 군의관이 배치된 것으로 알려져 있는데, 모리는 그 일환으로 고학력 군의관을 보내는 계획을 마련한 것이다.

한편, 같은 시기에 모리는 또 다른 의견서에서 "현재 우리 육군 군의관 교육에서 가장 유감스러운 것은 기술의 습득과 숙련이 부족한 점에 있다"고 하면서, 대학 출신 군의관이 "실제 연마"를 할 병원이 부족하다고도 언급했다.[23] 모리 의무국장은 제국의 최전선에 우수한 군의관을 보내어 조선 '무단 정치'를 준비하는 일환으로 삼음과 동시에, 도쿄대학 출신 군의관에게 실무 수련 경험을 쌓게 하는 방안도 노린 것이 아닌가 생각된다.[24]

5. 맺으며

메이지 후반기 제국의 확장 속에서, 육군 위생부는 군의관의 양적

22) 데라우치 마사타케(寺内正毅)에게 보낸 모리 린타로의 편지, 1910년 8월 8일(『寺内正毅関係文書』171(1), 국회도서관 헌정자료실 소장). 松田利彦, 「森林太郎陸軍省医務局長の人事政策(2): 帝国大学出身軍医の「外地」への配置と大韓医院の人事構想を中心に」, 『鴎外』114, 2024, pp.13~17 참조.
23) 森林太郎, 「済生会救療事業実施案」(1911?), 『鴎外全集』34, 岩波書店, 1989, p.622.
24) 상세한 내용은 松田利彦, 앞의 논문(2024), pp.10~12 참조.

확충과 더불어 전문적 의학교육을 받은 인재를 확보해야 하는 질적 향상의 필요성에 직면하고 있었다. 이 장에서는 그 양상을 밝히기 위해 1890~1912년의 군의관 7,608건의 정보로 구성된 「메이지 시대 군의관 데이터베이스」의 분석을 통해 당시 군의관의 학력 구성과 배치 상황에 관하여 기초적인 고찰을 수행했다.

그 결과 첫째, 인재 공급원이 일반 의사 사회와 연결된 군의관 집단에서는, 러일전쟁 이후까지 구의·의술 개업 시험 합격자를 대체하는 형태로 관공립 의전 출신자·제국대학 출신자가 다수를 차지하게 된 것이 명확해졌다. 또한 둘째로, 고학력 제국대학 출신 군의관은 중앙 관아에 배치되는 비율이 비교적 높았지만, 러일전쟁 이후에는 '외지'로 배치되는 경우도 증가한 것으로 나타났다.

엄인경 옮김

[표 1] 전전 일본의 육군 군의관 수 추이(1875~1944)

년	月日	군의총감	군의감	일등군의정	이등군의정	삼등군의정	일등군의	이등군의
1875	2024-07-01	1	2	2	13		13	
1876	2024-06-30	1	2	2	10		10	
1878	2024-06-30	1	2	8	5		21	
1879	2024-06-30	1	4	6	7		26	
1880	2024-06-30	2	4	7	6		28	
1881	2024-06-30	2	5	4	21		60	
1882	2024-06-30	2	5	4	25		60	
1883	2024-06-30	1	4	7	22		64	83
1883	2024-12-31	1	4	6	27		57	83
1884	2024-12-31	1	4	10	25		70	83
1885	2024-12-31	2	4	10	29		86	68
1886	2024-12-31	2	5	7	36		98	42
1887	2024-12-31	2	5	6	34		88	85
1888	2024-12-31	2	4	5	33		81	72
1889	2024-12-31	2	3	6	32		104	75
1890	2024-12-31	1	4	4	35		109	75
1891	2024-12-31	1	4	11	34		133	81
1892	2024-12-31	1	6	10	34		142	84
1893	2024-12-31	1	4	13	31		130	92
1894	2024-12-31	2	4	15	30		158	83
1895	2024-12-31	3	13	16	30		192	58
1896	2024-12-31	2	9	15	62		155	63
1897	2024-12-31	0	2	10	15	68	159	18
1898	2024-12-31	0	3	9	19	58	144	267
1899	2024-12-31	0	4	10	17	57	173	295
1900	2024-12-31	0	4	10	17	71	290	178
1901	2024-12-31	0	4	10	18	69	307	179
1902	2024-12-31	0	4	10	18	74	301	182
1903	2024-12-31	0	4	9	23	68	305	188
1906	2024-12-31	1	4	13	32	128	363	198

삼등군의	군의부	군의보	군의시보	계	출전
	20	19		70	육군성 제1년보(1876년)
	7	18		50	
	16	24		77	육군성 제4년보(1879년)
	24	56	14	138	
	25	53	5	130	육군성 제5년보(1880년)
		85	4	181	육군성 제6년보(1881년)
	66	59	6	227	육군성 제7년보(1882년)
40			9	230	육군성 제8년보(1883년)
51			24	253	육군성 제9년보(1883년)
62			54	309	육군성 제10년보(1884년)
148				347	육군성 제11년보(1885년)
180				370	육군성 제12년보(1886년)
120				340	육군성 제1회 통계년보(1887년)
112				309	육군성 제2회 통계년보(1888년)
81				303	육군성 제3회 통계년보(1889년)
71				299	육군성 제4회 통계년보(1890년)
62				326	육군성 제5회 통계년보(1891년)
60				337	육군성 제6회 통계년보(1892년)
55				326	육군성 제7회 통계년보(1893년)
341				633	육군성 제8회 통계년보(1894년)
431				743	육군성 제9회 통계년보(1895년)
317				623	육군성 제10회 통계년보(1896년)
195				467	육군성 제11회 통계년보(1897년)
206				706	육군성 제12회 통계년보(1898년)
159				715	육군성 제13회 통계년보(1899년)
167				737	육군성 제14회 통계년보(1900년)
135				722	육군성 제15회 통계년보(1901년)
123				712	육군성 제16회 통계년보(1902년)
115				712	육군성 제17회 통계년보(1903년)
272				1011	육군성 제18회 통계년보(1906년)

년	月日	군의총감	군의감	일등군의정	이등군의정	삼등군의정	일등군의	이등군의
1907	2024-12-31	1	4	19	35	104	401	229
1908	2024-07-01	1	6	17	37	109	382	260
1909	2024-07-01	1	7	18	49	102	389	282
1911	2024-07-01	1	7	18	49	102	389	282
1912	2024-07-01	1	9	19	40	121	451	287
1914	2024-07-01	2	9	23	39	125	473	279
1917	2024-09-01	3	11	21	43	129	479	375
1918	2024-09-01	3	12	21	47	131	483	368
1919	2024-09-01	3	9	24	52	134	494	349
1920	2024-09-01	2	11	27	54	146	484	328
1922	2024-09-01	3	12	34	68	143	498	226
1923	2024-09-01	3	9	41	53	145	455	188
1924	2024-09-01	3	15	43	71	229	362	185
1925	2024-09-01	4	14	47	66	202	329	259
1926	2024-09-01	3	13	50	80	181	340	214
1927	2024-09-01	2	13	55	79	180	371	252
1928	2024-09-01	1	16	54	86	185	334	288
1929	2024-09-01	0	16	54	92	192	326	282
1930	2024-09-01	1	18	47	94	194	309	298
1931	2024-09-01	2	17	47	94	194	325	303
1932	2024-09-01	2	18	47	90	197	329	325
1933	2024-09-01	3	17	44	96	205	347	450
1934	2024-09-01	1	16	44	96	219	402	390
1935	2024-09-01	2	13	48	101	229	428	410
1936	2024-09-01	3	13	54	127	239	437	437
		군의 중장	군의 소장	군의 대좌	군의 중좌	군의 소좌	군의 대위	군의 중위
1944	2024-09-01			200	343	929	740	1508

출전 : 육군성 편(陸軍省編) 『육군성 연보(陸軍省년報)』 및 후속지 『육군성 통계년보(陸軍省統計年報)』의 각 연도판, 같은 육군성 편(陸軍省編) 『육군 현역장교 실역 정년 명부(陸軍現役将校実役停年名簿)』 각 연도판. 연도는 표 속의 「출전」란에 기재했다(『육군 현역장교 실역 정년 명부』메이지41년판을 「실역 정년 명부M41」와 같이 약기했다). 『육군성 연보』·『육군성 통계연보』와 『육군 현역장교 실역 정년 명부』 양쪽이 갖추어진 연도에는 원칙적으로 전자를 우선시했

삼등군의	군의부	군의보	군의시보	계	출전
194				987	육군성 제19회 통계년보(1907년)
234				1046	실역정년명부M41
235				1083	실역정년명부M42
235				1083	실역정년명부M44
257				1185	실역 정년 명부M45
281				1231	실역 정년 명부T3
202				1263	실역 정년 명부T6
187				1252	실역 정년 명부T7
172				1237	실역 정년 명부T8
163				1215	실역 정년 명부T9
275				1259	실역 정년 명부T11
203				1097	실역 정년 명부T12
195				1103	실역 정년 명부T13
145				1066	실역 정년 명부T14
119				1000	실역 정년 명부T15
79				1031	실역 정년 명부S2
63				1027	실역 정년 명부S3
65				1027	실역 정년 명부S4
61				1022	실역 정년 명부S5
55				1037	실역 정년 명부S6
52				1060	실역 정년 명부S7
97				1259	실역 정년 명부S8
66				1234	실역 정년 명부S9
97				1328	실역 정년 명부S10
102				1412	실역정년명부S11
군의 소위					
651				4371	실역정년명부S19

다. 일부 하타 이쿠히코 편(秦郁彦編)『일본연해군 종합사전(日本陸海軍総合事典)』(東京大学出版会, 1991), 후루카와 도시아키(古川利昭)『제국 육해군 장교 동 상당관 명부(帝国陸海軍将官同相当名簿)-메이지 건군부터 종전까지(明治建軍から終戦まで)』(朝日新聞東京本社朝日出版サービス, 1992) 등에 의해 숫자를 보완하였다.

[표 2] 학력별군의관수추이(1890~1912)

본고의 구분	출신모체	년	1890	1894
제국대학	제국대학정과 (正課)	도쿄(東京)	33	42
		교토(京都, 1899년 의과대학 개설)		
		교토 제국대학 후쿠오카(福岡, 1903년 설치)		
	외국 의학교			2
	전기군의학교(1877년폐지)		18	15
관공립 의전	도쿄제국대학의학부별과(1888년졸업자로폐지)		24	24
	관공립 의학 전문학교	센다이(仙台)	2	7
		지바(千葉)	2	7
		가나자와(金沢)		8
		아이치(愛知)	1	4
		교토(京都)		2
		오사카(大阪)		1
		오카야마(岡山)	1	5
		나가사키(長崎)		8
		가고시마(鹿児島,1907년현립화)		
		기타	5	5
		불명		
시험 합격	의술 개업시험 합격		127	119
구의	봉직 이력의		46	34
	종래 개업의		6	5
	기타 구의		47	24
기타·불명	사립 의학교		2	2
	기타(육군지방유년학교,해군의학교등)			
	불명		12	11
계			326	325

출전 : 육군성 편(陸軍省編)『육군 현역장교 및 동 상당관 실역 정년 명부(陸軍現役将校及同相当官実役停年名簿)』각 연도판에서 추출한 군의관 장교 상당관의 경력을 요코이 히로시 편(横井寛編)『내무성면허 전국 의사 약포 산파 일람(内務省免許全国医師薬舗産婆一覧)』(英蘭堂, 1882, 1884), 야마구치 리키노스케 편(山口力之助編)『제국 의적보람(帝国医籍宝鑑)』(南江堂, 1898), 일본행림사 편간(日本杏林社編刊)『일본 행림요람(日本杏林要覧)』(1909), 의사시론

1898	1903	1906	1908	1909	1911	1912
53	59	92	83	96	101	104
		1	15	22	31	37
			7	13	31	34
1	1	3	2	2	1	1
14	3	1				
29	17	15	9	5	3	2
31	53	92	104	108	132	137
42	86	146	157	169	188	188
19	36	82	97	103	114	112
26	61	117	107	107	116	107
16	33	64	69	77	97	104
22	25	51	57	58	58	58
24	48	96	104	113	118	125
36	48	64	64	66	71	66
				1	1	2
17	17	16	13	13	8	7
10	7	9	6	6	3	4
221	189	177	124	107	75	61
21	3	2				
8	7	6	3	3	3	3
17	3	2	1	1	1	1
11	9	10	5	6	5	8
	1	1	1	1	2	2
31	27	28	17	17	17	22
649	733	1075	1045	1094	1176	1185

사 편간(医事時論社編刊) 『일본 의적록(日本医籍錄)』(1926~의 각 연도판) 및 각 제국대학·의학전문학교의 학교 일람, 동창회 잡지 등에서 조사하여 작성한 「메이지 시대 군의관 데이터베이스(明治期軍医データベース)」에 따른다.

주

1. 사선 셀은 해당 학교가 설치되지 않았음을 표시한다. 공란은 null을 나타낸다.

2. '출신 모체' 중 '관공립 의전'에 '도쿄제국대학 의학부 별과', '전기 군의학교'를 편의상 포함하였다.

3. 센다이(仙台), 지바(千葉), 가나자와(金沢)···의 관공립 의전에는 전신인 고등중학교 의학부, 고등학교 의학부 등을 포함한다. 예를 들어 '지바'('의전') 난의 인원에는 제일고등중학교 의학부, 제일고등학교 의학부 출신자도 포함되어 있다.

4. '기타 군의관'은 의술개업시험 실시(1884년) 이전에 군의관(군의부, 군의시보를 포함) 등으로 육군성에 출사해 있는 자. 봉직 이력을 갖는 의사나 종래의 개업의일 가능성도 있지만 확인할 수 없기 때문에 '기타 구의'라고 하였다.

5. '사립 의학교'는 원래 무시험 의사 면허 수여의 특권이 없고, 관공립 의전과 구별되었지만, 1905년 도쿄 자혜의원 의학전문학교가 무시험 면장 수여의 대상이 되어 자리매김이 바뀌게 되므로 이 표에서는 '기타'로 취급하였다.

6. 복수 항목에 해당하는 자가 소수 있는데, 이하와 같이 중복 카운트하지 않고 어느 한쪽의 항목으로 카운트했다.

    1890년 : ①'도쿄제국대학 별과 졸업'에는 별과를 졸업한 후에 의술개업시험에 합격한 자('시험 합격') 1명을 포함한다. 이쪽은 '시험 합격'에는 카운트하지 않았다(이하 같음). ②'전기 의학교'에 전기의학교 졸업 후 '봉직 이력 의사' 자격을 부여받은 자 두 명을 포함한다.

    1894년 : ①'도쿄대학 별과'에 '시험 합격' 한 명을 포함한다. ②'사립 의학교'에 '군의 시보'('기타 구의'에 해당) 한 명을 포함한다. ③'전기 군의학교'에 전기 의학교 졸업 후 '봉직 이력의' 자격을 부여받은 자 두 명을 포함한다.

    1898년 : ①'도쿄대학 별과'에 '시험 합격' 한 명을 포함한다. ②'전기 군의학교'에 전기 의학교 졸업 후 '봉직 이력 의사'의 자격을 부여받은 자 두 명을 포함한다.

    1903년 : ①'도쿄대학 별과'에 '시험 합격' 한 명을 포함한다. ②'전기 군의학교'에 전기 의학교 졸업 후 '봉직 이력 의사' 자격을 부여받은 자 한 명을 포함한다.

[표 3] 학력별 군의 배속 상황의 추이(1890~1912)

배속 부서			1890					
			제국대학	의전	시험합격	구의	기타불명	합계
A 중앙 관아	육군성	A-①중앙 육군성 의무국	1	1		5		7
		A-②중앙 육군 군의학교	6			1		7
		A-③중앙 육군 대학원						
		A-④중앙 외국재주	1					1
	교육 총감부	A-⑤중앙 사관학교 부속	1		1			2
		A-⑥중앙 유년학교 부속			1			1
		A-⑦중앙도야마(戸山)학교부속			2	1		3
	참모본부	A-⑧중앙 육군대학교 부속						
		A-⑨중앙학교부속(기타)		2	1	5	1	9
		A-⑩중앙 기타			1	1		2
B 내지 부대	각사단 · 연대구등	B-①내지부대 사령부 부속						
		B-②내지부대 군의부	4		1	11		16
		B-③내지부대 병원	13	3	18	22	1	57
		B-④내지부대 부대 부속	25	29	101	47	12	214
		B-⑤내지부대 기타			1	6		7
C 청나라 및 '외지'	타이완 (台湾)	C-①외지 청국(清國)						
		C-②외지 타이완 군의부						
		C-③외지 타이완 위수병원						
		C-④외지 타이완 기타						
	가라후토 (樺太, 사할린)	C-⑤외지 가라후토						
	관동주 (関東州)	C-⑥외지 관동 군의부						
		C-⑦외지 관공 위수병원						
		C-⑧외지 관동 도독부(都督府) 의원						
		C-⑨외지 관동 만철(満鉄) 다롄 병원						
		C-⑩외지 관동 기타						
	한국· 조선	한국(조선) 주찰군 · 헌병대	C-⑪외지 조선 사령부 부속					
		C-⑫외지 조선 군의부						
		C-⑬외지 조선 위수병원						
		C-⑭외지 조선 파견대						
		C-⑮외지 조선 헌병대						
		C-⑯외지 조선 기타						
	대한제국 조선총독부	C-⑰외지 조선 관립의원						
합계			51	35	127	99	14	326

배속 부서			년 1894					
			제국대학	의전	시험합격	구의	기타불명	합계
A 중앙 관아	육군성	A-①중앙 육군성 의무국	2		1	3		6
		A-②중앙 육군 군의학교	3					3
		A-③중앙 육군 대학원	2					2
		A-④중앙 외국재주	2					2
	교육 총감부	A-⑤중앙 사관학교 부속				1		1
		A-⑥중앙 유년학교 부속			1	1		2
		A-⑦중앙도야마(戸山)학교부속		1		1		2
	참모본부	A-⑧중앙 육군대학교 부속						
		A-⑨중앙학교부속(기타)		1	4	3		8
		A-⑩중앙 기타				1		1
B 내지 부대	각사단 · 연대구등	B-①내지부대 사령부 부속						
		B-②내지부대 군의부	3	2	2	9		16
		B-③내지부대 병원	14	7	20	17	4	62
		B-④내지부대 부대 부속	33	60	91	27	9	220
		B-⑤내지부대 기타						
C 청나라 및 '외지'		C-①외지 청국(淸國)						
	타이완 (台湾)	C-②외지 타이완 군의부						
		C-③외지 타이완 위수병원						
		C-④외지 타이완 기타						
	가라후토 (樺太, 사할린)	C-⑤외지 가라후토						
	관동주 (関東州)	C-⑥외지 관동 군의부						
		C-⑦외지 관공 위수병원						
		C-⑧외지 관동 도독부(都督府) 의원						
		C-⑨외지 관동 만철(満鉄) 다렌 병원						
		C-⑩외지 관동 기타						
	한국 · 조선	한국(조선) 주찰군 · 헌병대	C-⑪외지 조선 사령부 부속						
			C-⑫외지 조선 군의부						
			C-⑬외지 조선 위수병원						
			C-⑭외지 조선 파견대						
			C-⑮외지 조선 헌병대						
			C-⑯외지 조선 기타						
		대한제국 조선총독부	C-⑰외지 조선 관립의원						
합계			59	71	119	63	13	325

1898						1903						1906					
제국대학	의전	시험합격	구의	기타불명	합계	제국대학	의전	시험합격	구의	기타불명	합계	제국대학	의전	시험합격	구의	기타불명	합계
2		1	3	1	7	2	3	1	1		7	2	2	5	2		11
5	1				6	6	2				8	7	5	2			14
2					2	4					4	4					4
2					2	3					3	2					2
1	1	2			4		3				3		3	1			4
	2	1			3		2	1			3	2	1				3
		1		1	2		1	1			2	1	2				3
	1				1		1				1		1				1
2	7	6			15		2	2			4		4	1			5
	4	4			8		5	4			9	2	35	3	1		41
	2	10	2	2	16							6	2	3	1		12
4	9	6	4	1	24	7	19	12	2		40	8	33	6	2	2	51
21	24	33	12	6	96	14	64	49	4	3	134	33	103	43	1	6	186
21	169	111	17	23	341	20	266	96	4	25	411	20	433	82	2	25	562
						2	3	3		1	9	2	6	1			9
	2	5	2		9		1	1		1	3		1	1		1	3
6	23	16	3	3	51	5	27	5	1	3	41		14	6			20
2	27	25	3	5	62		32	14	1	4	51		22	4			26
												1	7	1		1	10
													5	1			6
												5	26	7	1	1	40
													2	2		1	5
												1	1			1	3
												1	38	8		1	48
													3				3
													3				3
68	272	221	46	42	649	63	431	189	13	37	733	97	752	177	10	39	1075

배속 부서			년	1908					
				제국대학	의전	시험합격	구의	기타불명	합계
A 중앙 관아	육군성	A-①중앙 육군성 의무국		4	6	1			11
		A-②중앙 육군 군의학교		11	7	2			20
		A-③중앙 육군 대학원		7					7
		A-④중앙 외국재주		2					2
	교육 총감부	A-⑤중앙 사관학교 부속		2	3				5
		A-⑥중앙 유년학교 부속		5		1			6
		A-⑦중앙도야마(戸山)학교부속		1	2				3
	참모본부	A-⑧중앙 육군대학교 부속		1					1
		A-⑨중앙학교부속(기타)		2	3	1			6
		A-⑩중앙 기타		1	15	6			22
B 내지 부대	각사단 · 연대구등	B-①내지부대 사령부 부속		1					1
		B-②내지부대 군의부		3	37	14		2	56
		B-③내지부대 병원		16	118	31	3	4	172
		B-④내지부대 부대 부속		37	494	51		14	596
		B-⑤내지부대 기타		2					2
C 청나라 및 '외지'		C-①외지 청국(淸國)		5	21	1		1	28
	타이완 (台湾)	C-②외지 타이완 군의부			1	1			2
		C-③외지 타이완 위수병원		1	11	3			15
		C-④외지 타이완 기타			14	3			17
	가라후토 (樺太, 사할린)	C-⑤외지 가라후토			5				5
	관동주 (関東州)	C-⑥외지 관동 군의부			4		1		5
		C-⑦외지 관공 위수병원		3	14	4		1	22
		C-⑧외지 관동 도독부(都督府) 의원							
		C-⑨외지 관동 만철(滿鉄) 다렌 병원							
		C-⑩외지 관동 기타			1				1
	한국 · 조선	한국(조선) 주찰군 · 헌병대	C-⑪외지 조선 사령부 부속			11	1		1	13
			C-⑫외지 조선 군의부		1	1	1			3
			C-⑬외지 조선 위수병원		2	13	2			17
			C-⑭외지 조선 파견대							
			C-⑮외지 조선 헌병대			4				4
			C-⑯외지 조선 기타			2				2
		대한제국 조선총독부	C-⑰외지 조선 관립의원				1			1
합계				107	787	124	4	23	1045

1909						1911						1912					
제국대학	의전	시험합격	구의	기타불명	합계	제국대학	의전	시험합격	구의	기타불명	합계	제국대학	의전	시험합격	구의	기타불명	합계
6	5	3			14	10	3	2			15	7	3	1			11
9	9	2	1		21	12	7	2			21	14	5				19
8					8	7					7	5					5
3					3	2					2	1					1
1	3				4	1	3				4	1	3				4
2	4	1			7	1	5	1			7	1	5			1	7
1	2				3		3				3		3				3
		1			1		1				1	1					1
1	4				5	2	5				7		5	1		1	7
4	13	7			24	3	18	7			28	3	15	4		2	24
1					1												
3	40	12	1	1	57	5	43	6	2	1	57	3	45	7	2		57
17	161	35		4	217	24	163	26		8	221	26	175	21		9	231
56	486	32	1	16	591	63	526	23	2	12	626	74	509	22	2	18	625
2					2	2					2	1					1
5	14	1		1	21	4	15			2	21	5	16			1	22
	1	1			2		2				2		2				2
2	14	2			18	4	15	2			21	4	12	2			18
1	11	3			15		16	1			17	1	18	1			20
	5				5		2				2		2				2
	2		1		3	1	2				3	1	2				3
4	13	2		1	20	9	14			1	24	4	18				22
	1				1		1				1	2	1				3
2	2				4	3	2				5	2	2				4
	1				1		1				1	1					1
	9				9	1	18				19	2	17				19
1	1	1			3	1	1	1			3	1	1	1			3
4	10	1		1	16	3	15				18	4	15				19
	8	1			9		11	1			12		11				11
	4	1			5		5	1			6		6				6
	3				3		2				2		3				3
		1			1	6	10	2			18	12	18	1			31
133	826	107	4	24	1094	164	909	75	4	24	1176	176	912	61	4	32	1185

출전 : [표 2]와 같음

주

1. 사선은 해당부서가 설치되어 있지 않음을 나타낸다. 공란은 null를 나타낸다.
2. 배속부서의 구분은 원자료(『육군 현역 장교 동 상당관 실역 정년 명부(陸軍現役将校同相当官実役停年名簿)』)에서의 표기와 이하의 용어에서 대응한다. 또한 이 명부에서 배속처가 공란으로 되어 있어서 『직원록(職員録)』 등에서 배속을 확인한 경우도 있다.

A-①중앙육군성 의무국 : (『육군 현역장교 동 상당관 실역 정년 명부(陸軍現役将校同相当官実役停年名簿)』의 표기. 이하 같음) 의무국장, 과장, 과원, 국부 어용괘(局附御用掛).

A-②중앙육군성 군의학교 : 군의학교장, 군의학교 교관, 어용괘.

A-③중앙육군성 대학원 : 도쿄제국대학 대학원 입학, 교토제국대학 대학원 입학, 규슈제국대학 대학원 입학, 의무국 대학원 입학생.

A-④중앙 외국 재주 : 군무국 독일 재주, 총무국 독일 재주.

A-⑤중앙 사관학교 부속 : 사관학교 부속.

A-⑥중앙 유년학교 부속 : 유년학교 부속.

A-⑦중앙 도야마(戸山)학교 부속 : 도야마학교 부속.

A-⑧중앙 육군대학교 부속 : 육군대학교 부속.

A-⑨중앙 학교 부속(기타) : 야전포병 사격학교 부속(및 교관. 이하 같음), 기병 실시학교 부속, 수의학교 부속, 포공학교 부속, 야전포병 사격학교 부속, 포병사적학교 교도 중대 부속, 요새 포병사격학교 부속, 승마학교 부속, 육군 경리학교 부속, 교도단.

A-⑩중앙 기타 : 포병공창, 임시측도부 부속, 육군병원 선승조, 임시 전신부 부속, 야전철도 제리부(提理部) 부속, 육군 기술심사부 어용괘, 참모본부 부속.

B-①내지부대 사령부 부속 : 사단사령부 부속, 연대구 사령부 부속.

B-②내지부대 군의부 : 사단 군의부장, 군의부 부원, 근위 군의부, 둔전병(屯田兵) 군의부.

B-③내지부대 병원 : 위수병원장, 위수병원 부속, 예비병원장, 예비병원 부속, 적십자병원.

B-④내지부대 부대 : 연대 부속, 중대 부속, 대대 부속, 헌병대 부속, 기구대(氣球隊) 부속, 전신대(電信隊) 부속.

B-⑤내지부대 기타 : 위수감옥 부속.

C-①외지 청국 : 청국 주둔군 사령부 부속, 청국 주둔군 병원장, 주둔보병대 부속, 북청 파견 보병 연대, 독립 수비대, 중청 파견자 수용 반장, 육군 운수부 다롄 지부 부속, 청국 정부 채용, 북양(北洋)군의학당 고문, 북양 의학당 교습.

C-②외지 타이완 군의부 : 타이완 육군 군의부장, 동 군의부원, 타이완총독부 육군 군의부장, 동 군의부원, 타이완 수비 혼성 여단 군의부.

C-③외지 타이완 위수병원 : 위수병원장, 위수병원 부속.

C-④외지 타이완 기타 : 타이완 보병연대 부속, 타이완 수비보병 대대 부속, 동 보병 중대 부속, 동 기병 중대 부속, 동 공병 중대 부속, 동 포병 중대 부속, 동 야전 포병 중대 부속, 동 산포 중대 부속, 타이완 육군 보급창, 운수부 지룽지부 부원, 펑후다오 요새 포병 대대 부속.

C-⑤외지 가라후토(樺太) : 가라후토 수비대 사령부 부속, 가라후토 수비대 군의부, 가라후토 위수병원장, 가라후토 수비보병 대대 부속.

C-⑥외지 관동 군의부 : 육군부 군의부장, 군의부원

C-⑦외지 관동 위수병원 : 테링(鐵嶺)·뤼순(旅順)·랴오양(遼陽) 위수병원장, 관동 육군병원.

C-⑧외지 관동 도독부 의원 : 관동 도독부의원 의원(医員). ※관동 도독부의원은 1908년 10월 설치

C-⑨외지 관동 만철 다롄(大連) 병원 : 만철 다롄의원. ※만철 다롄의원은 1907년 관동 육군병원으로부터 이관

C-⑩외지 관동 기타 : 관동 도독부 부속, 관동군마 보충소 부속, 뤼순 요새 포병대 부속, 뤼순 중포병 대대 부속.

C-⑪외지 조선 사령부 부속 : 한국 주찰군 사령부 부속. ※한국 주찰군 사령부는 1910년 10월 조선 주찰군 사령부로 개칭.

C-⑫외지 조선 군의부 : 한국(조선)주찰군 군의부장, 군의부원.

C-⑬외지 조선 위수병원 : 한국(조선) 위수병원장, 위수병원 부속.

C-⑭외지 조선 파견대 : 임시 한국파견대 사령부 부속, 임시 한국(조선)파견 보병연대 부속. ※임시 한국 파견대는 1909년 5월에 제정. 한국 병합 후 임시 조선 파견대.

C-⑮외지 조선 헌병대 : 한국(조선)주찰헌병대 사령부 부속, 헌병대 부속. ※1910년 5월 한국주찰헌병대 사령부가 설치되고 한국 병합 후 조선주찰헌병대 사령부로 개칭.

C-⑯외지 조선 기타 : 영흥만 요새 포병대 부속, 진해만 중포병 대대 부속, 마산포 철도반 부속, 육군운수부 인천지부 부속, 철도연대 부속.

C-⑰외지 조선 관립의원 : 대한의원, 조선총독부 의원장, 의관, 자혜의원장, 의원.

제9장

한국 신문 데이터에 나타난
성 편향성 연구

정유진

1. 시작하며

이 연구는 언어 사용을 통해 성별 지칭어와 그 관련어들을 분석하여, 현대 사회에서 성별 개념이 어떻게 언어를 통해 표현되고 있는지를 탐구하는 데 중점을 두고 있다. 디지털 인문학은 대규모 텍스트 데이터를 분석하여 인간의 사고와 문화적 패턴을 파악하는 데 기여한다. 본 연구에서는 전산적 분석 방법을 활용하여 방대한 신문 기사 코퍼스를 분석함으로써, 성별 개념이 사회적 맥락에서 어떻게 나타나는지 파악하고자 한다.

디지털 인문학은 전통적인 인문학 연구 방법론을 확장하여 대규모 데이터 분석을 통해 새로운 통찰을 제공하는 데 강점을 지닌다. 본 연구는 이러한 관점에서 성별 지칭어의 사회적·문화적 의미를 분석하고, 성별 간 언어적 차이를 규명하는 동시에 언어가 사회적 역할과 정체성을 형성하고 반영하는 방식을 밝히는 데 기여하고자 한다. 디지털 인문학의 접근 방식은 대규모 텍스트 분석을 가능하게 하여 현대

사회에서 성별 개념이 어떻게 변화와 발전을 보다 명확히 이해할 수
있도록 돕는다.

2. 서론

사람들이 일상적인 상호작용에서 사용하는 단어들을 분석하면, 해
당 단어에 대 언중들의 이미지와 사회 전반의 모습을 파악할 수 있다
(Hunston 2002; Stubbs 2002).[1] 본 논문에서는 '남자'와 '여자'와 같은
성 정체성을 나타내는 단어들과 이들이 문장에서 함께 사용되는 단어
들의 의미 영역을 분석하여, 성별 지칭 명사의 사회적·문화적 의미를
탐구하고자 한다. 신문은 사회적 사건을 전달하는 주요 매체이므로,
신문 텍스트를 통해 단어를 수집하면 각 성별 명사의 사회적 맥락을
보다 효과적으로 이해할 수 있다. Finegan(2007)은 언어의 특성을 통
해 사회적 의미를 파악할 수 있다고 주장한다.[2]

사회 구성원은 연령, 성별, 학력 등 다양한 기준으로 구분되며, 그중
성별은 주요한 사회적 범주로 자리 잡고 있다. 특히 '남자, 여자' 또는
'남성, 여성'과 같은 성별을 나타내는 명사는 신문 기사에서 사회 집단
을 설명할 때 자주 사용된다. 영어에서는 성을 'sex'와 'gender'로

---

1) Hunston, Susan, *Corpora in applied linguistics*, Cambridge, UK: Cambridge University Press, 2002; Stubbs, Michael, *Words and phrases: Corpus studies of lexical semantics*, Oxford, UK: Blackwell, 2002.
2) Finegan, Edward, *Language: Its Structure and Use*. Fifth Edition, Boston: Wadsworth, 2007.

구별하며, 'gender'는 생물학적 성과 여성성/남성성이라는 사회적 성을 구분하는 개념으로 발전해왔다(Marecek, Crawford & Popp 2004).[3] 'sex'는 생물학적 차이를, 'gender'는 심리적, 사회적, 문화적 차이를 반영하며, 'gender'는 생애 주기 동안 학습된 역할과 책임에 의해 형성된 사회적 개념으로 이해된다.

기존 연구들은 특정 성을 묘사하는 단어의 분석(Baker, 2010)이나 남성과 여성 간 의사소통 및 화법의 차이에 주목하며, 이들이 각각 선호하는 단어, 감탄사, 어미, 억양, 어법 등의 음운적, 문법적, 어휘적, 화용적 특성을 연구해왔다(Coates, 1993; Lakoff, 1975; Tannen, 1990; Trudgill, 1983; 강범모, 2013; 민현식, 1995).[4] 민현식(1996)은 특정 성에 대해 사용되는 '대상어'와 특정 성이 발화하는 '발화어'를 구분하여, 대상어를 중심으로 다양한 언어적 층위를 분류하였다.[5]

성별 지칭어에 대한 연구도 활발히 진행되었다. 조남민(2010)은 '계집', '마누라', '처녀' 등 여성 지칭어와 '아주머니', '사모님', '아가씨' 등의 여성 호칭어의 어휘적 형태와 의미 변화를 고찰하며, 여성

---

3) Marecek, Jeanne, Crawford, Mary, and Popp, Danielle, "On the Construction of Gender, Sex, and Sexualities," In A.H. Eagly, A.E. Beall, and R.J. Sternberg (Eds.), *The Psychology of Gender*, New York: Guilford Press, 2004, pp.192~216.

4) Baker, Paul, "Will Ms ever be as frequent as Mr?," *Gender and Language*, vol. 4.1, 2010, pp.125~149; Coates, Jennifer, *Women, Men and Language*. London: Longman, 1993; Lakoff, Robin, *Language and Women's Place*. Harper Colophon Books, 1975; Tannen, Deborah, *You Just Don't Understand: Women and Men in Conversation*. New York: Ballantine Books, 1990; Trudgill, Peter, *On dialect*, New York: New York Univ. Press, 1983; 강범모, 「남성과 여성 발화의 어휘적 차이: 코퍼스 기반의 남녀 판별 연구」, 『한국어학』 58, 2013, pp.1~30; 민현식, 「국어의 여성어 연구」, 『아세아여성연구』 34, 1995, pp.7~64.

5) 민현식, 「국어의 성별어 연구사」, 『사회언어학』 42, 1996, pp.3~29.

명칭어가 남성 명칭어보다 더 다양한 방식으로 세분화된다고 주장하였다.[6] 그는 여성 명칭어의 세분화가 사회와 문화에서 여성에게 부여되는 관심과 중요성을 반영한다고 분석하였다. Holmes(1995)는 여성이 작성한 문서와 남성이 작성한 문서를 비교하여 부가의문문의 사용 양상을 분석하였으며, 강범모(2013)는 대화 상황에서 남녀 발화자의 어휘적 차이를 규명하였다.[7] 이처럼 다양한 연구들이 남녀의 언어 사용을 다각도로 탐구해왔지만, '남자'와 '여자'와 같은 성별을 나타내는 명사가 구체적으로 어떤 맥락에서 사용되는지에 대한 연구는 상대적으로 부족하다.

본 연구는 성별 지칭 명사와 해당 명사와 함께 사용되는 공기어(co-occurring word)를 대상으로, 각 성별 명사의 의미적 특성을 탐구하고자 한다. 동일한 단어라도 문맥, 즉 어떤 단어와 함께 사용되는지에 따라 그 의미 양상이 달라질 수 있다. 예를 들어, 한국어 사용자들은 '끊다'라는 동사를 접했을 때 물리적으로 어떤 연결을 단절하는 행위로 이해하고 그 이미지를 떠올릴 것이다. 그러나 문맥이 제공되면, 동사 '끊다'의 구체적 의미를 보다 명확하게 파악할 수 있게 된다.

(1) ㄱ. 고무줄을 끊었다.
　　ㄴ. 건강을 위해 담배를 끊기로 했다.
　　ㄷ. 귀경을 위해 기차표를 미리 끊었다.

---

6) 소남빈, 「여성어의 변화에 관한 연구」, 『한민족문화연구』 33, 2010, pp.143~181.
7) 강범모, 「남성과 여성 발화의 어휘적 차이: 코퍼스 기반의 남녀 판별 연구」, 『한국어학』 58, 2013, pp.1~30; Holmes, Janet, *Women, Men and Politeness*, London: Longman, 1995.

예문 (1)에서 알 수 있듯이, 이 단어의 구체적인 의미를 이해하기 위해서는 문맥이 필수적이다. 동사 '끊다'는 '이어진 것을 잘라 따로 떨어지게 하다', '습관처럼 하던 것을 더 이상 하지 않다', '발행하다'의 세 가지 다른 의미로 사용되며, 문맥 정보가 없이는 이러한 정확한 의미를 파악할 수 없다.

언중이 사용하는 언어는 그 사회의 구조와 문화를 반영하며, 동시에 언어는 사람들의 사고와 행동을 형성하는 데 영향을 미친다. 따라서 성별에 따른 역할 차이를 언어 사용을 통해 확인할 수 있을 것으로 기대된다. Spender(1980)는 언어가 인간의 본질을 구성하는 세계를 제한한다고 주장하였다.[8] 물론, 이러한 가설에 반대하는 견해도 존재한다. 또한, 관련어 분석을 통해 성별 지칭 명사가 기사에서 어떤 맥락과 소재로 기술되는지 그 특성을 이해할 수 있을 것이다. 나아가, 성별 명사의 관련어를 통해 각 성별의 사회적 역할과 성별 간 사회적 관계를 파악할 수 있다.

본 연구는 사회 현상을 반영하는 신문 기사를 통해 성별 명사가 어떤 의미로 기술되고 있는지를 탐구하는 것을 목적으로 한다. 이를 위해 성 정체성을 나타내는 명사를 선정하고, 해당 명사가 문장에서 함께 사용되는 관련어를 추출하여, 이들을 의미 영역으로 분류함으로써 성별 집단 간의 공통점과 차이점을 분석하고자 한다. 특히, 2000년 이후 발간된 신문 기사에서 성별에 따른 사회적 역할이 어떻게 기술되고 있는지를 규명하고자 한다.

본 논문의 구성은 다음과 같다. 2장에서는 연구 자료로 사용된 신문

---

8) Spender, Dale, *Man made language*, London: Routledfe and Kegan Paul, 1980.

코퍼스의 구성과 연구 대상어인 남녀 성별 명사 및 관련어를 소개한다. 3장에서는 관련어 추출 방법을 설명하고, 4장에서는 신문 코퍼스에서 추출된 관련어를 바탕으로 성별 명사들 간 차이점과 유사성을 비교한다. 이를 위해 Gehpi(ver. 0.10) 프로그램을 사용하여 네트워크와 관련어 목록을 제시하고, 유의관계를 갖는 성별 명사('남성, 남자', '여성, 여자')와 대립관계를 보이는 성별 명사('남성, 여성', '남자, 여자')를 중심으로 각 성별 집단의 특성을 논의한다. 마지막으로, 5장에서는 성별 명사와 관련된 향후 연구의 필요성과 계획을 제시한다.

3. 연구 대상

1) 신문코퍼스

많은 연구자들은 특정 단어나 범주의 사용 양상을 연구하기 위해 코퍼스를 활용하고 있다. 여러 종류의 문어 자료 중에서도 신문은 우리 사회의 일상을 사실에 기반해 정확하게 반영하고 있다. 이러한 점에서 신문 기사는 언어 사용을 관찰하여 사회에서 인식되거나 묘사되는 성별의 역할과 성별에 따른 사회적 관심을 연구하는 데 유용한 자료가 된다. Bell(1991)은 신문이나 텔레비전과 같은 미디어의 언어를 연구해야 하는 이유로, '미디어는 사람들의 태도와 언어 사용을 반영할 뿐만 아니라 동시에 그것에 영향을 미친다'고 지적하였다.[9] 즉, 신문은 그 시대 독자들이 사용하는 언어로 메시지를 전달하는 매체라는

---

9) Bell, Allan, *The Language of News Media*, Oxford: Blackwell, 1991.

것이다(Garrett & Bell, 1998).[10] 따라서 본 연구에서 성별 명사가 일상에서 어떤 의미를 지니는지를 분석하는 데 신문 기사는 매우 적합한 자료로 활용될 수 있다.

2) 대상어와 관련어

(1) 대상어: 남성, 남자, 여성, 여자

인간을 지칭하는 명사들은 대상의 속성을 잘 반영하며, 이 중에는 특정 성에 한정해 사용하는 단어들이 존재한다. 예를 들어, '남자/여자', '남성/여성', '아저씨/아줌마', '신사/숙녀', '소년/소녀' 등의 표현이 그 예이다. 사회는 인간을 남성과 여성으로 구분하는 다양한 의미 체계를 발전시켜 왔다. 언어에서 성을 표현할 때는 문법적 일치와 단어 선택의 제약이 따른다. 특히 단어 선택은 언어와 사회의 상호작용에 영향을 받아 시대와 사회적 변화에 따라 상당한 차이를 보인다.

Lakoff(1975)는 특정 성과 관련된 언어적 현상을 '남성어'와 '여성어'로 구분하며, 이를 성별방언(genderlect)이라는 용어로 설명하였다.[11] 성별방언은 각 성별 화자가 고유하게 사용하는 음운적, 문법적, 어휘적 특성을 지닌 언어를 의미하며, 남성이나 여성을 지칭하는 성별 대상어와 그들이 사용하는 발화어로 세분할 수 있다. 본 연구는 남성과 여성을 지칭하는 명사를 주요 연구 대상으로 삼고 있다. 민현

---

10) Garrett, Peter and Allan Bell, "Media and Discourse: A Critical Overview," In Allan Bell and Peter Garrett (eds) *Approaches to Media Discourse*, Oxford: Blackwell, 1998, pp.1~20.

11) Lakoff, Robin, *Language and Women's Place*, Harper Colophon Books, 1975

식(1995)은 성별 대상어를 각 성별에만 사용되는 어휘로 정의하고, 이를 지칭어, 묘사어, 관련어로 구분하였다.[12] 예를 들어, 여성 지칭어는 '어머니', '처녀', '해녀' 등이 있으며, 여성 묘사어는 '정숙하다', '시집가다'와 같은 단어들로 구성된다.

성별을 나타내는 명사 중 가장 빈도가 높고, 기본적이며 보편적으로 사용되는 단어는 '남자', '여자', '남성', '여성'이다. 이러한 명사들은 사람의 집단을 구분하는 가장 기본적인 분류 수단으로 기능한다. 표준국어사전의 정의에 따르면, 한국어에서는 '남성', '여성'보다 '남자', '여자'가 더 많은 사회적·문화적 의미를 내포한다. 신문 기사에서 이들 단어가 언급되는 빈도에도 차이가 존재하며, 전체 기사에서 가장 많이 언급된 성별 명사는 '여성'이다. 그 뒤를 이어 '여자'〉'남자'〉'남성'의 순으로 나타난다. 이러한 순서는 40년간의 신문 기사추이를 통해 확인할 수 있으며, 2000년대에도 같은 경향이 지속된다.

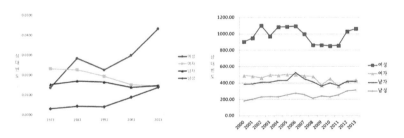

[그림 1] 성별명사 상대빈도 추이: 1973~2013년(좌), 2000~2013년(우)

연도별 사용 양상을 살펴보면, 2000년 이후 '여성'은 일관되게 가장 많이 사용되는 성별 명사로 나타난다. '남자'는 2006년과 2011년

----

12) 민현식, 「국어의 여성어 연구」, 『아세아여성연구』 34, 1995, pp.7~64.

에만 '여자'보다 조금 더 자주 언급되었을 뿐, 대부분의 기간 동안 '여자'가 더 빈번하게 언급되었다. 이는 '남자/남성'보다 '여자/여성'이 사회적 관심의 중심에 있음을 시사하며, 명사의 빈번한 언급은 해당 주제가 사회적으로 중요한 이슈로 다루어졌음을 의미한다. 다만, 이러한 언급이 긍정적 또는 부정적 맥락에서 이루어졌는지는 구체적인 텍스트 분석을 통해 확인할 필요가 있다.

'남자, 여자, 남성, 여성' 외에도 연령이나 결혼 여부에 따라 성별 대립을 나타내는 다양한 명사들이 존재한다. 예를 들어, '소년, 소녀', '아저씨, 아줌마' 등의 명사와 '아버지, 어머니', '아들, 딸'과 같은 가족 관계를 나타내는 친족명사에서도 성별 대립이 나타난다. 본 연구에서는 이러한 명사들의 빈도, 중의성, 대립 관계 등을 고려하여, '남성, 여성, 남자, 여자'를 주요 연구 대상으로 선정하고, 이들이 동일 문맥에서 함께 나타나는 관련어를 분석한다.

(2) 의미영역의 이해: 관련어를 통한 문화적 프레임

대상어는 본 연구에서 분석의 대상이 되는 단어를 의미하며, 관련어는 대상어와 문맥 내에서 유의미하게 함께 출현하는, 즉 공기하는 단어로 정의된다.[13] 관련어는 반의관계, 유의관계, 상하관계, 부분-전체관계 등으로 정의되는 일반적인 의미 관계를 넘어선다. 예를 들어, '병원'의 관련어로는 병원의 전체-부분관계에 해당하는 병원에서 일하는 사람들('의사, 간호사')이나 병원 건물의 내부 공간('수술실, 진료

---

13) 연구 목적에 따라 문맥의 범위는 대상어 앞뒤 몇 개의 단어, 한 문장, 한 문단 등 자유롭게 정할 수 있다. 신문 기사의 경우 기사문 전체가 문맥 범위로 정할 수도 있다.

실')을 들 수 있다. 이 외에도 연상 작용이나 경험과 관련된 개념도 관련어로 간주될 수 있다. 즉, "어떤 사물과 다른 사물이 물리적, 인지적으로 같은 맥락에 존재함으로써 해당 사물들을 지시하는 단어들이 서로 관련어 관계를 맺는 것"이며, 이는 "동일한 문맥에서 자주 함께 나타나는 단어들이 일종의 연어(collocation), 즉 공기관계로 정의될 수 있다"(강범모, 2010).[14]

단어의 의미는 사전에 기록된 상태로 고정되는 것이 아니라 사회에서 사용되는 맥락에 따라 형성되며, 이는 문화적 체계를 반영한다(Stubbs, 2002:13).[15] 예를 들어, 사람들이 '일요일'을 '화요일'보다 두 배 더 많이 언급하는 이유는 '주말'에 대해 더 자주 이야기하기 때문이다. 이와 같은 맥락에서, '밤(night)'이라는 명사는 '토요일'이나 '금요일'과 더 자주 연어(collocation)를 이루는 반면, '일요일'은 '밤'보다는 '오후'와 더 자주 결합된다. 문화와 의사소통에 능숙한 화자들은 이러한 연어 형성의 가능성과 문화적 프레임 또는 의미영역에 대한 이해를 지니고 있다고 한다(Stubbs, 2002:17).

의미영역은 화자들이 세상을 경험하고, 이를 개념화하고 인지하는 과정을 기반으로 범주화된다(Ungerer & Schmid, 1996).[16] 이러한 의미영역은 단어의 의미를 특정하는 기능을 한다. 예를 들어, 'crane'이라는 단어는 [동물]의 영역과 [건설]의 영역에서 서로 다른 의미를

14) 강범모, 「공기 명사에 기초한 의미/개념 연관성의 네트워크 구성」, 『한국어의미학』 32, 2010, pp.1~29.

15) Stubbs, Michael, *Words and phrases: Corpus studies of lexical semantics*, Oxford, UK: Blackwell, 2002.

16) Ungerer, Friedrich, and Hans-Jörg Schmid, *An Introduction to Cognitive Linguistics*, London and New York: Longman, 1996.

지닌다(Gliozzo & Strapparava, 2009).[17] 동일한 의미영역에 속하는 단어들은 어휘적으로 관련되어 있으며, 그 관계는 같은 문맥에서 자주 함께 사용되는 연어 또는 관련어 유형이거나, 계열적 관계, 즉 상의어, 하의어, 부분어, 전체어, 반의어, 유의어 등 계열적 관계로 개념화된 의미관계의 유형으로도 나타난다.

Schmid(2003)은 British National Corpus(BNC)를 활용해 남성과 여성의 구어를 비교하고, 단어와 연어의 빈도를 분석하여 성별에 따라 편중되는 의미영역을 제시하였다. 여성은 옷, 색상, 집, 음식, 신체와 건강, 인간 관계, 시간 표현과 관련된 단어를 선호하는 반면, 남성은 욕설, 교통, 일, 계산, 스포츠, 사회 문제, 추상적 개념과 관련된 단어를 더 많이 사용한다. 민현식(1995)은 여성 관련어를 여성의 생애, 결혼, 출산, 놀이, 가사, 용품 등으로 구분하고, 외모, 성품, 행동과 관련된 단어들을 여성 묘사어로 제시하였다. 이러한 관련어들은 특정 영역이나 하위 분류와 관련된 단어들이 문서에서 함께 나타남으로써 그 특성을 드러낸다.

본 연구에서는 SIL International에서 제시한, 사전이 집필되지 않은 언어의 사전 구축을 위한 어휘 지식 구성에 사용되는 의미영역 목록(Moe, 2013)을 기반으로 남성과 여성의 관련어 의미영역을 분석하고자 한다.[18] 이 목록은 현대 미국 영어 코퍼스(Corpus of Contemporary American English, COCA)에서 가장 빈번하게 출현하는 20,000개의 단어를 바탕으로, 9개의 기본 영역과 172개의 세부 영역으로 구성되어 있다.

---

17) Gliozzo, Alfio and Carlo Strapparava, *Semantic Domains in Computational Linguistics*, Springer, 2009.

18) 의미영역 목록은 공식 홈페이지(https://semdom.org)를 참조할 수 있다.

(2) SIL Internation 의미영역의 9개 기본 영역

[우주, 창조(Universe/Creation)], [사람(Person)], [언어, 사고 (Language & Thought)], [사회 행동(Social Behavior)], [일상 생활(Daily Life)], [일, 직업(Work & Occupation)], [물리적 행동(Physical Actions)], [상태(States)], [문법(Grammar)]

본 연구는 성별 명사의 관련어를 분석하여 대상어들이 속하는 의미 영역이 어떻게 형성되며, 성별 간 공유되거나 차이를 보이는 구체적인 관련어와 의미영역을 탐구하고자 한다. 이를 통해 성별 명사가 언어적 맥락에서 어떻게 문화적 프레임을 구성하는지에 대한 이해를 증진하고자 한다. 분석에 사용된 의미영역은 SIL International에서 제안한 분류를 기반으로 한다. 연구의 첫 단계로, 2000년부터 2013년까지 14년 동안 신문 기사에서 성별 명사와 함께 사용된 관련어를 추출하였다. 이후, 성별 집단 간 문화적 프레임을 비교하기 위해, 각 대상어에 독자적으로 나타나는 배타적 관련어와 성별 명사 간에 공유되는 상호적 관련어를 비교 분석하였다. 이를 통해 신문 기사에서 성별 명사가 사용되는 맥락과 그 의미영역이 성별에 대해 어떤 문화적 프레임을 형성하는지 규명하고자 한다.

4. 관련어 추출

관련어는 동일한 맥락에서 함께 나타나는 단어를 의미한다. 본 연구에서는 성별 대립 명사의 관련어를 추출하기 위해 대상어와 공기어 (co-occurring word) 정보를 활용하였다. 공기어는 한 문장에서 함께

출현하는 단어를 의미하지만, 단순히 출현 빈도가 높은 단어는 아니다. 본 연구는 출현 빈도 대신, 단어들 간의 상관관계를 평가하는 통계적 유의성 지표인 t-점수를 사용하여 공기어 쌍을 추출하였다. t-점수는 공기어의 빈도와 각 단어의 개별 출현 빈도를 기반으로 두 단어 간의 연관성을 측정하는 지표이다.

　t-점수는 관측빈도와 기대빈도를 바탕으로 계산되며, 관측빈도는 문장에서 대상어와 함께 나타나는 공기어의 빈도를 의미한다. 기대빈도는 전체 코퍼스의 크기, 공기어의 전체 빈도, 그리고 대상어가 출현한 문장의 어절 수를 기반으로 산출된다. t-점수는 고빈도 및 저빈도 어휘 간 연관성을 구분하여 공기어를 추출하는 데 유용하며, 단순한 빈도보다 공기어의 관련성을 더 정확하게 평가할 수 있다(강범모, 2003; Church et al., 1991). 따라서 t-점수가 높다는 것은 해당 대상어와 공기어 사이의 관계가 더 높은 관련성을 지닌다는 의미이며, 이는 상대적인 유의미성을 반영한다. 본 연구에서는 관련어를 대상어와 동일한 문장에서 유의미하게 함께 출현하는 공기어로 정의하였다.

5. 성별 명사와 관련어

　이 절에서는 성별 대립을 나타내는 기본 명사인 '남성', '여성', '남자', '여자'의 관련어를 분석하여 각 대상어의 의미와 이들 사이에 공유되는 의미 특성을 고찰한다. 이를 위해, 각 대상어와 동일한 문장에서 나타나는 관련어 중 유의성 지수(t-점수)가 높은 상위 100개를 추출하여, 해당 관련어들이 대상어와 함께 사용되는지 또는 독립적으로 사용되는지를 관찰한다.

1) 의미가 유사한 성별 명사들의 관련어

'남성'과 '남자'는 의미자질(semantic feature) 분석 및 의미관계 측면에서 유의관계를 갖는 명사들이다. 두 단어 모두 [+MALE, +HUMAN]이라는 특성을 공유하지만, '남성'은 '성년이 된 남자'를 의미하는 반면, '남자'는 보다 포괄적인 의미를 지닌다.

'남성'과 '남자'를 대상으로 각각 100개의 관련어를 분석한 결과, '여성, 남녀, 결혼, 나이, 여자, 입다, 성, 중년, 자신, 젊다, 아내' 등 11개 단어만이 두 대상어 간의 상호관련어로 나타났다. 관찰 대상인 관련어의 수가 증가하면 상호관련어의 수도 증가할 가능성이 있지만, 유의관계에 있는 두 대상어가 공유하는 관련어는 전체의 약 5.82%에 불과한 것으로 나타났다.

> (3) '남성'과 '남자'의 상호적 관련어 의미영역
> ㄱ. [사람(Person)] 〉 [삶(Life)]: 여성, 남녀, 결혼, 여자, 성, 아내[19]
> ㄴ. [일상 생활(Daily life)] 〉 [의류(Clothing)]: 입다(동사)
> ㄷ. [상태(State)] 〉 [시간(Time)]: 나이, 젊다(형용사), 중년

'남성'과 '남자' 각각에서 나타나는 배타적 관련어를 분석한 결과, 신문 기사에서 '남자'는 주로 [사회 행동] 〉[스포츠(Sports)]와 관련

---

19) 본 연구에서는 하위 범주를 표시하기 위해 '〉' 기호를 사용하였다. 이 기호는 상위 영역인 [사람]의 하위 영역 중 하나로 [삶]을 나타내는 것을 의미한다.

된 주제에서 빈번하게 언급되는 반면, '남성'은 [신체], [삶], [의류], [꾸미기]와 같은 생물학적 의미뿐만 아니라, [관계]와 [법]과 같은 사회적 역할이나 관심사와 관련된 주제에서 더 자주 등장하는 것으로 나타났다.

  (4) '남성'의 배타적 관련어

    ㄱ. [사람(Person)] 〉 [신체(Body)]: 호르몬, 피부, 외모, 건강,
      [사람] 〉 [삶(Life)]: 남자, 성별, 성인, …
    ㄴ. [사회 행동(Social behavior)] 〉 [관계(Relationship)]: 친구, …
      [사회 행동] 〉 [사회 활동(Social activity)]: 사회, …
      [사회 행동] 〉 [법(Law)]: 조사, …
    ㄷ. [일상 생활(Daily life)] 〉 [의류(Clothing)]: 정장, 패션,
      의류, 캐주얼, 셔츠, …
      [일상 생활] 〉[꾸미기(Adornment)]: 화장품, 스타일, …
    ㄹ. [상태(State)] 〉 [양(Quantity)]: 평균, 이상, 차이, …
    ㅁ. [문법(Grammar)] 〉 [일반 단어(General words)]: 경우
      [문법] 〉 [관련(Connected with, related)]: 결과, …

'남자'의 경우 상위권에 있는 관련어의 대부분이 스포츠와 관련된 단어여서 이를 제외하고 대상어별 100개의 관련어를 취하면 다음과 같은 결과가 나온다.

[표 1] '남성'과 '남자'의 관련어 비율

대상어(비율)	상호적 관련어(11.73%)	배타적 관련어(88.27%)
빈도	21	158

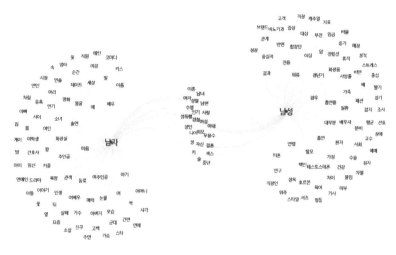

[그림 2] '남성'과 '남자'의 관련어 네트워크

　이는 신문 기사에서 '남자/남성'이라는 성별이 [사람]의 의미영역에 속하는 성별이나 결혼 관련 주제, 성과 관련된 문제, 나이와 관련된 사안 등을 중심으로 기술되고 있음을 시사한다. 특히, 대상어로서 '남성'은 '사회, 비율, 이상, 결과, 경우, 조사, 평균' 등과 같은 사회적 현상을 언급하는 [사회행동] 및 [상태]에 관련된 어휘가 빈번히 등장하는 반면, '남자'는 '친구, 사랑, 주인공, 아이, 영화' 등과 같은 일상적인 주제에서 나타나는 [사람] 〉 [친족관계(Kinship)], [언어와 생각] 〉 [소통(Communication)]에서 더 빈번하게 사용되는 경향이 있다.

　'여성'과 '여자'는 성분분석 상 유의어로, 비슷한 의미관계를 지니지만, 상호적 관련어는 '남성'과 '남자'의 경우보다 적게 나타난다. 특히, 신문 기사에서 '여자'의 관련어 역시 주로 스포츠와 관련된 단어들이 많으며, 스포츠 관련어를 제외하면 다음과 같은 분포를 확인할 수 있다.

[표 2] '여성'과 '여자'의 관련어

대상어 (비율)	상호적 관련어 (7.53%)	배타적 관련어 (92.47%)
빈도	14	172
여성	J/젊, 성폭행, 이혼, 결혼, 성, 남성, 성별, 남자, 사랑, 남편, 임신, 남녀, V/입, V/낳	단체, 사회, 가족, 매매, 비율, 이주, 최초, 출산, 인권, 차별, 운동, 직장, 센터, 인력, 가정, 호르몬, 연합, 활동, 노동자, 육아, 폭력, 취업, 참여, 평등, 정책, 여자, 중년, 여성부, …
여자		친구, 아이, 여성, J/예쁘, 이야기, 드라마, V/만나, 애, 시청, V/사귀, V/좋아하, 집, 나이, 화장실, 영화, 여름, V/살, 아내, 처음, J/젊, 목, 연예인, 엄마, 연애, V/입, 자신, V/헤어지, 짝, …

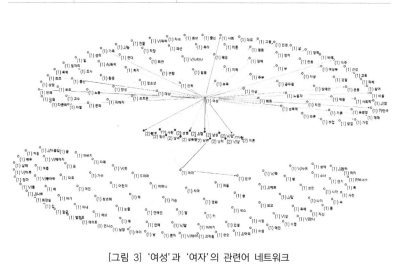

[그림 3] '여성'과 '여자'의 관련어 네트워크

스포츠를 배제할 경우 [삶]의 영역에 속하는 단어의 수가 스포츠를 포함할 때보다 증가했을 뿐만 아니라 [감정], [일상 생활], [상태]의 범주 단어들도 새로 편입되었다.

(5) '여성'과 '여자'의 상호적 관련어 의미영역

    ㄱ. [사람] 〉 [삶]: 성폭행, 이혼, 결혼, 성, 남성, 성별, 남자, 임신,

       남녀, 낳(동사)

    ㄴ. [언어와 사고] 〉 [감정(Emotion)]: 사랑

    ㄷ. [사회 행동] 〉 [관계]: 남편

    ㄹ. [일상 생활] 〉 [의류]: 입다

    ㅁ. [상태] 〉 [시간]: 젊다

위의 예에서 보듯이, [삶]의 영역에 속하는 '이혼', '결혼', '임신', '출산' 등의 상호적 관련어는 신문 기사에서 '여자/여성'이라는 성별이 어떤 관심사로 다루어지는지를 추론할 수 있는 단서를 제공한다. 또한, '여성'과 '여자' 각각의 배타적 관련어가 속하는 의미영역은 아래와 같이 나타난다.

(6) '여성'의 배타적 관련어 의미영역

    ㄱ. [사람] 〉 [신체]: 호르몬, …

       [사람] 〉 [삶]: 가족, 출산, 가정, 호르몬, 임신, 육아, …

    ㄴ. [사회 행동] 〉 [사회 활동]: 단체, 사회, 센터, 활동, 연합, 참여,

       지원 …

       [사회 행동] 〉 [행정]: 정책, …

       [사회 행동] 〉 [법]: 인권, 차별, 평등, …

       [사회 행동] 〉 [갈등(4.8 Conflict)]: 폭력, …

    ㄷ. [일과 직업] 〉 [일]: 인력, 노동자, 직장, 취업 …

    ㄹ. [물리적 행동] 〉 [이동]: 이주, …

    ㅁ. [상태] 〉 [양]: 비율, …

(7) '여자'의 배타적 관련어 의미영역

　ㄱ. [사람] 〉 [신체]: 목, …

　　[사람] 〉 [감각)]: 예쁘다(형용사), …

　　[사람] 〉 [삶]: 여성, 살다, 연애, …

　ㄴ. [언어와 사고] 〉 [감정]: 좋아하다, …

　　[언어와 사고] 〉 [소통]: 이야기, 드라마, 영화, …

　ㄷ. [사회 행동] 〉 [관계]: 아이, 아내, 엄마, 친구, 사귀다, 헤어지다, 짝, …

　　[사회 행동] 〉 [사회 활동]: 연예인, …

　ㄹ. [일과 직업]: 연예인

　　[일과 직업] 〉 [건물과 관련된 일]: 집, 화장실, …

　ㅁ. [상태] 〉 [시간]: 나이, 여름, 젊다, …

'여성'의 배타적 관련어로는 '단체', '사회', '이주', '인권', '취업', '정책' 등과 같은 공적 주제, 즉 [사회 행동]과 [일과 직업]의 영역에 속하는 관련어가 다수 포함되어 있는 반면, '여자'의 관련어는 [사람], [지각], [감정], [소통], [관계]에 속하는 단어들로서, 주로 비격식적인 주제에서 자주 언급되는 '친구', '아이', '예쁘다', '이야기', '사귀다', '좋아하다' 등의 어휘가 주를 이룬다.

2) 대립관계 성별 명사의 의미 특성

대립관계를 갖고 있는 단어들 사이의 관련어 분포는 유의관계와는 다른 양상을 보인다. '남성'과 '여성'은 유의관계를 갖고 있는 '남성-남자' 또는 '여성-여자'의 단어쌍보다 더 많은 20.48%의 상호관련어를 갖고 있다.

[표 3] '남성'과 '여성'의 관련어

대상어 (비율)	상호적 관련어 (20.48%)	배타적 관련어 (79.51%)
빈도	34	132
여성	성, 육아, A/특히, V/나타나다, 건강, 사회, 대상, 미혼, J/많다, 성별, 교수, 경찰, 결혼, 비율, 호르몬, J/높다, 전용, 가정, 의류, J/젊다, 조사, 패션, 중년, 성폭행, 매매, 직장, 여자, 이상, 평등, 차별, 이혼, V/입다, 남자, 남녀	여성, 정장, V/비하다, 성인, 화장품, 결과, 경우, 평균, 피부, 배, 환자, 반면, 브랜드, 질환, 중심, 테스토스테론, V/늘, 외모, 갱년기, 암, 매장, 아내, 정자, 나이, 부전, 수명, 고객, A/많이 …
여자		남성, 단체, 한국, 가족, 이주, 최초, 인권, 출산, 운동, 센터, 인력, 활동, 연합, V/위하다, 남편, 임신, 노동자, 폭력, 취업, 부, 참여, 정책, 여성부, 연대, 사회적, 노동, 성폭력, 지위, 장애인, 삶, …

　　'남성'과 '여성'의 상호 관련어 분석에서, '차별, 미혼, 결혼, 가정, 직장' 등 주로 사회적 지위나 역할과 관련된 단어들이 [행정, 체제], [업무], [삶]의 영역에서 나타난다. 그러나 눈에 띄는 점은, 외모와 관련된 [신체], [의류], [건강]의 영역에서 '피부, 화장품, 의류, 패션, 건강' 등의 단어들이 빈번하게 함께 출현한다는 것이다. 이는 성별에 따라 사회적 역할이 강조되는 남성과 달리, 여성이 외모와 관련된 가치에 더 많이 연관되어 언급되는 경향이 있음을 시사하며, 성별에 따른 편향성을 부각시킨다.

　　신문 기사문에서 '여성'은 사회적인 주제와 관련된 [사회 행동], [일과 직업], [물리적 행동]의 범주 단어들과 함께 사용되며 남성과 대비되는 여성의 의미가 부각된다. 의미영역별 관련어의 구체적인 예는 아래와 같다.

(8) '여성'의 배타적 관련어 의미영역

    ㄱ. [사람]: 남성, 가족, 출산, 남편, 임신, 성폭력, 삶, …

    ㄴ. [사회 행동]: 단체, 인권, 센터, 활동, 연합, 폭력, 참여, 정책,
       여성부, 연대, 사회적, …

    ㄷ. [일과 직업]: 인력, 노동자, 취업, 노동, …

'남자'와 '여자'의 대립관계의 경우 상호 관련어 비율이 과반수를
넘는 전체 56.25%를 차지한다.

[표 4] '남자'와 '여자'의 관련어

대상어 (비율)	상호적 관련어 (56.25%)	배타적 관련어 (43.75%)
빈도	72	56
여성	친구, 남성, 딸, 엄마, 연애, 성별, 밤, V/만나다, J/젊다, J/예쁘다, V/사귀다, 아버지, 결혼, 이야기, V/좋아하다, 외모, 목, 소녀, 술, 아내, V/살다, 연기, V/헤어지다, 성폭행, V/울다, 머리, V/태어나다, 여성, 드라마, 시각, 섹스, 데이트, 날, 집, 연예인, 성, 짝, 세상, 화장실, 혼자, 남녀, 시청, 애인, V/웃다, 옷, 수명, 얼굴, J/같다, 가수, 사랑, 영화, V/입다, 성인, 인생, J/어리다, 이혼, J/착하다, 남편, 애, J/나쁘다, 소설, 속, 몸, V/죽다, 연인, V/알다, 아이, 자신, 여인, 배우, 나이, 키	여자, 주인공, 중년, 꽃, V/그리다, 왕, 장면, 스타, 군대, J/멋지다, V/빠지다, 싱글, V/하다, 출연, 모습, V/앉다, 여, V/보다, 여주인공, V/당하다, 주연, 여장, 연출, 경찰, 인기, 차림, 여학생, V/가다
여자		남자, 여름, 처음, 사진, 어머니, 어린이, P/비너스, 끝, V/낳다, 후배, 임신, 배, 마음, 언니, 눈물, J/아름답다, 탤런트, 가슴, 자매, 청년회, 생애, 치마, 교직원, 남장, 아기, V/이루다, 살해

'남자'와 '여자'의 상호적 관련어 분석에서, [사람]의 의미영역에
속하는 '친구, 남성, 딸, 엄마, 아버지, 소녀, 아내, 여성, 연예인, 짝,
남녀, 애인, 성인' 등 다양한 단어들이 포함되었으며, 특히 [친족관계]
를 나타내는 관련어가 다수 포함되었다. 또한, 신문 기사라는 매체의

특성상, 사회 문제와 연결된 '성폭행'과 같은 단어들이 빈번히 등장하며, 문화적 활동이나 소통과 관련된 '연기, 드라마, 영화, 소설, 연예인, 가수, 배우' 등의 단어들도 '남자'와 '여자'라는 명사와 높은 빈도로 함께 사용된다. '남성, 여성, 남자, 여자'의 네 가지 성별 대립 명사가 모두 공유하는 관련어로는 '성별, 결혼, 성폭행, 성, 남편, 이혼' 등이 있으며, 이들 모두 [삶]의 영역에 속하는 명사들이다.

성별 대립 명사 간의 차이를 보면 성 편향성이 명백히 드러난다. '남자'와 '여자'가 언급되는 문맥에서, 여성 관련 단어들은 주로 [친족관계]와 같은 가족적 역할이나 문화적 활동과 연결되어 나타나는 반면, 남성 관련 단어들은 보다 다양한 사회적 역할과 연관되는 경향이 있다. 이러한 편향성은 성별에 따른 사회적 기대와 역할 분담이 언어 사용에 어떻게 반영되는지를 보여주며, 성별 고정관념이 신문 기사에서도 지속적으로 재생산되고 있음을 시사한다.

본 연구에서는 '남성, 남자, 여자, 여성'이라는 성별 명사들이 기사문에서 어떤 연어(collocation)를 구성하는지 분석하였다. 성별에 따른 고정 관념이나 사회적 기대는 시대와 문화에 따라 다르게 나타나며, 주요 신문에서 기술되는 성별 명사들은 남성과 여성이 각기 다른 성 역할의 사회화 과정을 경험하고 있음을 드러낸다. 예를 들어, '남자'와 '여자'는 주로 스포츠 관련 기사에서 빈번하게 사용되며, 스포츠를 제외하면 일상적이고 비격식적인 주제에서 더 자주 언급된다. 반면, '남성'과 '여성'은 공적인 주제에서 더 자주 등장하며, 특히 '여성'은 '차별, 대책, 연대, 취업, 단체' 등과 함께 나타나 사회적 약자로서의 위치를 반영한다. 더욱이, '남성/남자'의 관련어로 등장하는 '여성/여자'는 종종 성적 대상으로 기술되는 경향이 있으며, 이는 성별에 따른 편향적 묘사가 신문 기사에서도 여전히 존재함을 시사한다.

3) 관련어 기반 성별 집단의 편향성

'남성-남자'와 '여성-여자'와 같은 동일 성별 집단 내에서 나타나는 의미 특성과 성별 간의 차이를 분석하고자 한다. 이를 위해, 동일 성별 명사들의 상호적 관련어 100개를 추출하여 분석한다. 이러한 상호 관련어 분석을 통해 동일 성별 집단 내에서 공유되는 의미 특성을 추론할 수 있다. 예를 들어, '남성'과 '남자'가 공유하는 관련어는 남성이라는 성별이 특정 맥락에서 어떻게 의미화되는지를 보여준다. 이를 통해, 남성과 여성 집단이 각기 다른 사회적 기대와 제약 속에서 어떻게 특정 의미 영역을 형성하고, 성별에 따른 편향적인 선호나 제약이 언어적으로 어떻게 구현되는지를 규명하고자 한다.

각 성별 집단의 상호적 관련어를 추출하기 위해, '남성'과 '남자'의 경우 각 대상어별로 t-점수를 기준으로 상위 300개의 관련어를 분석에 사용하였다. 반면, '여성'과 '여자'의 경우 상호적 관련어 100개를 확보하기 위해 각 대상어별로 500여 개의 관련어를 분석하였다. 동일한 수의 관련어를 도출하기 위해 성별 간에 이처럼 다른 양의 관련어가 필요했던 점은, '남성'과 '남자'에 비해 '여성'과 '여자'가 비교적 다양한 문맥에서 사용되었음을 시사한다.

남성과 여성 집단이 공유하는 공통 관심사는 외모와 결혼과 관련된 단어들로 나타난다.

(9) 남녀의 상호적 관련어:
    ㄱ. 결혼: 사랑, 결혼, 이혼, 재혼, 미혼, 남녀, 아내, 남편, 부부
    ㄴ. 외모: 얼굴, 옷, 외모, 몸, 차림, 가슴, 바지, 스타일, 화장, 몸매,
        젊(형용사)

특히, '매력, 섹시, 욕망, 성폭행'은 Moe(2013)가 제시한 의미영역
중 [삶]의 하위영역인 [성적 관계(Sexual relations)]에 속한다. '성폭
행'과 '살해'가 남녀 집단 모두에서 함께 나타나는 것은 이 단어들이
두 성별 집단에서 가해자 또는 피해자로 기술되기 때문이다. 실제 용
례를 보면, 여성 집단이 피해자로 나타나는 경우가 압도적으로 많았
으며, 사회적 문제와 관련된 사건에서 여성은 자주 사회적 약자로 묘
사되었다.
    남성 집단의 고유한 의미 특성은 다음과 같이 배타적 관련어를 통
해 드러난다.

(10) 남성 집단의 배타적 관련어:
    ㄱ. 사람: 여자, 여성, 주인공, 애인, 아버지, 가수, 커플
    ㄴ. 감정: 좋아하(동사), 매력, 유혹, 부드럽(형용사), 동성애
    ㄷ. 관계: 연애, 교제
    ㄹ. 외모: 미남, 키, 건장하, 머리, 가방, 패션, 정장, 양복, 셔츠, 팬
        티, 구두, 넥타이
    ㅁ. 공적: 숨지(동사), 경찰, 자살, 보험료, 사망률, 흡연율

2000년 이후 발간된 기사에서 남성 집단을 지칭하는 단어들은 신
체나 의류와 같이 외모를 나타내는 의미영역에서 유의미하게 자주 등

장한다. 특히, 성별 집단의 상호 관련어에서 이미 많은 단어가 외모와 연결되어 있음에도 불구하고, 남성 집단과 관련된 외모 관련 단어들이 여전히 두드러진다. 또한, '숨지다, 경찰, 자산, 보험료, 사망률, 흡연율' 등과 같은 공적 영역의 단어들이 남성 집단을 기술할 때 더 자주 사용된다.

이 결과는 성별 집단 간의 편향성을 명확히 보여준다. 남성은 공적 영역에서의 활동과 관련된 용어와 연관되는 반면, 여성은 주로 피해자적 위치에서 기술되며, 이로 인해 여성의 사회적 역할이 제한되고 왜곡될 가능성을 시사한다. 이러한 성 편향은 언어적 묘사를 통해 지속적으로 재생산되며, 이는 성별에 따른 사회적 인식과 고정관념을 강화하는 데 기여한다.

'여성'과 '여자'로 구성된 여성 집단의 의미 특징과 배타적 관련어는 다음과 같다.

> (11) 여성 집단의 배타적 관련어:
>> ㄱ. 사람: 남자, 남성, 연예인, 딸, 어머니, 어린이, 청소년, 여학생, 아줌마, 주부, 작가
>> ㄴ. 매체: 이야기, 영화, 사진, 소설
>> ㄷ. 관계: 교제, 연애, 혼인, 혼자, 독신
>> ㄹ. 생명창조: 낳다, 출산
>> ㅁ. 묘사: 예쁘다, 아름답다, 당당하다, 섬세하다
>> ㅂ. 외모: 미모, 미인, 성형, 치마, 화장품
>> ㅅ. 피해: 성추행, 편견, 강간, 살인, 노예, 차별, 성희롱

여성 집단의 배타적 관련어를 분석한 결과, 무엇보다 가정 지향적

이고 사회적 약자로서의 특징이 두드러진다. '딸, 어머니, 주부, 혼인, 낳다, 출산' 등 여성 집단에만 고유하게 나타나는 관련어는 가정과 밀접한 연관이 있으며, 이는 여성의 역할이 가정 내에서 주로 정의되고 있음을 시사한다. 또한, 피해 범주에 속하는 단어들은 모두 부정적인 의미를 지니며, 여성 집단에만 더 많은 부정적인 단어들이 공기하고 있다는 점이 눈에 띈다. 특히 '편견, 차별'과 같은 단어들은 부정적 사회 인식을 나타내며, 남성 집단보다 여성 집단에서 더 높은 통계적 상관성을 보인다.

피해 범주에 속하는 관련어들은 공적 영역과도 관련될 수 있으나, 남성 집단의 공적 관련어와는 뚜렷이 다른 어감을 드러낸다. 이는 여성의 사회적 지위와 관련이 있을 가능성이 크다. 외모 범주의 경우, 남성 집단에 비해 상대적으로 적은 수의 단어가 함께 사용되지만, 여전히 외모와 관련된 단어들이 여성 집단에서 중요한 의미를 차지하고 있다. 또한, 관계 범주에서 나타나는 '교제, 연애, 혼인' 등은 타인과의 교류를 전제로 하지만, '혼자, 독신'은 비사교적인 의미로 해석될 수 있다. 이러한 분석은 여성 집단이 주로 가정 내 역할에 제한되거나 사회적 약자로 묘사되며, 외모에 대한 강조와 부정적 사회 인식이 지속적으로 재생산되는 성 편향성을 드러낸다. 이는 여성의 사회적 위치가 언어적으로 어떻게 고정되고 있는지를 보여주는 중요한 지표이다.

6. 결론

본 연구는 성별 지칭 명사와 동일 문장 내에서 함께 출현하는 관련어를 조사하여, 각 성별 명사가 주로 어떤 의미영역에서 사용되는지를 분석하였다. '남성, 여성, 남자, 여자'와 같은 기본적인 성별 대립 명사를 대상으로, 이들 간의 대립적 및 유의적 의미관계에 기반해 한 문장에서 공기하는 단어들의 상관관계를 t-점수를 통해 계산하고, 이를 바탕으로 관련어를 도출하였다.

관련어 분석은 개별 단어의 속성만으로 어휘 간 의미 관계를 설명하는 데 발생하는 한계를 보완한다. 상호적 및 배타적 관련어를 분석하면 특정 맥락에서 출현하는 단어들의 관계적 속성을 명확히 드러낼 수 있다. 이러한 접근은 성별 명사가 언어적 맥락에서 어떻게 사용되는지를 보다 깊이 이해하는 데 기여하며, 특히 성별 간의 편향된 묘사가 언어적 관행을 통해 어떻게 지속적으로 재생산되고 있는지를 보여준다. 본 연구에서는 Pajek과 Gephi 프로그램을 활용하여 다양한 대상어와 관련어 간 관계를 체계적으로 분석하였다.

이 연구는 성별 명사가 사회적 맥락에서 어떻게 의미화되며, 성 편향성이 언어적 표현을 통해 어떻게 드러나는지를 이해하는 데 중요한 기초 자료를 제공한다. 향후 연구에서는 이러한 편향성을 보다 구체적으로 탐구하고, 언어적 표현이 사회적 인식과 고정관념에 미치는 영향을 심층적으로 분석할 필요가 있다.

신문은 그 시대의 사회적 관심사와 주요 사건을 반영하는 중요한 매체로, 성별 지칭 명사의 사회적·문화적 의미를 연구하는 본 논문에서 신문 코퍼스는 핵심 자료로 활용되었다. 분석 결과, '여성'과 '여자'가 '남성'과 '남자'보다 더 많이 언급되었다는 사실은, 여성 집단이 남성 집단보다 사회에서 더 유표적인 존재로 인식되고 있음을 시사한다. 또한, 성별 지칭어인 '남자'와 '여자'는 주로 스포츠나 비격식적인 영역과 관련된 어휘들과 함께 나타나는 경향을 보였다. 반면, '남성'과 '여성'은 생물학적 의미보다는 사회적 지위, 역할, 또는 문화적 가치와 관련된 어휘들과 함께 사용되었다. 특히, '남자-여자'와 같이 대립관계를 가진 단어쌍은 '남자-남성'이나 '여자-여성'과 같은 유의관계에 있는 단어쌍보다 더 많은 상호 관련어를 공유하고 있었다.

이러한 결과는 성별 지칭 명사들이 언어적 맥락에서 어떻게 상호작용하며, 그들이 표현하는 사회적 의미가 어떻게 형성되는지를 이해하는 데 중요한 단서를 제공한다. 유의관계에 있는 '남자-남성'과 '여자-여성'의 상호 관련어, 그리고 대립관계를 갖는 '남성-여성' 및 '남자-여자'의 상호 관련어는 아래 표에서 그 의미영역을 통해 상세히 확인할 수 있다.

본 연구를 통해 성별 집단 간에 뚜렷한 차이가 드러났음을 확인할 수 있었다. 남성 집단은 주로 공적 영역과 외모와 관련된 단어들이 기사에서 자주 발견된 반면, 여성 집단은 결혼이나 친족 관계와 같은 가정 내 역할에 관련된 단어들이 많이 등장했다. 특히, 여성 집단의 공적 영역과 관련된 단어들은 남성 집단에 비해 부정적인 어감을 포함하는 경우가 많았으며, 이는 여성의 사회적 인식과 역할이 제한적이고 부정적으로 묘사될 가능성을 시사한다. 또한, 두 성별 집단은 결혼과 외모와 관련된 단어를 공통적으로 사용했으며, 이는 성별에 따른 외모와 결혼에 대한 사회적 기대가 강하게 존재함을 나타낸다.

신문 기사라는 자료의 특성상, '남자'와 '여자'의 관련어는 주로 스포츠와 연결되어 있었고, 남성은 성과 관련된 사회 문제와 관련된 단어들이 주로 등장했다. 반면, 여성은 단체나 연합과 같은 사회 활동과 관련된 언급이 더 두드러졌지만, 여전히 가정 내 역할과 관련된 단어들이 많이 나타났다. 이러한 결과는 성별에 따른 언어적 표현이 어떻게 사회적 편향성을 강화하고, 성 역할 분담이 언어적으로 재현되고 있는지를 보여준다. 본 연구는 성별 명사와 관련어 분석을 통해 남성과 여성이 사회적·문화적 역할을 어떻게 규정하고 있는지를 탐색하였으며, 이를 통해 성별에 따른 사회적 편향성이 언어적으로 어떻게 반영되고 있는지를 이해하는 데 중요한 통찰을 제공하였다.

7. 마치며

이 연구는 디지털 인문학적 접근을 통해 성별 지칭 명사의 사용 패턴을 분석하고, 이를 통해 사회적 편향성을 탐구하는 중요한 기초 자료를 제공하였다. 디지털 인문학의 방법론을 활용하여 대규모 텍스트 데이터를 분석함으로써, 성별에 따른 언어적 표현이 어떻게 사회적 인식과 문화적 프레임을 어떻게 형성하고 있는지를 구체적으로 밝혀냈다. 그러나 이러한 분석이 의미 있는 결과를 도출하기 위해서는, 디지털 도구와 방법론이 전통적인 인문학적 탐구와 결합되어야 함을 강조할 필요가 있다. 인문학적 통찰과 비판적 사고가 뒷받침될 때, 디지털 인문학은 언어와 사회적 고정관념의 재생산 과정을 심층적으로 이해하고, 이를 통해 사회적 편향성을 해체하는 데 기여할 수 있다. 이는 디지털 인문학이 전통적인 인문학을 기반으로 문화적, 사회적 현상을 분석 및 해석하는 데 필수적인 접근 방식임을 보여준다.

제10장

디지털 휴머니티즈의 방법론으로 보는 중국 웹소설 플랫폼의 장르지형 분석

류호현

1. 시작하며

1) 연구의 목적과 구성

무협(武俠)은 중국에서 오랜 전통을 가진 서사장르로 그 원형은 사마천(司馬遷) 사기(史記)의 「유협열전(遊俠列傳)」에까지 소급된다. 여기에서 '협'의 정신과 가치를 '무'의 형태로 추구하고 관철해가는 수많은 인물 형상들과 그들이 자아내는 역동적인 이야기는 중국의 다양한 서사체에 풍부한 내용적 원천을 제공해왔다. 보다 가깝게는 청말민초(清末民初) 시기로 불리는 1900년대 초에 즈음하여 등장한 근대적 형태의 무협소설과, 이후 1950년대부터 홍콩과 대만을 중심으로 활동한 걸출한 작가들의 작품들이 각각 '구무협'과 '신무협'(혹은 '홍콩 대만 신무협')이라는 이름으로 불리며 일세를 풍미했다. 이들의 작품은 소설 원작 혹은 이를 바탕으로 각색한 영화·드라마 등 영상 콘텐츠의 형식으로 중국 대륙, 홍콩 및 대만은 물론 한국을 포함한 다른 나라에까지 널리 향유되며 깊은 문화적 인상과 영향력을 남겼다.

한편, 1990년대 이후 김용(金庸)을 필두로 한 '신무협(新武俠)' 작가
들의 시대가 점차 지나가던 무렵, 인터넷의 발달과 보급이 가져온 뉴미
디어 환경의 전개는 문화콘텐츠 생태계 전반에 근본적인 변화를 발생
시키게 된다. 플랫폼을 중심으로 한 서사콘텐츠 생산-소비 방식의 변
화, 생산자와 소비자 사이의 관계 변화, 대규모 자본 유입에 따른 산업
화, 수요와 공급의 폭발적 증가와 그로 인한 시장 확대, IP 산업의 활성
화, 시장 성장에 따른 다양한 층위의 경쟁 구도 형성 등 수많은 변화의
흐름이 밀려오게 된다. 그리고 그 속에서 장르로서의 무협 역시 뉴미디
어 환경으로 진입함과 동시에 이전과는 다른 발전 양상을 보인다.

이에 본 연구는 중국의 무협이 뉴미디어 서사콘텐츠 생태계의 초확
장이라는 맥락 속에서 변화한 양상을 고찰하고, 그와 동반된 문화적
포지션 및 의미의 변화를 분석하는데 그 목적이 있다. 기존에 중국
무협에 대한 연구는 무협소설 작가들과 관련 영상 콘텐츠에 대한 개별
연구, 글로벌 전파 및 수용 연구, 무협 IP 혹은 게임 연구, 무협 웹소설
연구 등 다양한 방향으로 전개되어 상당한 성과가 누적되어있다. 다
만 무협이라는 장르 자체가 중국의 대중문화 지형 속에서 가지는 문화
적 의미의 변화 양상을 뉴미디어 산업의 전체적 추세와 연관지어 살펴
본 연구는 많지 않다. 따라서 본문에서는 우선 무협의 계보를 개괄하
면서 뉴미디어 환경과 서사콘텐츠 생태계의 변화에 따라 무협의 문화
적 의미가 어떻게 변화하고 있는지를 살펴본다. 그에 이어 그 변화의
양상을 데이터 크롤링과 데이터 마이닝을 이용하여 추적하고 분석하
고자 한다. 주요 웹소설 플랫폼에 누적된 약 20년 분량의 웹소설 연재
정보와 수용자의 정동(情動)적 지표를 수집하고 분석할 것이다. 이로
써 기존에 논의되어 왔던 무협 장르에 대한 여러 논의를 보다 구체적

인 데이터를 통해 검증하는 한편, 논의되지 못했던 지점들을 새롭게
발굴하여 관련 연구의 지평을 확장하고자 한다.

2) 관련 선행연구

본 연구 주제와 관련된 한국과 중국의 논문을 일부나마 소개하는
것이 본 연구의 의미를 확립하는데 도움이 될 것 같다.

(1) 중국웹소설 관련 연구

「中国网络武侠小说的发展历程、热点与趋势」, 黄露(2021) : 인터넷
무협소설의 외연과 내연을 살피고 웹소설 플랫폼인 기점중문망(起点
中文网)을 연구 대상으로 하여 인터넷 무협소설의 발전을 맹아기, 발
전기, 확장기로 나누어 분석하였다. 또한 무협소설이 여성무협, 현환,
기환, 동방판타지무협 등으로 개척되는 양상을 탐색하였다.

「중국 웹 소설 성장에 대한 소고(小考)」, 유정원(2018) : 중국 웹소설
의 IP 각색에 주목하여 웹소설의 성장 과정과 그 가능성을 모색하였다.
웹소설 플랫폼이 '적극적 읽기', '쓰기로서의 읽기'를 가능하게 해주는
공간이라는 점에 착안하여 매체 간의 각색과 변주가 일어나는 양상을
짚었다.

「중국 TV선협로맨스판타지와 '국풍' 브랜드 내셔널리즘: 〈삼생삼
세십리도화〉류의 작품들을 중심으로」, 이무경(2023) : 중국 미디어문
화산업의 지형에서 선협(仙侠) 로맨스판타지물의 트랜스미디어 현상
을 중국 고유의 '국풍' 이데올로기적 관점에서 접근하였다. 문자매체
인 웹소설을 영상매체로 트랜스미디어하는 과정에서 브랜드내셔널리

즘 측면의 시청각적 확장과 이데올로기적 의미부여가 용이하다는 점을 지적하였다.

(2) 중국웹소설의 협문화 관련 연구

「中国侠文化研究 2021 年年度报告」, 张梦楠(2021) : 2021년 중국 협(侠)문화 연구를 개괄하였다. 주목할 만한 연구 추세로 인터넷 무협소설 관련 연구의 증가와 협문화와 영웅서사가 융합하는 경향을 꼽았다.

「중국 인터넷 무협 담론에 대한 비판적 고찰: 반례로서의 한국 인터넷 무협」, 최재용(2022) : 최근 중국의 인터넷 무협 관련 담론 중 몇 가지 중요한 테마를 논의해 보고, 그것을 한국의 실제 인터넷 무협 텍스트와 비교 검토하였다. 중국 인터넷 무협장르가 '협의'의 가치를 진지하게 논하기보다는 이야기의 배경이나 하나의 요소로 추상화하거나 기타 장르와 크로스오버 및 융합하는 현상을 짚어냈다. 또한 동시에 중국 공산당의 영향으로 무협장르에서 사회주의적 '영웅'서사가 나타나는 현상을 지적하기도 하였다.

「의/협의 변천사: 최근 중국 인터넷 '선협소설'에서의 의/협 개념」, 최재용(2014) : 선협 장르를 무협과 기환의 융합한 일종의 하위 장르로 규정한 뒤 인터넷 선협소설에서 나타나는 의, 협 개념의 변천 양상을 확인하고 그것이 최근 중국 사회에서 가지는 의미를 분석하였다.

(3) 웹콘텐츠 대상 디지털 휴머니티즈 연구

「网络文学研究中的数字人文视野: 以晋江文学城积分榜单及"清穿文"为例」, 高寒凝(2020) : 高寒凝은 오랜 기간 중국의 최대 여성향 웹소설 플랫폼으로 자리 잡고 있었던 진강문학성(晋江文學城)을 연구 대상으로 하여 디지털 인문학 관점에서 인터넷 문학 연구 도구와 데이터베이스의 부족을 지적하였다. 이에 대한 해결책으로 표적 연구 도구를 개발하고 학문 친화적인 인터넷 문학 데이터베이스를 구축할 것을 제안하였다.

「텍스트 마이닝을 통한 한중 웹소설 플랫폼 비교 분석」, 이희진 등 (2023) : 한중 웹소설 플랫폼 사이트 10개의 베스트셀러 작품을 연구 대상으로 삼아 유료 판매 랭킹 중 작품 제목, 작가, 장르, 작품 설명 데이터를 수집하였다. 형태소 분석과 Word2vec 분석을 진행한 결과 한중 모두 판타지 장르와 관련된 어휘가 다수 등장하였고 한국은 로맨스, 중국은 무협 관련 어휘가 고빈도로 나타난 것을 확인하였다.

「웹소설 플랫폼 지표분석을 통한 흥행작품 특징 연구: 문피아를 중심으로」, 하철승(2021) : 문피아 흥행 1~100위까지 작품의 유료 구매 수, 선호 작품 등록 독자 수, 댓글 수, 추천 수, 연재 횟수를 살펴보며 흥행작품의 특징을 분석하였다. 이를 통해 플랫폼이 독자에게 다양한 지표별 순위를 제공하고 작가에게 흥행 관련 데이터와 연재 인센티브를 제공하는 것이 산업의 안정과 발전에 도움이 될 것이라고 제안하고 있다.

2. 뉴미디어 콘텐츠 생태계 속 무협의 포지션과 의미 변화

1) 중국 무협 서사 콘텐츠의 계보

본격적인 논의를 진행시키기에 앞서 중국 무협 서사 콘텐츠의 계보를 간단히 살펴볼 필요가 있다. 중국에서는 무협의 세대를 '구무협'-

[그림 1] 평강불초생의 소설을 원작으로 삼은 영화 『화소홍련사』의 포스터

'홍콩대만 신무협'-'대륙 신무협' 등으로 크게 3분하는 방향이 널리 받아들여지는데 이런 방식에는 '대륙' 신무협이 포괄하지 못하는 작가와 작품들, 새로운 환경 등이 존재하기 때문에 일정한 한계가 존재한다. 그 외에 '구무협' 이후의 모든 '신무협' 시기를 '김용(金庸)시기'와 '포스트 김용시기'로 나누는 방식도 존재한다. 이 방식 역시 최근의 웹소설과 IP 산업 확장 추세 속에서 새롭게 출현한 사례들을 포괄하기엔 어려움이 있다. 그래서 본 논문에서는 이러한 기준들을 종합하여 중국 무협의 장르사적 시기 구분을 '구무협'-'대만홍콩신무협, 김용시대'-'대륙신무협/포스트 김용/인터넷 뉴미디어 IP화시대'로 크게 3분하여 간단하게 파악하고자 한다. 다만 본문에서는 마지막 세 번째 시기에 대해 주로 다룰 예정이므로, 여기에서는 앞의 두 시기만 매우 간략히 파악하고 넘어가도록 하자. 구무협 혹은 구파무협의 대표적 작가로는 중국 근대 무협소설의 선구자로 평가받는 '평강불초생(平江

不肖生)'이 있다. 무엇보다도 그의 작품『강호기협전(江湖奇侠传)』은 시리즈 영화『화소홍련사(火烧红莲寺)』로 각색되어 1928년에서 1931년까지 18편의 시리즈물을 탄생시키면서 중국 무협/신괴 영화의 붐을 일으키게 된다.

그 뒤 중국인민공화국 수립 이후, 1949~1966년의 이른바 '17년 시기'와 1966~1976년의 '10년 동란' 혹은 '문화대혁명 시기'는 정치적 사회적 격동과 그것이 문화예술계에 끼친 막대한 영향으로 인해 이른바 '암흑기'로 불리고 있다. 다만 같은 시기 홍콩과 대만에서는 '홍콩 대만 신무협' 작가들로 분류되는 일군의 작가들이 활발하게 활동하면서 걸출한 작가와 작품들이 등장한다. 그리고 이들이 정립한 무협 장르의 내적인 체계가 후대의 무협 장르 발전에 지대한 영향을 미친다. 이 시기에 연대별로 활약한 대표적 작가들과 그 작품들을 간략히 정리하면 아래와 같다.

1) 1950년대 ~ : 양우생, 김용
   - 양우생『용호투경화(龙虎斗京华)』『백발마녀전(白发魔女传)』등
   - 김용『사조영웅전』외 다수
2) 1960년대 ~ : 고룡
   - 고룡『무림외사(武林外史)』『절대쌍교(绝对双骄)』등
3) 1970, 1980, 1990년대 ~ : 온서안, 황역
   - 온서안『신주기협(神州奇侠)』등
   - 황역『심진기(킇秦记)』『대당쌍룡전(大唐双龙传)』등

한편, 이 중에서 '황역'과 그의 작품이 특기할만 한데, 이는 황역이 중국 웹소설 서사와 장르 전반의 발전에 중요한 유산을 남긴 것으로

평가되기 때문이다. 그 유산이란 곧 '천월(穿越)' 코드로, 이는 주인공이 시간과 공간 혹은 세계를 모종의 방식을 통해 뛰어넘는 것을 일컫는다. '천월' 코드는 웹소설의 세계관에 독자들을 흡인하고 몰입시키기 위한 서사적 장치로 오늘날에는 매우 보편적으로 사용되고 있다. 바로 이런 점에서, 황역은 '홍콩 대만 신무협'시기와 '인터넷 뉴미디어 IP화'시대의 무협을 이어주는 징검다리 역할을 하고 있다고 볼 수 있다.

2) 레거시 미디어 생태계 속 중국 무협의 문화적 의미

위와 같은 계보를 따라 발전해온 중국 무협 서사는, 레거시 미디어와 결합하며 중국 내와 글로벌 대중과의 접점을 확대해 나갔다. 그 과정이 진행되는 오랜 기간 동안 중국에서 '무협' 장르는 전통문화와 민족체육이 결합된 형태로서, '중국적 콘텐츠'의 핵심적 코드로 자리 잡고 있었던 것은 분명해 보인다. 또 외부적 시선에서 보아도, '우슈', '쿵푸' 등은 '중국'을 연상하고 상상하기에 매우 용이한 코드였다. 즉 이들 장르들을 관통하고 있는 무협 코드는 중국적 초인이나 영웅형상과 관련된 서사의 전형을 형성한다고도 볼 수 있는 것이다. 중국 외 국가들의 학자들은 무협 코드와 그 다양한 변주들을 '중국적'으로 읽어내고, 이를 이른바 '신주류' 혹은 '범주류' 영화 등 국가적 이미지와 연결되는 장르로 규정하고 있다.

한편 중국 내부적으로도 '무협'은 '국술'이라는 명칭과 결합되고 있다. 웹소설 플랫폼에서도 무협과 관련된 카테고리 명칭 중 하나로 그대로 사용되고 있기도 하다. 그 실례로 기점중문망 플랫폼의 '무협'

장르 카테고리에는 국술무쌍(国术无双)이라는 하위 카테고리가 존재하여 '무협'과 동류로 다루어지고 있다.

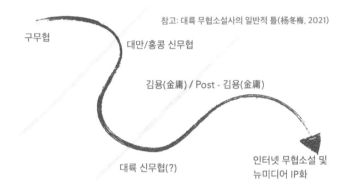

참고: 대륙 무협소설사의 일반적 틀(杨冬梅, 2021)

구무협

대만/홍콩 신무협

김용(金庸) / Post - 김용(金庸)

대륙 신무협(?)

인터넷 무협소설 및 뉴미디어 IP화

[그림 2] 중국 학술계의 무협소설사 구분 방식

3) 뉴미디어 환경으로의 진입과 변화하는 무협의 위치

그러다 '무협'은 뉴미디어 환경으로 진입하게 된다. 1990년대 이후 인터넷 BBS(Bulletin Board System, 전자 게시판 형태) 환경에서 웹소설이 등장하고, 무엇보다도 2003년에 기점중문망이 'VIP제도'라는 유료 회원제 비즈니스 모델(Business Model: BM)을 업계에 성공적으로 정착시키면서 웹소설 산업 생태계가 폭발적으로 성장하게 된다. 팽창하는 웹소설 시장의 수요는 기존의 '전통적' 장르소설의 유산들로 우선적으로 채워지게 되었는데, 이러한 맥락 속에서 '무협' 역시 기존의 장르소설 출판 시장에서의 지위를 자연스럽게 승계하여 초기 웹소설 시장 내에서 중요한 장르로 자리 잡게 되었다. 그리고 중국이 웹소설을 문화적 소프트파워의 원천으로 규정하고 본격적으로 그 발전을 추동하면서, 해외에 중국의 웹소설을 전파하고자 하는 움직임 역시 활발해졌는데, 이러한 흐름 속에서도 무협은 중국적 콘텐츠의 대표 주자 혹은 선봉장의 위치를 점하고 있었다. 이를 엿볼 수 있는 사례들 중 하나로, Wuxiaworld(武俠世界, 무협세계)[1]의 케이스가 있다. Wuxiaworld는 2014년 12월 기업이 아닌 열성적인 개인 팬들에 의해 설립한 중국 웹소설의 해외 전파/수출 플랫폼이다. 그 이름에서도 볼 수 있듯이 '무협' 키워드가 중국적 장르성, 구체적으로는 중국적 환상성/초인형상의 원류로서 상징적 대표성을 가지고 있었다는 것을 볼 수 있다. 이러한 흐름은 WuxiaWorld 플랫폼의 자기 소개에서도 살펴볼 수 있다.

> *Wuxiaworld.com, owned by Wuxiaworld Limited, was founded in December of 2014 by RWX,* **ay passionate fan of Wuxia novels.** *It quickly rose to prominence as the largest Chinese-to-English novel translation platform in the world. Ranked by Alexa as one of the top 2000 websites, and with millions of page views per day, Wuxiaworld has become a brand name in Chinese-to-English novel translation excellence.*
>
> *Many of Wuxiaworld's translators originally cut their teeth on Wuxia classics such as novels by Louis Cha and Gulong, and have since moved on to more modern Xianxia, Qihuan, and Xuanhuan novels,* such as Coiling Dragon(盘龙), I Shall Seal the Heavens(我欲封天), Martial God Asura(修罗武神), and more. Wuxiaworld has continued to grow, translating and publishing renowned Korean webnovels including The Second Coming of Gluttony(탐식의 재림), and Overgeared(템빨).[2]

----

1) https://www.wuxiaworld.com/

위의 사이트 소개에서 볼 수 있듯, Wuxiaworld의 다수 번역자들은 먼저 대표적 무협작품들부터 번역하여 영어 사용자에게 제공하였으며, 점차 플랫폼이 성장함에 따라 선협과 기환(판타지), 현환(동방판타지), 더 나아가 한국의 유명 웹소설까지 취급 범위를 확장해 나아간 것이다. 이는 무협장르가 웹소설 장르 중에서도 가장 중국적 장르로 인식되고 있었음을 보여주는 아주 전형적인 사례라고 볼 수 있다.

한편 논의를 진행시키기 위해, 잠시 무협과는 별개로 중국 웹소설 산업 전체 동향에 대해 잠시 짚고 넘어갈 필요가 있다. 최근의 보고에 따르면 중국 웹소설 시장은 2012년부터 2021년 사이에 상당한 양적 성장을 이루었다. 한편, 웹소설 시장이 급격히 팽창하면서 보다 다양한 서사 콘텐츠에 대한 니즈가 증대되고, 또 '환상성' 혹은 '판타지성'에 대한 니즈 역시 늘어나게 된다.

	2012	2021
매출규모	24.5억 RMB	267.2억 RMB
작품수	800만	3200만
작가수	419만	2278만
유저수	2.3억	4.9억
IP매출	1억 RMB 이하	40억 RMB 이상
해외매출	4억 RMB(2018년)	29.05억 RMB

[그림 3] 2012~2021년 중국 웹문학 산업규모 현황 - 『2021年中国网络文学发展报告』

일단 기반 산업이 웹소설 산업의 범위에서 IP 산업으로 넓게 잡히면

2) https://www.wuxiaworld.com/about (검색일: 2024.8.1)

서 콘텐츠 산업 생태계가 초확장을 이루게 되었다. 이러한 확장에는 텐센트(Tencent)의 슬로건인 '범오락(Pan-Entertainment)'과 'IP화(IP化)'의 제창 및 이에 대한 관련 업계의 잇따른 팔로우가 드라이브를 걸었다. 이 과정에서 기존의 웹콘텐츠 생태계를 형성하던 가치사슬들 사이에 '초연결' 및 '초확장'이 일어나며 콘텐츠 산업에 뛰어든 기업들에게 있어 원천 서사(스토리)로서의 IP 발굴이 전략적으로 중요하게 되었다. 이로 인해 웹소설은 전체 뉴미디어 산업 생태계 내에서 중요한 원천 IP 풀로 기능하게 되었다. 바로 이러한 이유 때문에 현재 웹소설 플랫폼의 매출구조 내에서, 웹소설에 대한 직접적 구독 수입에 비해 IP화와 트랜스미디어 스토리텔링 전략으로 인한 수입이 더 늘어나는 비중변화가 진행되고 있다. 바로 이와 같은 맥락에서 특정 원천 서사, 혹은 원천 스토리 월드의 IP 확장성이 그 서사 콘텐츠의 핵심 가치로 규정되고 있다고 해도 과언이 아니다.

그렇다면 다시 '무협'으로 시선을 돌려, 시장규모의 팽창과 함께 산

[그림 4] 전략으로서의 IP 확장성 예시: 웨원그룹(阅文集团)의 어젠다(한글은 저자 번역)

업구조적 변화를 겪고 있는 문화콘텐츠 산업의 추세 속에서 '무협'은 현재 어떤 포지션을 가지고 있는가 하는 부분을 짚어보자. 우리는 상술한 전체 콘텐츠 생태계의 변화 속에서 '무협' 장르의 포지션이 상대적으로 축소되는 경향을 보이고 있다는 점을 주목할 필요가 있다.

이러한 추세는 남성향과 여성향을 불문하고 가장 대표적인 중국 웹소설 플랫폼들에 대한 조사를 통해 각 장르에 속하는 작품 수를 비교하여 그 비중을 비교함으로써 확인 가능하다.

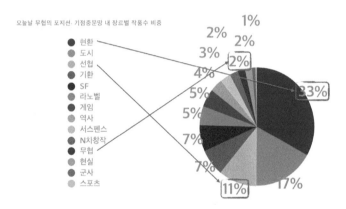

[그림 5] 기점중문망 내 장르별 작품수 비중 분포(출처: 저자 정리)

위 그래프는 중국의 최대 남성향 웹소설 플랫폼인 기점중문망에서 공시하는 각 장르별 작품 수를 차트화시킨 것이다. 이를 살펴보면 '무협'의 포지션이 우리가 알고 있던 위상에 비해 얼마나 축소되어있는지 명확하게 확인할 수 있다. 현재 기점중문망의 경우 각 장르별로 모든 작품들의 제목과 연재시기 등 정보를 완전히 공개하지 않아 역사적 데이터를 수집하는 것이 불가능하며, 따라서 '무협' 시간의 흐름에 따라 어떠한 포지션 변화를 겪어왔는지를 추적하기에는 어려움이 존

[그림 6] 2019년 웨원집단 기점중문망 중국무협 웹문학 공모전 포스터

재한다. 즉 공개된 데이터 범위 내에서 현재적 장르지형을 살펴볼 수밖에 없는 상황이다. 그럼에도 이 '현재적 장르지형' 속에서 무협장르 작품의 비중이 전체 플랫폼의 2%에 불과하다는 사실과, 비교적 신생의 인접 장르인 '현환'과 '선협'이 각각 23%와 11%나 차지하고 있다는 사실은 주목할 만하다.

생산량 수치적인 면에서 본 '무협' 장르의 포지션이 위와 같다면, 문화적 의미에서는 어떠한 변화가 생겼을까? 과연 기존에 중국적 콘텐츠의 대표로 호명되던 무협은 여전히 그러한 위치를 점하고 있을까? 이에 대해서는 상대적으로 급격하게 작품수가 증가한 선협과 비교하면서 '무협'이 어떤 방식으로 호명되고 있는지 살펴보는 것이 유효할 것이다.

위의 웨원집단 기점중문망의 무협 공모전 포스터 페이지를 확인하면, 무협 공모전은 '협의' 정신을 핵심적인 콘셉트 키워드로 내세우고 있다. 특히 흥미로운 지점은 이러한 '협의'의 정신을 드러내는 대표적

형상으로 곽원갑(霍元甲)이나 엽문(葉問) 같은 역사적 실존 인물들의 이름뿐만 아니라 김용의 소설에 등장하는 여러 가상의 인물(캐릭터)들이 더불어 소환된다는 것이다.

> 侠这个字，往大处说，上忧国，下忧民。为国是，为苍生，倾家当，舍性命，是为 大侠也！往小处言，见义勇为，道铲不平，谓之小侠也。
> 협이라는 글자는, 크게 말하면 위로는 나라를 걱정하고, 아래로는 백성을 걱정하는 것이다. (중략) 이를 대협이라 한다! 작게 말하면 정의를 위해 용감하게 행동하고, 불공평한 일을 척결하는 것, 이를 소협이라 일컫는다.[3]

　결국 위의 공모전은 '무협'을 '협'이라는 정신으로 응집시키고 있으며, '협'의 정신은 무엇보다도 개인적 차원에서부터 보편적 차원에 이르는 다양한 층위의 '정의' 혹은 '올바름'과 같은 키워드에 연결되고 있는 것을 볼 수 있다. 이를 '무협'에 대한 상당한 문화적 의미부여라고 읽을 수도 있겠지만, 똑같은 웨원집단에서 진행한 '선협 공모전'에서 선협을 어떻게 호명하고 있는지를 '무협'의 호명 방식과 비교해본다면 흥미로운 대조를 발견할 수 있게 된다.

　2019년과 2020년에 진행된 선협 공모전 내용을 보면, 선협이라는 범주 안에 구전-기록 텍스트를 막론한 중국의 민담, 설화, 전설, 영웅담 등을 포함시키고 역대 소설까지 참조체계로 포함하고 있다. 그러면서 선협이 중국의 새로운 민족적 문화의 담지체로 규정받고 있는데, 이러한 변화들을 볼 때 규모적으로나 의미 규정의 측면에서나 '중국

3)　https://acts.book.qq.com/2019/6600575/index.html (검색일: 2024.1.22)

[그림 7] 웨원집단 기점중문망 선협신화 공모전 2020 포스터

적 콘텐츠'의 대표 주자 순위에 변화가 발생한 것이 아닌가 하는 것이다. 특히 문화의 대외 수출 측면에서 선협이 상당히 주목받고 또 무협과 비교할 때 더 자주 '중국문화' '중화민족'과 같은 '큰 키워드'와 연결되는 것을 볼 때 이러한 주장은 타당성을 더해간다고 볼 수 있다.

中国神话源远流长，博大精深，从古拙质朴的口头神话到繁杂成熟且富有想象力的文本神话，对整个中华民族的发展有着极为深远的影响，也逐渐展现出自己独特的魅力。

중국신화는 역사가 유구하고 뿌리가 깊으며, 넓고 심오하여, 고대의 질박한 구두신화에서 복잡하고 성숙하며 상상력이 풍부한 텍스트 신화에 이르기까지, 전체 중화민족의 발전에 극도로 심원한 영향을 미쳤으며, 또한 점차 그 독특한 매력을 뿜어내고 있다.[4]

----

4) HTTP://ACTS.QIDIAN.COM/2020/6536637/INDEX.HTML (검색일: 2024.1.22)
   HTTP://ACTS.QIDIAN.COM/2019/856081363/INDEX.HTML (검색일: 2024.1.22)

결국 '무협'은 상대적으로 넓고 깊은 문화적 원천을 가지고 뛰어난 확장력과 잠재력을 지닌 '선협' 장르에게 중국적 콘텐츠의 대표 주자라는 위치를 내어주고, 기존에 비해 축소된 문화적 의미를 가지게 된 것으로 읽힐 수 있다.

물론 '무협'은 단순히 축소되기만 한 것은 아니라고 볼 수 있다. 상술한 대로 수량적으로 2%로 잡히는 플랫폼 내 작품 수 데이터는 조금 더 정교하게 해석될 필요가 있다. 기존의 무협 요소, 혹은 장르소설들은 여러 키워드로 해체되어 다른 장르들의 키워드들과 이합집산하며 장르 확장과 분화, 창출로 이어지고 있다고 보아야 할 것이다. 그와 동시에 위 통계에서 2%를 차지하는 '무협'은 보다 단단한 마니아층으로 이루어진 '정통무협'의 규모로 보는 것이 타당할 것으로 보인다. 물론 이것은 앞으로 연구를 더 진행하고 데이터들을 모으면서 검증해보아야 할 문제이다. 이러한 필자의 관점은 어느 정도 이른바 '정통무협'은 세계관적으로 새로운 세계를 창조하거나 새 이야기를 내놓기에 너무 정체된 것이 아닌가 하는 일개 독자로서의 개인적 감도 반영된 것이다. 예를 들어 무협 IP는 이른바 '정통', '클래식' 작품 위주로 반복적으로 리메이크되고 있는데, 이를 통해 마니아층 위주의 레드오션 상태 등을 살펴볼 수 있는 방증사례를 확인할 수 있다.

3. 데이터 크롤링&마이닝으로 본 무협의 포지션 변화

1) 데이터 크롤링&마이닝 타겟: 여성향 웹소설 플랫폼 진강문학성

지금까지 논의한 무협의 포지션 변화를 보다 구체적 데이터를 통해 확인해보기 위해, 본 절에서는 데이터 크롤링을 통해 주요 플랫폼에서 공개한 대량의 창작 데이터를 수집하고, 이를 분석한 결과를 다루고자 한다. 앞서 2절에서 언급했듯, 기점중문망을 위시한 남성향 웹소설 플랫폼들 대부분은 연재 데이터를 모두 공개하고 있지 않아 역사적 데이터를 모두 수집하는 것이 사실상 불가능했다. 하지만 본절에서 다루는 중국의 대표적 여성향 웹소설 플랫폼인 진강문학성은 플랫폼이 오픈한 2003년부터 현재까지에 이르는 모든 연재 작품들(중간에 모종의 이유로 삭제된 작품들은 차치하고)의 메타데이터를 공개하고 있다. 따라서 이 데이터들을 수집과 분석의 대상으로 삼아 여성향 웹소설 플랫폼 내에서의 무협 장르 포지션을 분석해보고자 한다.

본 절에서는 진강문학성에 연재된 소설들 중, 창작 형태를 기준으로 파생소설(衍生)을 배제한 오리지널소설(原創)을 중심으로 조사를 진행하였다. 한편 연구 대상 장르 범위에 있어, '애정(愛情)' 장르를 배제하고 무협을 포함한 6개의 장르로 연구 대상을 특정하였다. 즉 진강문학성 플랫폼이 설립된 2003년부터 2023년 현재까지 장르별 발표된 작품 수를 조사하였고 '애정' 장르를 제외하고 작품 수가 많은 순서대로 5개 장르를 뽑아 무협장르의 비교대상으로 삼았다. 이는 장르 사이의 지형 변화를 판단하는 데 보다 용이한 접근을 위한 것이다. 플랫폼 내에서 압도적으로 작품 수가 많은 '애정' 장르의 경우, 여성향 웹소설의 전반적인 기조이며 기타 장르와 배타적이지 못할 수 있다는 점, 그리고 너무나 독보적인 비중으로 인해 이를 제외한 나머지 장르의 다이내믹이 가려질 수 있다는 점을 고려하여 배제하였다. 또 진강문학성이 여성향 웹소설 플랫폼이라는 점을 감안하면, 대부분의 작품이 '애정' 키워드를 전면에 내세우지 않았더라도 '애정' 코드와 연관되어 있되 그 외에 전면에 내세워진 특정한 코드를 해당 작품의 장르로 규정하였을 것이라고 추정 가능하다. 이렇게 '애정'을 제외한 작품 수 상위 6개 장르의 작품에 대한 데이터를 수집한 결과, 무협(武俠) 29,924 작품과 극정(劇情) 120,118 작품, 선협 85,803 작품, 현의(懸疑) 30,917 작품, 전기(傳奇) 26,802 작품, 과환(科幻) 26,325 작품이 집계되었다.

2) 데이터 분석1: 장르별 생산량 추이 및 무협 비중 추이

앞서 살펴본 무협장르의 포지셔닝 변화 양상을 기반으로 하여 무협 장르 내부에서 구체적으로 어떠한 변화가 나타났는지 분석하고자 한

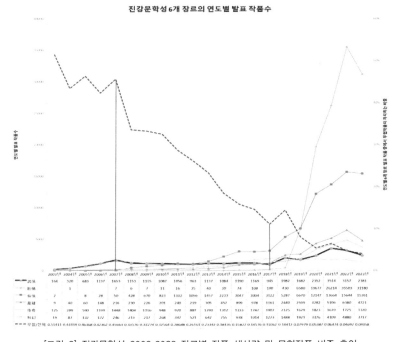

[그림 8] 진강문학성 2003-2023 장르별 작품 생산량 및 무협작품 비중 추이

다. 구체적인 변화의 경로를 살피기 위해 6개 장르의 연도별 발표 작품수를 집계하여 그 추이를 그래프로 나타냈다. 또한 연도별 6개 장르의 발표 작품에서 무협장르가 차지하는 비중을 가시적으로 확인하기 위해 해당 변화 추이를 그래프에 따로 나타냈다. 그 결과, 유의미한 추이가 돋보이는 연도를 기준으로 진강문학성이 창립된 2003년부터 2023년 현재에 이르기까지의 시기를 총 세 단계로 나누어 살펴볼 수 있었다.

연도별 6개 장르의 작품 중에서 무협장르 작품이 차지하는 비중(붉은 점선)은 2003년 플랫폼 초기의 높은 비중에서 출발하여 최근의 시기로 올 수록 전체적으로 우하향 추세를 보이고 있으며, 2007년에서 2008년 사이에 가장 큰 낙폭을 보여주며 감소하기 시작하고 있다.

한편 2008년 이후 무협장르 작품의 절대적인 양은 2017년까지 일정한 수준으로 유지되다가 2018년부터 선협장르 작품의 급증과 더불어 미세하게 우상향 추세를 보이기 시작한다. 무협장르 작품의 절대적인 양이 일시적으로 증가함에 따라 6개 장르의 전체 작품 중에서 무협장르 작품이 차지하는 비중도 2018년에 일시적으로 증가하였다.

개괄하자면, 선별된 6개 장르의 작품 중에서 무협장르의 비중이 40퍼센트 이상으로 유지되며 무협장르 작품이 선협, 전기, 과환장르 작품보다 많이 발표되었던 2007년 이전까지가 하나의 시기가 될 수 있고, 2007년 이후부터 2018년의 일시적인 상승세가 있기 직전까지 무협장르의 비중이 지속적이고도 급격하게 감소하였던 2017년까지가 하나의 시기가 될 수 있으며, 현재까지 무협장르 포지션이 어떠한지 고찰할 수 있는 2023년까지가 하나의 시기가 될 수 있다.

여기에서, 다른 수치보다 보다 명확한 울림을 주는 것은, 2003년

개수 : 作品	열 레이블 ▼						
행 레이블 ▼	科幻	劇情	武侠	仙侠	传奇	悬疑	총합계
2003년	19		164	2	125	9	319
2004년	87	1	320		289	40	737
2005년	132		683	8	590	60	1473
2006년	172		1137	28	1199	148	2684
2007년	246	7	1653	50	1448	216	3620
2008년	213	6	1153	428	1404	230	3434
2009년	217	7	1115	670	1116	226	3351
2010년	268	11	1087	823	948	201	3338
2011년	347	16	1056	1102	920	240	3681
2012년	521	35	963	1056	887	219	3681
2013년	642	40	1137	1457	1290	305	4871
2014년	755	39	1084	2233	1312	457	5880
2015년	978	74	1190	3047	1333	899	7521
2016년	1014	108	1169	3004	1747	978	8020
2017년	1223	190	945	3122	1902	1161	8543
2018년	1488	430	1982	5287	2125	2440	13752
2019년	1921	6580	1682	6670	1629	2599	21081
2020년	3376	19677	2352	12147	1823	4282	43657
2021년	4109	26214	3514	13664	1670	5106	54277
2022년	4880	35503	3157	15644	1725	6380	67289
2023년	3717	31180	2381	15361	1320	4721	58680
총합계	26325	120118	29924	85803	26802	30917	319889

[그림 9] 진강문학성 플랫폼 내 각 장르별-연도별 생산량 추이 2003~2023

	▼	▼	▼	▼	▼	▼	▼	▼
2003년	19		164	2	125	9	319	0.514106583
2004년	87	1	320		289	40	737	0.434192673
2005년	132		683	8	590	60	1473	0.463679566
2006년	172		1137	28	1199	148	2684	0.423621461
2007년	246	7	1653	50	1448	216	3620	0.456629834
2008년	213	6	1153	428	1404	230	3434	0.335760047
2009년	217	7	1115	670	1116	226	3351	0.332736497
2010년	268	11	1087	823	948	201	3338	0.325644098
2011년	347	16	1056	1102	920	240	3681	0.286878566
2012년	521	35	963	1056	887	219	3681	0.261613692
2013년	642	40	1137	1457	1290	305	4871	0.233422295
2014년	755	39	1084	2233	1312	457	5880	0.184353741
2015년	978	74	1190	3047	1333	899	7521	0.15822364
2016년	1014	108	1169	3004	1747	978	8020	0.145760599
2017년	1223	190	945	3122	1902	1161	8543	0.110616879
2018년	1488	430	1982	5287	2125	2440	13752	0.144124491
2019년	1921	6580	1682	6670	1629	2599	21081	0.079787486
2020년	3376	19677	2352	12147	1823	4282	43657	0.053874522
2021년	4109	26214	3514	13664	1670	5106	54277	0.064741972
2022년	4880	35503	3157	15644	1725	6380	67289	0.04691703
2023년	3717	31180	2381	15361	1320	4721	58680	0.040576005
총합계	26325	120118	29924	85803	26802	30917	319889	0.093544948

[그림 10] 진강문학성 플랫폼 내 전체 작품수 대비 무협 장르 작품수 비중 추이 2003~2023

초기('애정' 장르를 제외한) 6개의 상위 장르 중 연중 창작 작품 수의 약 50%를 차지하던 '무협'장르의 비중이 2023년에 이르러서는 불과 4%에 불과하게 되었다는 점이다. 전체기간 누적 창작량으로 따져도 전체 작품수의 9.3%의 비중에 불과하다. 이와 비교해 두드러진 상승세를 보이는 것은 '선협'과 '극정'장르인데, '선협'은 꾸준한 비중 상승을 겪어 2018년과 2019년 사이에 무협의 비중을 앞질렀고, '극정' 역시 2017년부터 폭발적인 생산량을 보이며 2019년 빠르게 '무협'의 비중을 앞질렀다. 이로 미루어 보아 2017년과 2019년 사이의 기간에는 웹소설 장르 지형에 무엇인가 중대한 변화가 일어났다고 추론할 수 있다.

3) 데이터 분석2: 무협 장르 내적 기조 변화 추적

위와 같은 큰 추세 속에서 무협장르에 발생한 주요한 변화 기조를 보다 깊이 파악하기 위해 무협장르 인기작가와 그들의 작품을 분석 대상으로 삼았다. 각 작가의 인기지표의 척도는 시기별로 '작품소장(作品收藏)'[5] 순위 1위부터 50위까지의 작품으로 삼았다. 유의할 부분은 독자가 작품을 열람하거나 소장할 때 최신 발표 작품만 선택의 대상이 되지는 않으며 사이트에 발표되어있는 모든 작품이 그 대상이 된다는 점이다. 때문에 시기별 무협장르 작품소장 순위 데이터를 추출할 때 시기를 서로 중첩되지 않게 배타적으로 나누지 않고 '누적

---

5) 진강문학성에서 인기도를 나열하는 기준은 '작품소장(作品收藏)'과 '작품점수(作品積分)'가 있는데, 정렬기준의 첫 번째란에 위치한 것이 '작품소장'이다.

시기'로 구분하였다. 이는 무협장르의 전성기에 발표되었던 작품들이 수많은 신진 작가들이 배출된 현재 시점에 어떠한 위치를 가지는지 비교분석하기 위함이기도 하다.

　1) '무협'장르 전성기라고 할 수 있는 2003년부터 2007년의 진강문학성 플랫폼 초기시절 무협 50위권 작가들은 지금은 상당수 사라졌다. 그러나 이 시기의 인기작가들 중 여전히 문학/문화계에서 영향력을 행사하고 있는 이들이 있다. 이들을 추적함으로써 전성기 시절의 '무협'이 웹소설 작가들에게 어떠한 의미로 작용하였는지 살필 수 있다.

　무협장르의 전성기였던 2003년부터 2007년 시기에 무협장르 작품 소장 순위 상위권을 차지하였던 작품들은 2003년부터 2017년, 2003년부터 2023년의 시기에는 무협장르 작품소장 순위 상위권에서 사라졌다. 반면 2003년부터 2023년의 무협장르 작품소장 순위 상위권 작품의 작가들의 약 절반이 2003년부터 2017년 시기의 무협장르 작품 소장 순위 상위권의 작품들의 작가들과 중복되는 양상을 보인다. 그러나 무협장르 전성기를 이끌어갔던 작가들이 진강문학성의 무협장르 작품 소장 순위에서 사라졌다고 하여 이들의 문학계 활동이 종결되었다고는 볼 수 없다. 이들 중 상당수가 소설 창작에서 이탈한 것은 맞으나, 일부는 무협 혹은 기타 장르의 소설을 여전히 연재하고 있고 또 일부는 기타 단행본이나 만화, 영화, 드라마 등 매체로 확장하였으며 문화계의 요직을 겸하고 있는 경우도 있었다.

　이는 '무협'장르 전성기 시절에 '무협'이 문화계의 다양한 플랫폼으로 입장하는 창구 혹은 등용문과도 같은 역할을 수행하였다는 것으로 해석할 수 있다. 구체적인 사례를 살펴보기 위해 무협장르의 전성기였던 2003년부터 2007년의 시기에 대중적 인기를 누렸던 무협 작가들이 현재에 이르는 시기까지 어떤 식의 활동을 이어나가고 있는지 추적하여 현재 진강문학성 작품 연재 여부 혹은 문학 및 문화계에서의 활동 여부를 추적하였다. 특히 후자의 경우 작가의 창작활동이 다양한 미디어를 넘나들며 이루어지고 있는지를 중점적으로 살펴보았다.

2003년부터 2007년까지 무협장르 누적 작품소장 순위 50위 안에 드는 작품의 작가들 중 현재까지 활발히 활동하고 있는 작가는 전체의 약 11%로(총 45명 중 5명), '동해용녀(东海龙女)', '청천(晴川)', '이려(伊吕)', 'ane(아내, 阿耐)', '시정유(施定柔)'가 이에 해당한다. 시간이 흐름에 따라 창작활동에서 이탈한 작가들이 많기 때문에 이 시기의 작가들 중 영향력을 지닌 작가들의 절대적인 수는 적지만, 비교적 초창기에 활동하였던 인기 작가들이기에 문화계에서 이들의 위치는 다소 공고한 것으로 보인다. 예를 들어 '동해용녀'는 현재 영상미디어의 각본 작업과 소설외 문학의 출간 작업[6]도 활발히 하고 있으며, 이창시(宜昌市)의 영상가협회 부주석과 여작가협회 주석, 시링구(西陵区)의 문연(文联) 부주석과 신문예협회(新文艺协会) 주석을 겸임하고 있다. 또한 2022년 제 35회 중국금계백화영화제(中国金鸡百花电影节终评评委)의 평가위원으로 임명된 바 있다. '伊吕(十四阙)'는 현재 '동서동만사(东西动漫社)'라는 만화류 잡지사의 편집장을 역임하고 있고, 'ane'는 〈환락송(欢乐颂)〉 등 유명 드라마 각본을 집필하여 수상한 경력이 있다.

2003년부터 2017년까지의 누적 작품소장 순위 50위 안에 드는 작품의 작가들 중 현재까지 활발히 활동하고 있는 작가는 전체의 약

---

6) 2021년 시링(西陵)지역의 역사문화와 관련된 에세이(『西陵记忆』 3卷)

34%로(총 35명 중 11명), 'Priest', '록야천학(綠野千鶴)', '어소란산(语笑阑珊)', '소유병(酥油饼)', '석두여수(石头与水)', 'Twentine', '판율자(板栗子)', '나지호리(那只狐狸)', '안량우(颜凉雨)', '구로비향(九鹭非香)', '이아(耳雅)'가 이에 해당한다.

2003년부터 2023년까지의 무협 누적 작품소장 순위 50위 안에 드는 작품의 작가들 중 현재까지 활발히 활동하고 있는 작가는 전체의 약 36%로(총 41명 중 15명), 'Priest', '록야천학', '어소란산', '소유병', '석두여수', 'Twentine', '판율자', '나지호리', '안량우', '구로비향', '이아', '시경(时镜)', '관심칙란(关心则乱)', '목목재(木沐梓)', '태양균(太阳菌)'이 이에 해당한다.

2) 다음으로, 시기별 무협장르 50위권 작가들이 웹소설 생태계 내에서의 무협 장르 포지셔닝 변화에 어떻게 적응해가는지를 검토하였다. 이는 상위 작가들의 데뷔작품을 추적하여 그 데뷔작품의 장르가 무협인 비중을 추적한 것이다. 이를 추적한 이유는 특정 장르에 대한 수용자들의 수요가 있는 경우 생산자 입장에서는 해당 장르에 대한 창작 접근성이 높아지기 때문이다. 이는 작품을 창작하기 쉬웠다는 것이 아니라 높은 시장성으로 인해 다른 장르에 비해 우선적으로 고려의 대상이 될 가능성이 높았다는 것이다. 이를 통해 무협장르 작품소장 순위에서 상위권을 차지한 작가들의 창작 활동에서 무협이라는 장르가 시기별로 어떠한 의미를 창출하였는지 검토할 수 있을 것이다.

우선 작가들의 진강문학성 첫 연재작품의 장르를 확인하여 시기별 무협장르 작품소장순 50위권 작가 중 '무협'을 첫 연재작품의 장르로 선택한 작가들의 비율을 산출하였다. 시기별 무협장르 작품소장 순위 상위권의 작가들의 첫 연재작품 장르는 특정 장르에 대한 시기별 작가들의 친밀도 내지는 선호도를 대변한다고 볼 수 있다. 또한 이를 통해 해당 시기 플랫폼 독자들의 선호 장르와 취향을 미루어 추측할 수도 있으며 결과적으로 무협 장르의 대중성을 측정하는 하나의 척도가 될 수 있을 것이다.

시기	무협 작품소장순 상위 50위 작품의 작가 수 (중복 제외)	무협 작품소장순 상위 50위 작가 중 진강문학성 첫 연재 작품이 무협작품인 작가		
		수	비율	작가명
2003~2007	43	24	55%	雏微, 伊吕, 逆风而行, 炼之蜻蜓, 夜苍茫, 梦秋, 夜幽梦, 马晓样, 沉渊, 施定柔, 夏寻花, hunter*hunt, 吾无故, 穿心莲, 扶兰, 冷兰ceo, 第九重天, 丝舞, 飞鸟樱桃, 高人gaoren, 钻石星辰一瞬间, 盛颜, 白驹, goodnight小青
2003~2017	35	9	26%	八千岁, 南风歌, 点清镜, 板栗子, 乌龙煮雪, 紫玉轻霜, 雏微, 玄宓, 半*******园
2003~2023	41	8	20%	木沐梓, 八千岁, 南风歌, 乌龙煮雪, 板栗子, 岳千月, 点清镜, 不落不落

위의 표를 통해 무협장르 작품소장 순위 50위 내의 작가들 중에 진강문학성 첫 연재 작품으로 무협장르를 택한 작가의 절대적인 수와 비율이 모두 감소하고 있다는 것을 확인할 수 있다. 특히 2003년부터 2007년의 시기에는 과반수였던 비율이 2003년부터 2017년의 시기와 2003년부터 2023년의 시기에는 대폭 줄어들었다는 것을 확인할 수 있다. 이러한 수치로 미루어보아 작가들이 작품활동을 처음 시작할 때 선택하는 장르로서 무협이 더 이상 우세하지 못하다는 것을 확인할 수 있다. 이에 대한 요인은 매우 복잡 다양할 수 있으나 무엇보다 무협장르의 시장성이 문제가 되었을 가능성이 크다. 무협은 장르의

공식이 비교적 확고하고 세계관이 명확하기 때문에 트랜스미디어를 통한 확장이 기타 장르에 비해 어렵다. 또한 무협장르의 창작자나 소비자 입장에서도 무협을 생산하고 소비하기 위해서는 장르의 세계관을 숙지해야 하기 때문에 다소 장벽이 높다고 느낄 여지가 있다. 이러한 제약들로 인해 무협장르에 대한 작가들의 접근성과 친밀도가 감소하였다고 볼 수 있을 것이다.

3) 다음으로 각 작가들이 연재한 모든 작품 중 가장 큰 인기를 누린 작품을 확인하고 그중 가장 영향력 있는 각자의 최고 인기작이 '무협' 작품인 경우를 추적해보았다. 이를 위해 한 작가의 모든 연재 작품들 중에 '작품소장수(被收藏数)'[7]가 가장 높은 작품을 그 작가의 '최고인기작'으로 상정하였다. 시기별 무협장르 작품소장 순위 50위권 작품의 작가들의 '최고인기작'의 장르가 무협장르인지 여부를 확인한 결과 다음과 같은 결과가 도출되었다.

시기	무협 작품소장순 상위 50위 작품의 작가 수	무협 작품소장순 상위 50위 작품의 작가 중 최고인기작(연재한 작품 중 작품소장수가 제일 높은 작품)이 무협 작품인 작가		
		수	비율	작가명
2003~2007	43	29	67%	hunter*hunt, 幻海飞燕, 夜半二点, 沉渊, 夜苍茫, 东******女, 逆风而行, 月斜影清, 雏微, 凌凌君, 暴走游魂, 黯*******灵, 晴川, ty101664, 吾无故, 穿心莲, 扶兰, 冷兰ceo, 第九重天, 樱冢苍, 丝舞, 墨*******辰, 飞鸟樱桃, 高人gaoren, 钻石星辰一瞬间, 盛颜, goodnight小青, 慕梓, 收藏季节

---

7) '작품소장(作品收藏)'과 동일한 산출 기준이다.

| 2003~2017 | 35 | 12 | 34% | 半*******园, 绯瑟, 夜雪猫猫, 雏微, 莫笑吾, 那只狐狸, 执念啊, 眉如黛, 八千岁, 紫微流年, 酥油饼, 南风歌 |
| 2003~2023 | 41 | 11 | 26% | 指尖的咏叹调, 酥油饼, 八千岁, 紫微流年, 南风歌, 逢初雪, 盈兮, 飒露白, 执念啊, 风醒落, 那只狐狸 |

이를 통해 시기별로 무협장르 작품소장순 50위권 작가의 최고인기 작이 무협장르인 경우가 점점 줄어들고 있다는 것을 확인할 수 있다. 즉, 2기, 3기를 거치며 무협장르 내에서 인기를 얻는 작가라고 할지라 도 이들의 대표적인 인기 작품은 정작 무협이 아닌 다른 장르인 경우 가 점점 더 많아지고 있다는 것이다.[8]

4. 마치며

중국의 무협은 근대 이후 중요한 통속/오락 장르였으며, 오랜 기간 동안 전통무술과 결합하여 일종의 '중국적' 콘텐츠의 대표 주자로 인 식되어 왔다. 단 뉴미디어의 발달, 웹소설의 폭발적 발전과 그 뒤를 이은 콘텐츠 산업 생태계의 초확장 추세 속에서 무협 서사는 생존 환 경에 변화를 겪었다. 즉 IP의 확장 가치 중요성 증가, '환상성' 트렌드 등 스토리월드의 확장성, 유연성과 소재의 신선함을 추구하는 콘텐츠

---

8) 이는 진강문학성의 독자들이 무협 작품을 볼 때 점점 무협 그 자체에 대한 관심도는 줄어들고 단지 필력이 좋거나 취향에 부합하는 작가의 작품을 위주로 선택하는 경향을 보이고 있다는 지표이기도 하다. 단적인 예시로 'Priest', '绿野千鹤', '语笑阑珊' 등 작가들의 무협 작품은 무협장르 순위권의 인기작이지만, 이들은 무협보다 기타 장르의 작품으로 더욱 크게 호응을 얻어 두터운 팬층을 거느린 작가들이다.

시장의 니즈가 확대됨에 따라, 무협 장르를 구성하는 다양한 키워드들은 파편화되어 다른 장르 요소와 결합함으로써 '무협+@' 혹은 새로운 장르로 분화한 것이다. 선협으로 대표되는 이러한 신규 장르의 시장 규모는 무협의 시장 규모를 월등히 추월하고 있다. 반면, 장르 내적 규율이 비교적 엄격하게 작동하는 '정통무협'의 경우 마니아층 중심으로 향유되고 있다. 이러한 경향은 선협이 중국 '전통'의 민담, 전설, 신화, 영웅담, 각 시대별 문학을 아우르는 광범위한 참조체계를 흡수해가며 더욱 가속화하고 있는 것과 대조적이다. 그럼에도 무협 IP는 여전히 김용 등 작가들의 클래식 원작을 중심으로 끊임없이 리메이크 되는 중이며, 해외 독자들은 여전히 무협을 '중국'이라는 공간을 상상하는 매개로 인식하고 있다.

이처럼 뉴미디어 환경 속에서 무협 장르의 문화적 포지션이 변화하고 있는 상황을 본 연구에서는 데이터 크롤링과 마이닝을 통해 실증적으로 연구하였으며, 이를 통해 1) 무협의 규모적 포지션 축소 2) 무협의 문화적 영향력 축소 3) 생산자 측에서의 무협의 접근성 혹은 매력도 저하라는 현상을 밝혀낼 수 있었다. 이러한 동향에 대해 유의 깊게 지켜보는 한편, 향후 글로벌 뉴미디어 산업의 확장이라는 새로운 맥락 속에서 무협이 기존의 의미에서 벗어나 어떤 방향으로 발전의 추세를 형성 가능할 것인지에 지속적으로 주목할 필요가 있다. 또한 본 연구는 무협이라는 장르에 초점을 맞추었기 때문에 전체적 중국의 웹소설 장르 지형의 변화 추세를 모두 포괄하지는 못한다는 아쉬움이 있다. 이에 대해서도 데이터의 범위와 심도를 확장하여 접근하면 보다 많은 문제의식과 통찰을 발견할 수 있을 것으로 기대한다.

제11장

스페인 총리 연설문의 정량적 문체 분석

정혜윤

1. 시작하며

　현재 우리 한국에서는, 문과, 더 구체적으로는 외국어문학 전공 학과의 현실이 아주 희망적이지는 않다. 학력인구 급감, 이과 선호 현상, 문이과 교차지원, 의대 정원 확대 등으로 인해 이른바 '문과 기피' 현상은 더욱 가속화되고 있다. 이와 같은 대외적 문제로 인하여, 인문학의 지속 가능성과 사회적 역할이 크게 위협받고 있다. 비단, 이런 현상은, 한국에만 국한되지는 않을 것이라 여겨진다. 더욱이, 최근 ChatGPT와 DeepL, 파파고 등과 같은 인공지능과 머신러닝 기반 통번역 도구의 급격한 발전으로 인해, 외국어문학 전공 학과의 존재 이유에 대해 회의적인 시각이 확산되고 있다. 이에 따라 여러 대학에서 이러한 학과들이 통폐합의 주요 대상으로 고려되고 있으며, 관련 학계에서는 위기감을 느끼고 있다. 외국어문학의 교수자이자 연구자로서, 본 연구는 디지털 도구를 활용하여 인문학 지식을 전달하고 확산하며 발전시키는 방안을 제안하고자 한다. 이를 통해 현재의 위기감을 새로운 기회로 전환하는 가능성을 모색하는 데 목적이 있다. 구체적인 목표는

'디지털 문체 분석-stylometry-'이라는 명칭 하의 다양한 텍스트 분석 방법을 통하여, 스페인의 전현직 총리 3인의 연설문 원고의 문체적 특징을 파악하는 것이다.

2. 디지털 문체 분석이란?

문체(style)의 사전적 정의는, '문장의 개인적인 성벽(性癖)이나 범주를 의미하는 글의 체제'이다(한국민족대백과사전). 문학에서 문체는 저자가 글을 쓰는 방식, 또는 이야기를 전달하는 방식이다. 어조, 어휘 선택, 문법, 사용 언어, 묘사 기법 등 문체를 구성하는 중요한 요소들이 많다. 한편, 디지털 문체 분석(stylometry)은, 문체에 대한 정량적 분석을 말한다. 주로 통계적 방법을 사용하여 텍스트를 분석하고 저자를 식별하고, 텍스트의 문체와 그 텍스트에 관한 메타데이터 간의 관계를 다룬다. 종종 텍스트 속에 사용된 고빈도어(MFWs)에 주목하는데, − Zipf의 법칙에 따르면,− 고빈도어 상위에 위치하는 단어들은 관사, 조사, 전치사, 접속사 등과 같은 기능어에 해당한다(Aiden 2015).[1] 통상 문서에서 사용된 단어 토큰의 50%에서 65%를 차지한다고 알려진 기능어는 저자가 무의식적으로 사용하기 때문에 그의 문체를 반영하는 데 적합하다(Burrows 2002; Savoy 2020).[2] 'stylometry'라는 용어를

---

1) Aiden, E.(김재중 옮김), 『빅데이터인문학: 진격의 서막』, 사계절, 2015.
2) Burrows, J. F., "'Delta': A Measure of Stylistic Difference and a Guide to Likely Authorship," Literary and *Linguistic Computing*, 17 (3), 2002; Savoy, J., *Machine Learning Methods for Stylometry*. Cham: Springer, 2020.

처음 사용한 사람은, 폴란드의 철학가 Wincenty Lutosławski(1863~
1954)이며, 플라톤의 여러 작품에서 문장 구조, 어휘, 어구 등에 대한
정량적인 측정과 통계 분석을 시도하여, 작품 속에 사용된 다양한 대
화의 스타일을 비교하고, 어떤 작품이 진짜 플라톤의 것인지, 그리고
추이 분석을 통해 작품들 간의 저작 순서를 파악하고자 하였다. 이처
럼, 문체는 단순한 문장의 구조를 넘어서, 저자의 무의식적인 표현 방
식을 포함하고 있기 때문에, 텍스트의 고유성이나 신뢰성을 파악하는
데 중요한 역할을 한다.

3. 선행연구

현재 디지털 문체 분석의 가장 대표적인 연구는, Mosteller와 Wal-
lace(1964)[3]의 『Federalist Papers』에 대한 연구이다. 여기서, 『Fed-
eralist Papers』는 1787.10.~1788.8 사이에 여러 뉴욕 시의 신문에
미국 헌법의 비준을 지지 및 촉진할 목적으로 필명 'Publius'로 기고
된 논평글 85편의 모음을 가리킨다. Alexander Hamilton, James
Madison, 그리고 John Jay 등 3명이 실제 저자로 추정되며, 총 85편
중 73편에 대한 저자에 대해서는 큰 이견이 없었으나, 12편의 논평에
대해서는 실제 저자가 Hamilton와 Madison 둘 중 누구인지에 대한
오랜 논란이 있었다. 이에, Mosteller와 Wallace(1964)는 베이지안

---

3) Mosteller, F. and Wallace, D. L., *Inference and disputed authorship: The Federalist*,
Addison-Wesley, Reading, Mass, 1964.

(Basey) 접근법이라는 통계적 방법을 통해서 저자판별 문제를 해결하였다. 이들은 Hamilton과 Madison이 작성한 여러 저작물 속에서, 비교적 문맥에서 자유로운 단어들(noncontextual words)의 사용 양상을 관찰하였는데, 주로 전치사(by, to, upon), 접속사(while, whilst), 관사(an) 등의 기능어와 'commonly', 'consequently', 'particularly'와 같은 일부 부사어 등이 이에 해당한다(Mosteller & Wallace 1972).[4] 가령, 이러한 단어들의 상대적 빈도를 비교 분석하여, 쟁점의 대상이 되었던 12편의 에세이의 저자를 Madison으로 결론 내린 바 있다 (Mosteller & Wallace 1963, 1964).[5]

또 다른 연구로, 영국의 여류 작가인 Jane Austen의 6개 소설 작품 텍스트를 통계 및 다양한 계산 기술로 분석하여 작가의 문체적 특징을 파악한 Johns Burrows의 연구(Burrows, 1987)[6]가 있다. 특정 단어의 빈도를 조사하여 언어 사용에 대한 패턴이나 선호도를 파악하고, 잠재적인 주제를 파악하는 계산법을—본고에서도 사용할 분석법인 Delta와 Zeta— 고안했다. 이를 바탕으로, 작가의 6개 작품 간의 상대적 유사성을 파악하여 그 결과를 주성분 분석법으로 시각적으로 나타내기도 하였다.

---

4) Mosteller, F. & Wallace, D. L., "Deciding Authorship," In: J.L. Tanur, ed. *Statistics: a Guide to the Unknown*. Holden-Day Inc., San Francisco, 1972.

5) Mosteller, F. and Wallace, D. L., "Inference in an authorship problem: A comparative study of discrimination methods applied to the authorship of the disputed Federalist Papers," *Journal of the American Statistical Association*, 58(302), 1963.

6) Burrows, J. F., *Computation into criticism: A study of Jane Austen's novels and an experiment in method*, Oxford: Clarendon Press, 1987.

마지막으로 소개할 디지털 문체 분석 관련 선행연구는, 디지털 문체 분석 전문가인 Jacques Savoy의 연구이다. 그는 미국 역대 대통령들(1789~2020)의 취임 연설문(inaugural speeches)과 연례 국정 연설문(the annual State of the Union addresses)의 문체적 특징과 유사성을 파악하는 연구를 하였으며, 고빈도어의 상대적 빈도 추이, 평균 문장 길이, 긴 단어 사용 비율, 품사별 어휘의 상대적 빈도 분석을 통해, 개별 대통령들의 특징적인 연설문 스타일과 전체 연설문 스타일의 통시적 변화를 발견하였다. 가령, 소위 'Founding Fathers'로 불리는 초기 대통령들과 Clinton, Bush 부자, Obama, Trump 등의 연설문을 비교하면 흥미로운 차이가 나타난다. 후자에서는 문장의 길이가 점점 짧아지고, 6글자 이상의 긴 단어 사용을 자제하는 경향이 두드러진다. 이는 대중이 이해하기 쉽도록 보다 간결하고 쉬운 문장 구조와 어휘를 사용하는 데서 비롯된다. 또한, 직접적인 화법을 선호하며, 화자와 청자 간 유대성을 강화하기 위해 1인칭 복수 대명사(we)의 사용이 눈에 띄게 증가하는 특징을 보인다.

4. 방법론

1) 분석대상

스페인 정부 공식 웹사이트 「La Moncloa」(www.lamoncloa.gob.es)에서는 2천년대 이후 총리들의 공식 연설문 원문을 제공하고 있다. 스페인 민선 제5대 총리인 호세 루이스 로드리게스 사파테로(José Luis Rodríguez Zapatero), 제6대 총리인 마리아노 라호이(Mariano Rajoy

Brey), 그리고 현 총리인 제7대 총리 페드로 산체스 페레스카스테혼 (Pedro Sánchez Pérez-Castejón)의 공식 연설문들이 있다. 재임기간은 각각 7년 8개월 9일(2004.4.17.~2011.12.21.), 6년 5개월 15일(2024년 7월 말 기준), 약 6년 2개월에 해당한다. 저자의 성별, 연령, 성향, 출생 지 등 개인적인 성장 배경도 문체에 영향을 줄 수 있으므로(REFERNCE), 세 총리의 배경을 간단하게 살펴보면, 모두 남성이며, 사파테로 전 총리 와 산체스 총리는 스페인 사회노동당(PSOE, Partido Socialista Obrero Español) 소속인 반면, 라호이 전 총리는 국민당(PP, Partido Popular) 소속이다. 세 총리의 출생 연도는 각각 1960년, 1955년, 1972년 생으 로, 연설 당시 나이는 사파테로 전 총리는 44~51세였으며, 라호이 전 총리는 56~63세였으며, 산체스 총리는 46~52세에 해당한다. 사파 테로 전 총리는 스페인 중북부에 위치한 카스티야 이 레온 자치주에 위치한 도시인 바야돌리드(Valladolid)에서 태어나서 유년기를 보냈고, 라호이 전 총리는 좀 더 서쪽에 위치한 갈리시아 자치 공동체의 산티아 고 콤포스텔라(Santiago de Compostela)에서 태어나 유년기를 보내고 이후 레온(León)으로 이사하여 성장하였다. 산체스 총리는 수도인 마 드리드(Madrid)에서 태어나고 자랐다.

　본고 작성 시점을 기준으로, 전술한 사이트에는 사파테로 전 총리의 연설문 1,246편, 라호이 전 총리의 연설문 1,197편, 산체스 전 총리의 연설문 1,078편이 게시되어 있다. 해당 사이트에서는 다양한 종류의 연설문을 공개하고 있다. 유형별 검색 기능이 존재하지 않지만, 텍스 트의 제목과 형식, 내용으로 다양한 유형의 공공 연설문을 확인할 수 있다. 해당 사이트에서 공개하는 총리 연설문의 종류는 공식 연설문 (Discurso del presidente del Gobierno), 출석 발언(Comparecencia),

인터뷰 전문(Entrevista), 기자회견문(Conferencia de rueda), 답변 (Respuestas), 선언문(Declaración), 인사말(Palabras/Saludos), 발언문 (Intervención) 등 다양하다.

본고에서는 총리가 단독으로 발화한 연설 원고만을 담고 있는 공식 연설문(Discurso del presidente del Gobierno)과 발언문(Intervención) 을 분석의 대상으로 삼았다. 이에 반해 다른 연설문은 복수의 연설 주체가 있거나 인터뷰 전문, 기자회견문, 선언문 등에서처럼 대담 형 식이라 온전히 총리의 발화 스타일을 파악하기가 어렵다고 판단하여 분석에서 제외하였다. 또한, 인사말(Palabras/Saludos)의 경우 총리의 단독 연설문이긴 하지만 텍스트 길이가 불규칙하고 개수도 적어 본 분석에서 제외하였다. 결과적으로 사파테로 전 총리의 연설문 497편, 라호이 전 총리의 연설문 272편, 산체스 전 총리의 연설문 241편만을 분석 대상으로 삼았고, 이는 각각 1,037,106 단어 토큰, 6,023,587 단 어 토큰 781,586 단어 토큰에 해당한다. 정리하면, 총 242만여 개의 단어 토큰으로 구성된 총 1,031건의 스페인 총리 연설문을 분석하였 다. [표 1]은 세부 유형별 연설문 개수를 상세하게 보여준다.

[표 1] 스페인 총리 연설문 유형별 분석 대상 개수

	Zapatero 총리	Rajoy 총리	Sánchez 총리
Discurso	463건	185건	21건
Intervención	34건	87건	241건
	497건(1,037,106)	272건(602,587)	262건(781,586)

2) 분석방법

첫 번째 분석은, 스페인 세 총리의 연설문 텍스트의 어휘 사용 양상을 개괄적으로 알아보기 위하여, 타입-토큰 비율, 어휘 밀도, 긴 단어 비율, 평균 문장 길이를 측정하였다. 먼저, 타입-토큰 비율(TTR, Type-Token Ratio)은 단어 유형의 수와 토큰 수의 비율을 나타내는 지표이다. TTR은 특정 텍스트 내에서 사용된 고유 단어의 수(타입, type)를 전체 단어 수(토큰, token)로 나누어 계산한다. 이 비율은 텍스트의 어휘적 풍부함을 나타내는 데 유용하다. 이 비율이 높을수록 다양한 어휘를 사용하며 여러 주제나 관점을 다룬 것을 의미하는 반면, 이 비율이 낮다면 제한적이고 반복적인 어휘를 사용한 것을 나타낸다. 어휘 밀도(LD, Lexical Density)는, 명사, 동사, 형용사, 부사 등 내용어(content words) 항목의 비율과 텍스트 길이의 비율을 나타낸다. 어휘 밀도가 높으면 더 많은 정보를 담고 있는 텍스트를 의미하고, 어휘 밀도가 낮으면 더 간단하고 정보가 적은 텍스트를 나타내며 주로 구어에서 볼 수 있다. 다음으로, 긴 단어 비율(BW, Big Words)을 측정했는데, 여기서 긴 단어는, 로마 알파벳 여섯 글자 이상으로 구성된 단어를 가리킨다. 이 비율이 높을수록 텍스트는 더 높은 복잡성을 가지며 이해하기 어려울 수 있다. 반대로 BW 비율이 낮으면 텍스트는 더 간단한 언어로 구성되어 있어 이해하기 쉬울 것이다. 마지막으로, 평균 문장 길이(MSL, Mean Sentence Length)는, 텍스트의 평균 문장 길이를 측정하는 지표이다. 평균 문장 길이가 길면 보통 더 복잡하고 이해하기 어려운 텍스트로, 종종 자세한 설명이나 복잡한 추론을 포함한다. 반면, 평균 문장 길이가 짧으면 일반적으로 이해하기 쉬운 텍스트로,

직설적이고 간단한 의사소통에서 자주 사용된다(Savoy 2020). 이와 같은 개괄적 어휘 분석 방법을 통해 총리 연설문 텍스트의 복잡성, 어휘 다양성, 정보 밀도 등을 심층적으로 분석하고 이해하고자 한다.

이후, 연설문 간 문체적 유사성을 분석하기 위해 Burrows가 제안한 두 가지 계산법인 Delta와 Zeta를 활용하였다. Delta 방법은 주로 작가의 독특한 스타일을 식별하는 데 사용되며, 각 텍스트가 평균적인 텍스트와 얼마나 다른지를 계산하여 스타일의 차이를 평가한다. 이 과정에서 관사, 대명사, 접속사와 같은 자주 사용되는 기능어에 주목하여 작가의 고유한 스타일을 추출하고, 작가들 간의 문체적 차이를 비교할 수 있다(González et al. 2018 재인용(Burrows 2002)).[7]

한편, Zeta 방법은 텍스트의 플롯이나 주요 내용 분석에 적합한 방식이다. 이 방법은 텍스트에 공통적으로 나타나는 빈도가 높은 단어를 제거하고, 해당 텍스트에만 두드러지게 나타나는 어휘를 분석 대상으로 삼는다. 이를 통해 중간 빈도의 단어를 유지하며 텍스트의 핵심 내용을 효과적으로 파악할 수 있다(Burrows 2007).[8]

정리하면, Delta 방법은 작가의 고유한 글쓰기 스타일을 식별하고, Zeta 방법은 텍스트의 주요 주제와 내용을 드러내는 데 효과적이다. 이 두 가지 방법의 병행 사용은 작가 스타일 분석과 텍스트 내용 분석을 보다 명확하게 수행할 수 있게 해준다.

---

7) González, J. E., Camacho, M. F., and Barbosa, M., "Detecting Modernismo's Fingerprint: A Digital Humanities Approach to the Turn of the Century Spanish American Novel," *Review: Literature and Arts of the Americas*, 51(2), 2018; Burrows, J. F., "'Delta': A Measure of Stylistic Difference and a Guide to Likely Authorship," Literary and *Linguistic Computing*, 17 (3), 2002.

8) Burrows, J. F., "All the Way Through: Testing for Authorship in Different Frequency Strata," Literary and Linguistic Computing 22, 2007.

문체적 유사성 분석에는 통계 프로그래밍 언어 R에 내장된 디지털 문체 분석 패키지인 stylo를 사용하였다. 이 패키지는 문체적 유사성 분석을 간편하게 수행할 수 있도록 지원하며, stylo(), oppose(), classify(), rolling.delta(), rolling.classify() 등의 내장 함수를 통해 다양한 형태의 분석을 수행할 수 있다. stylo의 기본 분석 메커니즘을 살펴보면, stylo() 기능을 활용하여 개별 텍스트의 최빈도 단어(Most-Frequent Words)를 기준으로 텍스트 데이터를 유사한 그룹으로 나누는 군집 분석(Cluster Analysis)을 수행할 수 있다. 또한, 차원 축소를 통해 데이터 간 거리를 계산하는 주성분 분석(PCA)을 사용하여 텍스트 간 거리 행렬(Distance Matrix)을 간접적으로 파악할 수 있다. 이렇게 계산된 텍스트 간 거리는 다양한 시각화 방법으로 표현할 수 있다. 중요한 점은 최빈도 단어의 수를 어떻게 설정하느냐에 따라 분석 결과가 달라질 수 있다는 것이다. 따라서 연구자는 각 텍스트의 문체적 특징을 사전에 충분히 파악하여야 정확한 해석이 가능하다.

또한, oppose() 기능을 활용하면 특정 작가가 비교군 작가들에 비해 선호하거나 선호하지 않는 어휘 목록을 산출하고, 이를 시각화할 수 있다(Eder et al., 2016, 2019).[9]

---

9) Eder, M., Rybicki, J., & Kestemont, M., "Stylometry with R: a package for computational text analysis," *The R Journal*, 8(1), 2016; Eder M., Rybicki J., Kestemont M., and Pielstroem S., *Package 'stylo'*. 2019. https://cran.r-project.org/web/packages/stylo/stylo.pdf

5. 분석결과

1) 개괄적 어휘 분석

[표 2]는 각 연설문의 일반적인 언어적 및 문체적 특징을 파악하기 위해 개괄적 어휘 분석 결과와 통계적 유의미성 확인을 위해 일원 배치 분산 분석(one-way ANOVA)의 유의 확률값(p value)을 보여준다.

[표 2] 총리 연설문에 대한 개괄적 어휘 분석 결과

	Zapatero	Rajoy	Sánchez	F	유의확률
Type-Token Ratio	0.421	0.432	0.428	2.472	0.08
Lexical Density	0.379	0.380	0.377	2.585	0.08
% of Big Word	0.401	0.400	0.402	0.37	0.69
Mean Sentence Length	32.4	27.3	25.7	177.9	0.000

세 총리 연설문 속 사용된 단어의 타입-토큰 비율(TTR) 수치를 비교하면, Rajoy 총리의 연설문이 0.432로 가장 높은 수치를 나타냈는데, 이는 가장 다양한 어휘와 주제를 다루는 경향이 있다고 볼 수 있다. 하지만, 유의확률이 0.08로 통계적 유의미성은 크지 않고, 실제로 총리들 간에 차이도 매우 작은 것으로 나타났다. 세 총리의 연설문 속 어휘 밀도(LD)를 비교하였을 때, 역시 Rajoy의 연설문이 0.380으로 가장 높은 수치를 나타내며, 이는, 다른 총리의 연설문보다 더 많은 정보성을 지니는 것으로 볼 수 있다. 하지만, 유의확률이 0.08로 통계적 유의미성은 크지 않고, 실제로 총리들 간에 차이도 매우 작은 것으로 나타났다. 긴 단어(BW) 비율을 측정한 결과, 통계적 유의확률이 매우 큰 것으로 나타나서 세 총리의 연설문 간 실질적인 차이는 없다

고 볼 수 있다.

마지막으로, 평균 문장 길이는, 각 연설문 속 문장을 구성하는 평균 단어 토큰의 수로 측정했는데, Zapatero 총리의 문장이 평균 32.4개의 단어 토큰으로 되어 있어 가장 복잡한 문장 구조와 자세한 설명을 포함하는 경향을 보이는 것으로 유추할 수 있다. Rajoy 총리는 평균 27.4개의 단어를, Sánchez 총리는 25.8개의 단어를 사용하는 것으로 나타났고, 세 총리의 연설문 속 평균 문장 길이는 통계적으로도 유의미한 차이(p<0.05)를 보였다. 이는 Savoy(2020) 연구에서 언급된 미국 대통령 연설문에서의 평균 문장 길이 감소 경향과 유사한 추세를 나타낸다. 위와 같은 어휘에 대한 개괄적인 문체 특징 분석 결과는 이후의 상세하고 비교적인 연구를 위한 기초 자료가 된다.

2) 문체적 유사성 분석I: Delta 분석

상술한 개괄적 어휘 분석 결과를 바탕으로 문체적 유사성 분석을 위한 첫 번째 방법인 Delta 분석을 진행하였다. 이 방법은 세 총리의 연설문 간의 유사점과 차이점을 식별하는 데 중점을 두고 있다. 구체적으로는 고빈도어(MFW)를 기반으로 군집 분석(Cluster Analysis)과 주성분 분석(PCA, Principal Component Analysis)을 실행하였다.

[그림 1]은 전체 연설문 말뭉치에서 가장 자주 등장하는 200개 단어(MFW)의 단어 목록을 만들고 별다른 쪼깨기 없이(no sampling), 전체 텍스트의 70% 이상(Culling)에서만 나타나는 단어들을 바탕으로 문서 간의 거리적 유사성을 시각적으로 나타낸 결과이다. 통상 사용되는 고빈도어(MFW) 개수는 100~500개인데, 다양한 수치로 테스트

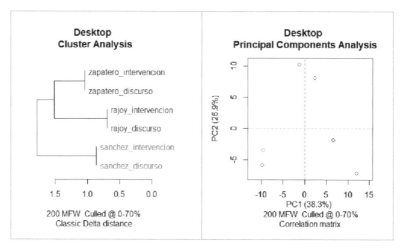

[그림 1] 총리 연설문에 대한 Delta 분석 결과 I(좌측: 군집 분석 결과, 우측: 주성분 분석 결과)

를 해보며 데이터 특징을 가장 잘 드러내는 수치를 찾아내야 한다(장
성현 2024).[10] 참고로, MFW의 수치를 300,400,500으로 설정해도 [그
림 1]과 크게 다르지 않았다. 군집 분석은 유사성이 높은 문서끼리
단계적으로 군집을 형성해 나가며 코퍼스를 구성하는 문서 간의 상대
적 유사성을 측정한다. 군집 분석 결과의 X축은, 노드에서 병합되는
문서 간의 거리, 즉, 델타값을 나타내는데, 병합 지점이 0에 가까울수
록 두 문서 간의 유사성이 높은 것이다. [그림 1]의 좌측을 설명하면,
먼저, 총리별 연설문의 세부 유형 간 가장 가까운 군집을 형성하는
것이 눈에 띄며, 이는 총리들은 세부 유형이 다르더라도 고유한 문체
적 특징을 유지하는 것으로 해석할 수 있다. 특히, Rajoy 총리의 두

----

10) 장성현, 「밀턴, 워즈워스, 키츠의 서사시: 디지털 정량 문체 분석」, 『18세기영문학』
    21(1), 한국18세기영문학회, 2024.

유형의 연설문은 병합 지점이 0.7인 것으로 보아 상호 유사성이 가장 높은 것으로 보인다. 또한, 총리들 간에는 Rajoy 총리와 Zapatero 총리의 연설문이 Sánchez 총리의 연설문보다 상대적으로 유사성이 높은 것으로 파악할 수 있다. 이러한 발견들은 우측의 상관 행렬 (Correlation Matrix)을 활용한 주성분 분석(PCA) 결과로 명확히 확인할 수 있다. PCA는 복잡한 고차원 데이터를 간소화하여 데이터의 분산을 최대한 보존하고, 주요 패턴을 도출함으로써 저차원 공간에서 데이터의 관계를 효과적으로 표현한다(장성현 2014). 특히, 주성분 분석 결과 화면에서 첫 번째 주성분(PC1)과 두 번째 주성분(PC2)이 각각 전체 변동성의 38.3%와 26.9%을 표시하고 있는데, 이는 전체 총리 연설문 데이타의 주요 변동성 중 약 65%을 포착한다는 것이다. 이는, 나머지 주성분을 포함하지 않더라도 이 두 주성분만으로도 총리 연설문 데이터의 주요 구조나 패턴을 상당 부분 이해할 수 있다는 의미이다. 그러나 총리의 개별 연설문을 두 가지 세부 유형으로 구분한 뒤 이를 결합하여 구성한 6개의 연설문 말뭉치에 대한 주성분 분석 결과에서 뚜렷한 해석을 도출하기는 어려웠다. 이처럼, 데이터 구성이 복잡하고 다양할수록, 보다 심화된 접근이 필요하다. 이를 위해, 정밀한 분석을 통해 데이터의 미묘한 차이와 숨겨진 구조를 추가로 탐구하고자 한다.

　[그림 2]에서는, [그림 1]과 동일하게 고빈도어(MFW) 설정을 200으로 하고, 컬링(culling) 수치를 70%로 설정했지만, 각기 다른 길이의 연설문 텍스트 6개 파일을 4만 단어로 쪼갠(normal sampling) 조각들에 대해 군집 분석과 주성분 분석을 한 결과를 보여준다. 놀랍게도 여전히 총리간 군집 구분은 뚜렷하다![11] 이는 세 총리의 연설문

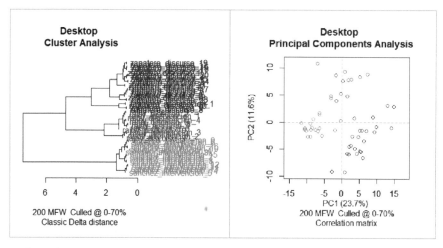

[그림 2] 총리 연설문에 대한 Delta 분석 결과 II(좌측: 군집 분석 결과, 우측: 주성분 분석 결과)

문체에는 분명한 차이가 있다는 것을 방증한다. 여전히 (연두색으로 표시된) Sánchez 총리의 연설문 조각들이 먼저 군집을 이룬 이후에야 다른 두 총리의 연설문 조각들에 병합되는 것으로 보아, Sánchez 총리의 연설문 문체는 다른 두 총리의 연설문 문체와 차이가 있다는 것을 알 수 있다.

한편, [그림 2]의 우측 화면에서 보이는 주성분 분석 결과는 전체 변동성 수치는 전체 변동성의 약 35.3%을 설명하고 있으며 [그림 1]에 비해서 낮은 수치이다. 하지만, [표 3]에서 보듯, 첫 번째 주성분(PC1)과 두 번째 주성분(PC2)을 구성하는 단어들을 보면 어느 정도의 설명력은 지닌다.

---

11) 고빈도어 설정 수치를 다르게 하거나, 컬링 수치나 샘플링 크기에 변화를 주면 일부 텍스트 조각은 다른 총리 연설문 군집에 섞이기도 하지만, 전체적으로는 [그림 2]와 같이 구분이 뚜렷하다.

[표 3] 총리 연설문에 대한 주성분 분석에 영향을 미치는 단어들

주성분1 (PC1)에 기여하는 단어 및 로딩값	los	período	asimismo	del	mayor
	0.04983782	0.04812288	0.04608371	0.04565225	0.04453354
	ello	las	vigor	condiciones	funcionamiento
	0.04441388	0.04435874	0.04391427	0.04370727	0.04325753
주성분2 (PC2)에 기여하는 단어 및 로딩값	sociedad	singular	progreso	pueblos	investigación
	0.05251380	0.05152041	0.05117638	0.05093660	0.05080163
	desarrollo	gran	dignidad	agradecimiento	tierra
	0.05042849	0.05003728	0.04993739	0.04971779	0.04941067

주성분 1(PC1)에 기여하는 단어들로는 'los(남성복수형 정관사)', 'del(~의)', 'ello(중성대명사)', 'las(여성복수형 정관사)'와 같은 기능어나 'período(기간)', 'vigor(힘)', 'condiciones(조건)', 'funcionamiento(운영)' 등 공식 문서나 보고서 등에서 사용되는 형식적이고 구조적인 표현들이다. 반면, 주성분 2(PC2)에 기여하는 단어들로는 'sociedad(사회)', 'progreso(진보)', 'pueblos(국민)', 'investigación(연구)', 'desarrollo(발전), 'tierra(지구)'와 같이 사회적 이슈와 관련된 용어나 'singular(특별한)', 'gran(위대한)', 'dignidad(존엄성)', 'agradecimiento(감사)' 등과 같이 인문적, 윤리적 가치와 관련된 표현들이 포함된다. 이러한 두 축의 주성분이 세 총리의 연설문의 문체 상 차이를 구분 짓고 있다는 것을 알 수 있다.

3) 문체적 유사성 분석II: Zeta 분석

이제 세 번째 분석 결과인 문체적 유사성 분석 결과 II, Zeta분석 결과를 살펴보자. Zeta분석은, 연설가 간 내용어 사용의 차이를 비교

하여 특정 연설가에게 특징적인 어휘를 식별하는 데 유용한 방법으로, 대표적으로 Craig's Zeta 방법과 Eder's Zeta 방법을 사용하여 분석을 진행할 수 있다.[12]

[그림 3]은, Zapatero의 연설문 텍스트에 대한 Eder의 Zeta분석 결과를 보여준다.

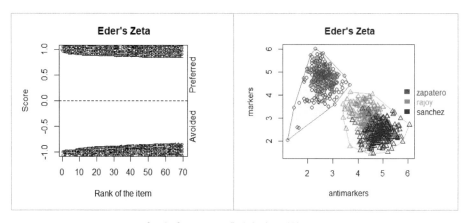

[그림 3] Zapatero 총리의 선호 어휘 분포

12) Craig's Zeta는 텍스트 간 공통적으로 나타나는 고빈도 단어를 제거한 뒤, 각 텍스트에서 두드러지게 나타나는 중빈도 단어를 분석하여 고유한 어휘 사용 패턴을 식별한다. 반면, Eder's Zeta는 효율성을 높이는 알고리즘을 도입해 Craig의 방법을 개선했을 뿐만 아니라, 빈도 기반 비교를 넘어 확률분포 기반 통계 기법을 활용하여 단어 출현의 특징적 패턴을 더욱 정교하게 분석한다.

본 연구에서는 Zapatero의 연설문 텍스트에 대해 Eder의 Zeta 분석을, Rajoy와 Sánchez의 연설문 텍스트에 대해서는 Craig의 Zeta 분석을 적용하였다. Zapatero의 텍스트에서는 Craig의 방식으로는 충분히 드러나지 않았던 중빈도 단어의 특징적 패턴이 Eder의 방식에서는 더 정교하게 나타났기 때문에 Eder의 Zeta를 선택하였다. Eder의 Zeta는 대규모 데이터와 복잡한 텍스트에서도 효율적으로 작동하며, Zapatero 연설문의 독특한 어휘 사용과 스타일을 식별하는 데 더욱 효과적이었다. 반면, Rajoy와 Sánchez의 텍스트는 상대적으로 명확한 내용어 패턴을 보여 Craig의 Zeta 방식만으로도 충분히 분석이 가능하였다. 이러한 분석 방법의 차이는 텍스트의 특성에 맞게 조정된 것으로, 각 데이터에 적합한 결과를 도출하는 데 도움을 주었다.

[그림 3]에서 우측 그래프 상의 붉은 점들은, 다른 두 총리에 비해 Zapatero 총리가 두드러지게 많이 사용한 어휘를 보여준다. 각 색깔의 점들의 바깥쪽 경계를 이어 만든 다각형으로 각 총리들의 선호 어휘들이 겹치는 정도를 파악할 수 있다. Zapatero의 붉은 다각형은, 비록 Rajoy의 연두색 다각형과 일부 겹치는 지점은 있으나, 두 총리의 텍스트와 명확하게 구별된다. 이는 그의 독특한 어휘 사용과 스타일을 잘 보여준다. [그림 3]의 좌측 그래프에서 볼 수 있듯, 상위 70개 어휘들을 바탕으로 구체적인 선호 어휘들을 살펴보면, Zapatero 총리가 다른 두 총리에 비해 더 선호하는 어휘들은 다음과 같다: 'Iraq(이라크)', 'Kofi/Annan(UN사무총장)', 'Obama(오바마)', 'norteamericano(북미의)', 'Kyoto(교토)', 'Copenhaguen(코펜하겐)', 'Kosovo(코소보)', 'leones(a)(레온지방의)', 'discapacitados(장애인들)', 'sindicato(노동조합)' 등이 포함된다. 이는, 재임 기간 동안 다양한 국내외 이슈에 대해 언급했음을 보여준다. 예를 들어, 스페인의 이라크 철군, 기후 변화 대응(교토의정서, 1997), 코펜하겐 UN기후변화회의(COP15, 2009), 본인의 출신 지역인 레온을 언급하여 지역적 지지를 강화하려는 노력, 오바마 미국 대통령과의 기후 변화, 국제 경제 회복, 테러 대응에서의 협력, 그리고 코소보 독립에 대한 다른 EU 국가들과의 입장 차이 등이 주요 사례로 꼽힌다.

특이할 점은, 'poetas(시인들)'이라는 어휘가 상당히 상위에 위치하는데, 종종 사회적 변화와 혁신을 촉구하는 목소리를 대변하는 시인들의 작품이나 생각을 인용하여 자신의 메시지를 강화하는 것을 보여준다.

[그림 4]는, Rajoy의 연설문 텍스트에 대한 Craig's Zeta 분석 결과

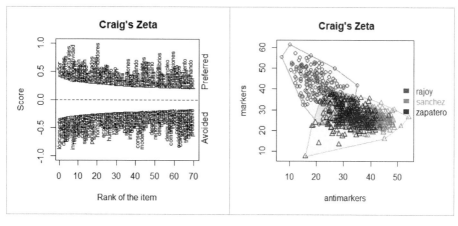

[그림 4] Rajoy 총리의 선호 어휘 분포

를 보여준다.

[그림 4]에서 우측 그래프 상의 붉은 점들은, 다른 두 총리에 비해 Rajoy 총리가 두드러지게 많이 사용한 어휘를 보여준다. Rajoy 총리가 다른 두 총리에 비해 더 선호하는 어휘들을 분석한 결과, [그림 4]의 좌측 그래프에서 볼 수 있듯, 상위 70개 단어에 포함된 단어들로는 'reformas(개혁)', 'structural(es)(구조적)', 'recesión(불황)', 'euro (유로화)', 'deficit(적자)', 'competitividad(경쟁력)', 'emprendedo-res(기업가들)', 'rescate(구조)', 'fiscal(재정의, 세금의)', 'crédito(신용, 대출)', 'empleo(일자리)' 등이 있다. 이러한 단어들은 Rajoy가 재임 중 국가 부채, 실업률, 가계 대출 증가 등 경제 위기 상황과 이를 극복하기 위한 구조적 개혁 등 당시의 주요 이슈에 집중했음을 보여준다. 또한, 'usted', 'señor(a)' 등과 같은 정중한 인칭 대명사를 자주 사용하여 공식적이고 격식을 갖춘 어투를 선호하는 경향이 나타난다.

반면, Rajoy 총리가 다른 두 총리에 비해 선호하지 않는 어휘들(상

위 50단어에 포함된 단어들)로는, '여성들(mujeres)', 'ciudadanía(시민
권의)', 'igualdad(평등)', 'pobreza(빈곤)', 'diálogo(대화)', 'cohesi-
ón(결집력)' 등이 있습니다. 이는 Rajoy가 사회적 평등이나 시민의 결
집보다는 경제적 이슈에 더 많은 관심을 가졌음을 시사한다.

앞서 말한 것처럼, Zapatero 전 총리의 선호 어휘와 일부 겹치는데,
이는 두 총리 간의 정책적 또는 의사소통 스타일에서 공통적인 요소가
있을 수 있음을 의미한다.

[그림 5]는, Sánchez 총리의 연설문 텍스트에 대한 Craig's Zeta
분석 결과를 보여준다.

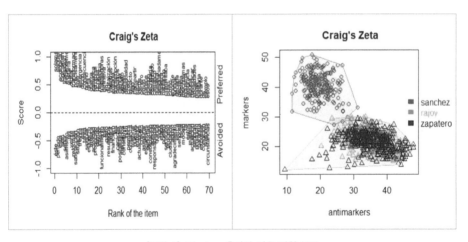

[그림 5] Sánchez 총리의 선호 어휘 분포

[그림 5]에서 우측 그래프 상의 붉은 점들은, 다른 두 총리에 비해
Rajoy 총리가 두드러지게 많이 사용한 어휘를 보여준다. Sánchez 총
리가 다른 두 총리에 비해 더 선호하는 어휘들을 분석한 결과, [그림
5]의 좌측 그래프에서 볼 수 있듯, 상위 70개 단어에 포함된 단어들로

는, 'pandemia/covid(코로나)', 'emergencia(비상 사태)', 'desafío(s)
(도전)', 'resiliencia(회복력)', 'transición(전환)', 'transformación(변
화)', 'digital(디지털)', 'digitalización(디지털화)', 'climático/a(기후
의)', 'verde(녹색의)', 'ecológica(생태학)', 'ESG(환경, 사회, 지배구
조)', 'Putin(푸틴)', 'ucrania(우크라이나)', 'desigualdad(불평등)' 등이
있다. 이러한 단어들은 Sánchez가 코로나로 인한 어려움을 극복하고,
디지털 대전환, 기후 변화 및 러시아-우크라이나 전쟁 등 시대적 이슈
에 대한 관심을 반영한다. 또한, Sánchez 총리는 'vosotras(you-복수
여성형)', 'trabajadoras(여성노동자)', 'ministra(여성장관)' 등의 성별
을 구분하는 표현을 자주 사용하며, 이는 여성의 사회적 역할을 강조
하고 있음을 알 수 있다.

특이할 점으로는, 자주 사용하는 부사로는 'solamente(단지)', 'téc
-nicamente(기술적으로)', 'evidentemente(명백히)', 'precisamente
(정확히, 바로)' 등이 있는데, 이는 그의 연설이 명확하고 구체적이며,
정확한 표현을 중시한다는 것을 보여준다.

Craig's Zeta 그래프에 따르면, Sánchez의 선호 어휘 다각형은, 다
른 두 총리의 선호 어휘 다각형과 접점이 거의 없이, 명확하게 구별된
다. 특히, Sánchez는 다른 두 총리와 선호 어휘 사용 양상과 확연히
다름을 나타낸다. 이 분석을 통해 Sánchez 총리가 자신의 정치적, 사
회적 관심사를 어떻게 반영했는지, 그리고 그의 연설이 다른 총리들
과 어떻게 다른지 명확히 파악할 수 있다. 이는 각 정치인의 독특한
스타일과 어휘 사용을 이해하는 데 매우 유용하다.

6. 논의와 결론

본 연구는 스페인의 세 총리(사파테로, 라호이, 산체스)의 연설문을 대상으로 문체적 유사성과 차이를 분석하기 위해 다양한 어휘적 및 통계적 분석 기법을 적용하였다. 먼저, 개괄적인 어휘 분석을 통해 세 총리의 연설문에서 사용된 단어의 다양성, 정보 밀도, 문장 복잡성을 평가하였다. 타입-토큰 비율(TTR), 어휘 밀도(LD), 긴 단어 비율(BW), 평균 문장 길이(MSL)를 통해, 각 총리의 연설문이 어떠한 문체적 특징을 가지는지 분석하였다. 그 결과, 라호이 총리의 연설문이 상대적으로 높은 어휘 다양성과 정보 밀도를 보여주었지만, 통계적으로 유의미한 차이는 크지 않았다. 반면, 사파테로 총리의 연설문은 가장 긴 평균 문장 길이를 나타내며, 보다 복잡한 문장 구조를 사용한 것으로 나타났다. 이후, Delta 분석과 Zeta 분석을 통해 세 총리 연설문의 문체적 유사성과 차이점을 다각도로 탐구하였다. Delta 분석 결과, 세 총리의 연설문은 고빈도어(MFW)를 기준으로 군집화되어, 각 총리의 연설문이 고유한 문체적 특징을 유지하고 있음을 확인하였다. 특히, 라호이와 사파테로 총리의 연설문이 산체스 총리의 연설문보다 서로 유사성이 높은 것으로 나타났다. 주성분 분석(PCA)에서도 주요 주성분(PC1, PC2)이 변수(MFW의 상대 빈도)의 변동성을 상당 부분 포착하며, 이를 통해 문체적 차이를 명확히 드러냈다. Zeta 분석을 통해서는 각 총리의 연설문에서 두드러진 고유 어휘 사용 패턴을 확인하였다. 사파테로 총리는 국제 이슈와 사회적 변화를 강조하는 단어들을 주로 사용한 반면, 라호이 총리는 경제적 문제와 구조적 개혁에 초점을 맞춘 어휘를 더 선호하였다. 산체스 총리는 코로나 팬데믹, 디지털 전환,

기후 변화와 같은 현대적 이슈와 관련된 어휘를 많이 사용하며, 다른 두 총리와 명확히 구별되는 문체적 특성을 드러냈다. 앞서 말했듯이, Zeta 분석은 특정 텍스트에 고유하게 나타나는 중빈도 단어를 기반으로 하여, 각 연설가의 독특한 어휘 선택과 맥락을 심층적으로 탐구할 수 있게 한다는 점에서, 워드클라우드나 단순 빈도 분석으로는 확인하기 어려운 차별화된 통찰을 제공한다.

본 연구의 의의는, 스페인 문화, 역사, 정치, 언어에 대한 전공 지식과 디지털 기술을 결합하여 각 총리의 연설문 스타일의 특징을 분석하고자 하였다는 점이다. 이를 통해 각 총리가 정책을 얼마나 효과적으로 전달했는지, 그리고 청중과 어떻게 소통했는지에 대한 통찰을 제공하고자 하였다. 거리 기반 문체분석을 통하여, 복수의 공공 연설자들의 연설문 문체 간 비교함으로써 연설 스타일의 유사성과 차이점을 분석할 수 있었다. 또한, 사용 어휘를 면밀하게 고찰하여, 각 총리의 정책 우선순위와 이를 대중에게 전달하는 총리마다의 독특한 방식-어투 및 화법-을 살펴볼 수 있었다.

7. 마치며

디지털 인문학의 연구자이자 교수자로서 디지털 인문학 연구를 하는 이유를 끊임없이 고민하고 후학들을 디지털 인문학의 세계에 초대하기 위해서 본 연구자가 생각하는 디지털 인문학의 필요성과 정의가 무엇인지에 대해 몇 가지 인용문을 소개하며 본 챕터를 마치고자 한다.

아래의 여러 인용문은, 북미에서 디지털 인문학이 태동할 즈음인 2011년, 여러 디지털 인문학자가 디지털 인문학이 무엇인가라는 질

문에 대한 답 중 몇 개를 발췌한 것이다(Gold 2012, 67~68).[13]

- "인문학의 작업을 수행하기 위해 컴퓨터 도구를 사용하는 것"
  (John Unsworth)
- "디지털 기술을 적용하여 인문학 지식을 학습하고 구축하며 공유하
  는 성찰적이고 이론적으로 정보에 기반한 협력적인 실천 공동체"
  (Kathryn E. Piquette)
- "인문학에서 수행하는 다양한 디지털 작업을 포괄하는 종합적 용어"
  (Kathie Gossett)
- "전환의 순간을 표시하는 이름 (중략) **궁극적으로 단순히 '인문학'이
  라고 불리게 될 일시적인 별칭**"(Mark Marino)

상기의 여러 정의 중, 필자 본인은, Mark Marino의 정의에 가장
동의하고 있다. Mark Marino는 디지털 인문학을 "전환의 순간을 표시
하는 이름"이라고 정의하며, 긍정적으로 단순히 '인문학'이라고 불리
게 될 일시적인 별칭이라고 표현하였다. 이는 디지털 인문학이 결국
전통적인 인문학 연구의 일부분으로 자연스럽게 통합될 것임을 시사
한다. 이처럼 디지털 인문학은 다양한 정의와 관점이 있지만, 핵심은
디지털 기술과 인문학의 융합을 통해 더 풍부하고 깊이 있는 연구를
가능하게 한다는 것이다. 이는 우리의 연구와 교육 방법을 혁신하고,
새로운 통찰을 얻는 데 중요한 역할을 한다. 이 글을 읽는 동료 디지털
인문학자와 디지털 인문학 학문 후속 세대도 이와 같은 디지털 인문학
의 본질을 이해하고, 앞으로의 연구와 학습에 적극적으로 활용하길
바라며 글을 마친다.

---

13) Gold, M. K.(ed.), *Debates in the Digital Humanities*, U of Minnesota Press, 2012.

제4부

정보 지식으로
디지털 인문학을 지원하다

제12장

AI를 활용한 한국어 발화의
사회적 요인 검출

송상헌

1. 시작하며

　인공지능을 둘러싼 최근의 담론은 단순히 기술적 문제에 국한되지 않고 사회적, 문화적, 정치적 문제까지 포괄한다. 이러한 맥락에서 본고는 인공지능 알고리즘이 언어 데이터에 포함된 사회언어학적 요인을 판별할 수 있는 수준에까지 이르렀는지를 확인한다. 구체적으로 본고는 전산사회언어학 연구의 국제적 추세를 토대로 한국어 화자의 연령, 성별, 지역을 대상으로 한국어 언어모델의 사회언어학적 특징을 다룬다. 따라서 본고의 연구 문제는 다음과 같이 정리될 수 있다. 딥러닝 알고리즘이 입력 받은 텍스트로부터 사회적 변인의 특징을 학습하고 판별할 수 있는가?

　위와 같은 연구문제에 대한 나름의 궁리를 위해 본고는 구현과 분석을 위해 트랜스포머(transformer) 기반의 한국어 언어 모델을 사용한다. 후술하겠지만 이는 대규모 한국어 코퍼스를 통해 사전학습(pre-training)을 수행한 결과물이다. 한국어 언어 모델에도 여러 종류가 있으나 본고에서는 그 가운데 가장 대표적인 KLUE-RoBERTa-base 모델을 사용한다. 이 모델에 입각하여 화자의 메타 정보(예컨대, 지역, 성별, 연령 등)가 담긴 도메인 적응용 데이터를 통해 미세 조정을 수행하는 전이 학습 방식을 채택한다.

본고는 언어 모델에 대한 다른 방향의 검증을 가능하게 한다는 점에서 의의가 있다. 지금까지 언어 모델에 대한 검증은 언어적 그리고 비언어적 차원으로 상당히 다양하고 상당히 깊이 있게 이루어져 왔다. 그러나 언어 모델의 언어 능력에 대한 검증은 문법적 제약과 같은 특정 언어 현상에 국한되어 왔다는 점에서 완전한 검증이라고 할 수는 없다. 언어 모델이 인간과 같은 자연스러운 언어 능력을 갖추기 위해서는 더욱 복잡한 언어 현상에 대한 이해 능력을 갖추어야 하며, 여기서 '복잡한 언어 현상'에는 언어가 실제 사용되는 사회적 맥락까지 포괄되어야 마땅하다. 만약 언어 모델이 입력된 발화를 분석하여 해당 발화를 산출한 화자가 지역, 연령, 성별을 기준으로 어떤 그룹에 속하는지를 예측할 수 있다면 한국어를 사회언어학적 측면에서 이해할 수 있는 능력을 갖추었다고 볼 수 있을 것이다. 이러한 측면에서 본고는 한국어 언어모델의 실제 언어 능력을 다른 각도에서 혹은 더 넓은 측면에서 살피는 시도라고 할 수 있다.

2. 배경

언어는 사회적 맥락에서 사용된다. 사람들은 언어를 통해 자신의 정체성을 표현하고, 사회적 집단에 속함을 나타낸다. 이러한 속성을 가장 대표적으로 나타내는 것이 지역 방언이다. 특정한 방언을 사용하는 것은 그 지역이나 집단에 속함을 나타내는 가장 손쉬운 방법이다. 서울에서 오래 산 경상도 사람이라도 동향 사람을 만나면 금방 경상도 사투리로 돌아선다. 전라도나 제주도 등의 다른 지역도 마찬가지일 것이다. 지역 사투리를 사용하는 것은 자신의 출신을 표시하고 그 지역 사람과의 유대를 강화하는 손쉬운 수단이다.

　이처럼 언어 사용은 다양한 사회적 요인과 영향을 주고 받게 된다. 이러한 관계에 주목하여 언어가 사회와 어떻게 상호작용하는지를 연구하는 학문을 흔히 사회언어학이라 칭한다. 사회언어학의 가장 중요한 가정이 있다면 언어 사용을 본질적으로 사회적 행동이라고 가정하는 것이다. 그리고 다른 분야와 마찬가지로 사회언어학이라는 학문적 체계에도 뼈대를 이루는 핵심 개념이 있다. 사회언어학이라는 핵심 개념을 꼽으라고 한다면 필자는 ‘언어 변이’와 ‘언어 권력’이라고 답할 것이다.

1) 언어 변이

　먼저 ‘언어 변이’는 동일한 언어라도 지역, 사회 계층, 성별 등에 따라 다르게 사용될 수 있다는 것을 뜻한다. 즉, 성별, 계층, 연령, 지역 등과 같은 사회적 요인에 의존하는 언어적 변이 중 하나를 의미한다(Hymes 2001; Cheshire 2007; Biber and Conrad 2019).[1] 예컨대, 우

---

[1]　Biber, D., and S. Conrad, Register, Genre, and Style, Cambridge University Press, 2019; Hymes, D., Foundations in Sociolinguistics: An Ethnographic Approach, Psychology Press, 2001; Cheshire, J., "Style and Sociolinguistic Variation"

리는 다양한 사회적 상황에서 상이한 방식으로 말한다. 친구와 대화할 때와 직장에서 상사와 대화할 때 사용하는 언어는 서로 다르며, 이러한 차이는 사회적 규범과 기대에 의해 자연스럽게 형성된다. 다시 말해 언어는 단순히 의사소통의 도구일 뿐만 아니라 사회적 정체성과 위계 관계를 나타내는 중요한 매개체로서 기능을 한다.

언어와 관련된 사회적 변이에도 여러 세부 항목들이 존재한다. 사회언어학에서 가장 많이 연구된 주제 가운데 하나는 성별에 따른 언어 사용의 차이이다. 이러한 연구는 성별에 따라 다른 인지능력과 행동을 가져 언어적 차이가 있을 것이라는 가정에 기인한다. 최근에는 남녀의 생물학적 구분에 따른 차이뿐만 아니라, 성적 정체성에 따른 언어 사용의 분포 차이에 대해서도 여러 연구가 보고되고 있다. 다음으로 같은 언어라도 지역에 따라 다른 형태로 사용되는 것을 지칭하는 지역적 변이가 있다. 국토가 비교적 크지 않은 한국 안에서도 지역에 따라 말이 다양하게 분화된다. 마찬가지로 일본에서도 지역색이 강하게 드러나는 방언이 여럿 존재한다. 영어권에서도 대륙권에 따라 영국 영어, 미국 영어, 호주 영어, 캐나다 영어 등의 구분이 있고, 심지어는 미국 안에서도 동부, 서부, 남부 등의 지역에 따라 영어 사용에 차이가 있다. 이러한 지역별 방언은 그 지역 사람들의 정체성과 상당한 관련을 지닌다. 연령에 따라 나타나는 언어의 차이도 사회언어학의 주요 연구 주제이다. 대표적으로 청소년들은 종종 성인들이 이해하지 못하는 신조어나 속어 등을 사용한다. 그러다 직업 현장에 나설 시기가 되면 언어 사용에 일정한 변화를 겪게 된다. Holmes(1992)는 30대

Language, 83(2), 2007, pp.432~435.

와 50대가 사회생활에서 가장 활발하게 활동하기 때문에 사회 규범의 압력으로 표준 언어 유형을 사용하는 경향이 짙다는 점을 밝혔다.[2] 이러한 연령에 따른 언어 변이 역시 각 세대를 대별하는 특성이 됨과 동시에 경우에 따라 세대 간의 소통에서 중요한 역할을 한다.

위에서 열거한 항목들 이외에도 사회적 이동, 사회적 정체성, 사회적 연결 관계 등의 다양한 요인으로 인해 언어 변이는 지속적으로 발생하다. 이처럼 연령, 지역, 성별, 계층 등의 사회적 변인에 따라 달리 구현되는 언어 변이형을 흔히 사용역(使用域)이라 칭한다. 사용역은 두 가지 중요 특성을 지닌다. 첫째는 공유성과 차별성이다. 예를 들어 청소년들은 청소년 나름의 언어 패턴을 공유한다. 그리고 동시에 청소년들이 주로 사용하는 언어와 노인 계층이 주로 사용하는 언어 간에 차이가 있어야 한다. 둘째, 사용역은 광범위한 사회문화적 맥락에서 텍스트를 해석하는 기준점의 역할을 한다. 예를 들어 한국어 화자는 청자의 나이나 대화 상황 중 하나에 따라 특정 언어 사용 방식을 선택한다. 이를 통해 사용역은 언어 사용에서 대화 이면에 담긴 메시지의 내용을 드러내고 맥락적 의도를 발현시키는 시스템으로 기능한다.

2) 언어 권력

다음으로 또 중요한 개념으로 '언어와 권력'의 관계에 대해 살펴볼 수 있다. 언어는 권력 관계를 나타내고 유지하는 도구로 사용될 수 있다. 대표적으로 정치 연설에서 사용되는 언어 표현이 사람들의 생

2) Holmes, J., An Introduction to Sociolinguistics, Longman, 1992.

각과 행동에 어떠한 영향을 미치는지를 떠올려 볼 수 있다. 정치인은 특정한 어휘와 문체를 사용하여 자신의 권위를 강조하고, 청중의 감정을 자극하곤 한다.

　최근에는 이른바 혐오표현이나 언어 사용에 담긴 편향성 등에 대한 연구도 사회언어학의 중요 관심 사항이 되었다. 혐오표현이란 특정한 속성을 이유로 개인이나 집단을 공격하는 언어적 행동을 칭한다. 이러한 속성에는 성별, 장애, 종교, 나이, 출신 지역, 인종 등이 포함되는데, 사회적 평등과 통합을 저해할 수 있는 매우 심각한 문제로 대두되고 있다. 이와 유사하게 사회적 혹은 정치적 편향성의 문제도 사회언어학의 중요 주제로 부각되고 있다. 사회언어학은 근본적으로 언중(言衆)이 일상생활에서 생산하는 언어 데이터를 분석의 대상으로 한다. 그리고 그렇게 언중이 만들어내는 데이터 안에는 성별, 인종, 연령 등에 대한 다양한 편향이 다수 내재되어 있다. 언중의 언어 사용이 특정 관점이나 특정 집단에 치우쳐 있을 때, 혹은 특정 인구 집단에 대한 데이터가 아예 제외될 때 편향성이 생산된다. 예를 들어, 뉴스 데이터는 특정 정치적 성향을 반영할 수 있으며, 소셜 미디어 데이터는 특정 연령대나 지역의 의견을 과대 대표할 수 있다. 이러한 편향성은 말 그대로 데이터 안에 '잠재'되어 있는 것이기 때문에 일반적으로는 직접 포착되지 않는다.

　문제는 최근의 이른바 인공지능 기술이 이러한 편향성을 노출시킬 뿐만 아니라 때로는 증폭을 시킬 수 있는 데 아주 유리한 환경을 제공한다는 것이다. 이러한 문제들은 인공지능 기술이 발전함에 따라 우리 사회가 직면하게 되는 중요한 과제에 해당한다. 정리하자면 인공지능 시대에 인공지능 시대에 사회언어학은 또 다른 중요성을 가지게 된 것이다.

3) 사회언어학과 인공지능

사회언어학과 인공지능이 어떠한 연관성을 지니고 있을까 좀 더 파악해 보자. 인공지능은 이제 실험실에서만 사용되는 프로토타입 환경이 아니다. 이미 우리의 일상생활에 깊숙이 들어와 있다. 따라서 인공지능 시스템이 언어를 처리하고 생성하는 방식은 사회적 맥락과 언어변이를 충분히 이해해야만 한다. 즉, 사회언어학적 지식은 인공지능이 언어 데이터를 분석하고 이해하는 데 중요한 역할을 수행할 수 있다. 이는 비유를 하자면 외국인과 대화를 하는 상황을 들 수 있다. 한국 문화와 사회에 대한 이해와 배경 지식을 어느 정도 갖춘 외국인과 대화를 하는 것이 그렇지 않은 외국인과 대화를 하는 것이 훨씬 수월할 것이다. 즉, 효율적인 의사소통에 있어서 그 사회적 맥락에 대한 이해는 상당한 기여를 하는 것이다. 인공지능도 이와 같은 맥락에서 이해할 수 있다. 예를 들어, 인공지능 챗봇이 다양한 사용자와 효과적으로 소통하기 위해서는 사용자의 사회적 배경, 언어 변이 등을 고려할 수 있어야 한다. 예컨대, 인공지능이 사용자와의 대화에서 그 사용자의 방언이나 속어까지 이해하고 사용할 수 있다면 그 대화는 훨씬 더 자연스럽고 효과적일 것이다.

앞서 말한 편향성 혹은 혐오표현에 있어서도 마찬가지이다. 앞서 말한 바와 같이 인공지능에도 사람이 가지고 있는 여러 편향성이 내재될 수 있다. 인공지능 학습 결과물은 그 학습 데이터의 성격에 그대로 종속되기 때문이다. 인공지능 편향은 인간의 편향으로 인해 원래의 학습 데이터 또는 인공지능 알고리즘이 왜곡되어, 유해한 결과를 초래하는 현상을 일컫는다. 인공지능이 학습하는 데이터에 포함된 사회적 편향을 학습 과정에 있는 그대로 수요한다면, 그 시스템은 특정 사용자 그룹에 불리한 결과를 초래할 수 있다. 예를 들어, 서울 표준어만 학습한 인공지능이 경상도나 전라도 방언을 제대로 이해하지 못한다면, 해당 지역 사용자들은 서비스에서 즉각적인 소외감을 느낄 수 있다. 이는 인공지능 시스템이 공정하게 작동하지 않는다는 의미이다. 그러나 반대로 만약 인공지능이 주어진 담화에서 정치적 편향을 감지할 수 있다면, 이는 매우 유용한 분석 도구가 될 수 있다. 즉, 편향성과 윤리성과 같은 사회언어학적 측면에서도 인공지능을 이해할 필요가 있다. 사회언어학적 지식을 어떻게 인공지능 시스템과 결부하여 활용하는가에 따라 더 발전적인 결과물을 기대할 수 있기 때문이다.

다시 강조하자면, 언어는 단순한 의사소통 도구일 뿐만 아니라 사회적 관계와 권력 구조를 반영하고 형성하는 매개체이다. 언어 인공지능이 실제 언어가 사용되는 사회상을 반영하고 대다수의 언어 사용자와 능동적으로 의사소통을 하기 위해서는 인공지능이 다양한 사회적 배경과 계층을 반영하는 데이터를 학습하도록 해야 한다. 이는 인공지능이 특정 그룹에 편향되지 않고, 모든 사용자에게 동등하게 서비스를 제공할 수 있도록 해야 한다는 당위이다. 만약 인공지능이 학습하는 데이터가 특정 성별이나 인종에 대해 편향된 표현을 포함하고 있다면, 이는 사회적 불평등을 강화할 수 있다. 예를 들어, 특정 사회적 집단에게 부정적인 표현이 포함된 데이터를 학습한 인공지능은 그 편향을 재생산하여 차별적인 결과를 초래할 수 있다. 따라서, 인공지능 시스템은 공정하고 차별 없는 데이터를 기반으로 학습해야 하며,

이를 위해 여러 사회적 배경을 반영한 인공지능 설계가 필수적이다. 사회언어학의 지식은 이러한 표현들이 다양한 맥락에서 어떻게 나타나는지를 담고 있는 일종의 학습 진도표의 역할을 수행할 것이다.

4) 전산사회언어학

본고의 이론적 배경은 전산사회언어학(Computational Sociolinguistics)으로 요약될 수 있다. 이는 사회언어학과 전산언어학의 두 응용 언어학 분야를 다시 한 차례 더 융합한 언어학 분야이다(Nguyen, Doğruöz, Rosé, and de Jong, 2016).[3] 사회언어학의 연구 대상에 전산 언어학의 분석 방법론을 적용한 것으로, 그 본격적인 역사는 약 10여 년 정도 되었을 뿐이다. 그 짧은 역사에도 불구하고 전산사회언어학 분야에서는 특히 미국을 중심으로 상당히 흥미로운 연구 사례를 많이 양산했다. 전산사회언어학의 출현 배경은 여러 가지가 있겠으나, 사회의 변화의 속도와 폭이 디지털 사회에서 매우 커진 탓이 크다. 전통적인 사회언어학적 연구 방법론으로는 그 속도와 범위를 충분히 포착하기 어렵게 된 탓에, 언어 데이터에 대한 전산 처리 방법론의 힘을 빌리게 된 것이다. 전산사회언어학은 방대한 디지털 데이터를 활용하여 언어와 사회정체성의 관계, 특정 언어를 사용하는 공동체와 사회를 연구하는 분야이다. 따라서 필자는 언어학의 제 분야 가운데, 가장 디지털인문학적 성격을 강하게 지니는 세부 영역을 이 전산사회언어

---

3) Nguyen, D., Doğruöz, A. S., Rosé, C. P., abd De Jong, F., "Computational sociolinguistics: A survey" Computational Linguistics, 42(3), 2016, pp.537~593.

학이라고 생각한다.

최근의 전산사회언어학은 앞서 설명한 바와 같이 언어모델을 포함한 자연어 처리 연구와 함께 발전해 왔다. 대표적으로 Stoop and van den Bosch(2014)의 연구를 예로 들자면, 언어모델에 기반한 단어 예측 시스템을 통해 언어 사용자의 사회경제적 지위를 측정하였다.[4] 데이터는 트위터와 같은 이른바 사회관계망 서비스를 활용하였으며, 이를 통해 사회적으로 동질적인 속성을 가지는 특정 사용자 그룹은 유사한 언어 패턴을 공유한다는 점을 입증하였다. 이들의 연구는 사회언어학과 인공지능 연구의 협력이 가시적인 성과를 낳을 수 있음을 경험적으로 확증한다.

대부분의 일반 사회언어학 연구와 마찬가지고 전산사회언어학에서도 화자의 연령, 성별, 지역의 3대 요소가 중요한 변수로 명시된다. 특히 영미권에서는 이들 3개 언어 변이를 바탕으로 한 선행연구가 이미 축적된 상태이다(Nguyen et al. 2016).[5] 그러나 아직까지 국내에서 한국어를 대상으로 한 전산사회언어학적 연구는 크게 두드러진 것이 없다. 한국어 인공지능 언어모델에 대한 연구는 크게 신장되어 있음에도 불구하고, 정작 그 언어모델의 사회언어학적 속성을 살핀 연구는 쉽사리 찾기 어렵다. 본 연구는 이러한 차원에서 진행된 일종의 사전 연구이다. 한국어 언어모델의 사회언어학적 속성 탐지 기능을

---

4) Stoop, W. M. C. A., & van den Bosch, A. P. J., "Using idiolects and sociolects to improve word prediction" Proceedings of the 14th Conference of the European Chapter of the Association for Computational Linguistics, 2014, pp.318~327.

5) Nguyen, D., Doğruöz, A. S., Rosé, C. P., abd De Jong, F., "Computational sociolinguistics: A survey" Computational Linguistics, 42(3), 2016, pp.537~593.

살펴, 앞으로 사회언어학 연구를 인공지능 기반으로 진행할 수 있는
지 그 가능성을 타진하고자 한다.

데이터를 기반으로 사회적 환경이 사용역에 어떠한 영향을 주는지
를 파악하려는 노력은 줄곧 있어왔다. 한국어에서도 사용역의 구분에
따른 특정 문법 범주의 발현은 데이터 기반으로 폭넓게 연구되어 왔
다. 또한 이중 언어에서 사용역을 분석한 데이터 기반 비교 연구도
다수 존재한다. 구체적으로 코퍼스를 활용한 사회언어학 연구는 한국
어를 대상으로 하여도 상당수를 차지한다. 즉, 한국어 사회언어학 연
구에서 정량적 분석과 검증은 이미 오랫동안 폭넓게 이루어져 온 바이
다. 그러나 엄밀한 의미에서 이들 연구를 전산사회언어학으로 규정하
기는 어렵다. 데이터를 확인했을 뿐, 프로그래밍을 통한 수리적 예측
까지 이루어진 것은 아니기 때문이다.

물론 한국어 사회언어학에 전산적 방법론을 작용한 사례가 전무했
던 것은 아니다. 일부 연구에서는 서포트 벡터 머신(Support Vector
Machine)과 같은 빈도 기반 머신러닝 접근법을 적용한 사례가 있다(최
지명 2018; 이민우 2021).[6] 이러한 사례들도 한국어 언어 표현에서 여러
사회언어학적 현상을 자동적으로 추출해 낼 수 있었다는 점에서는 나
름의 강점을 가진다. 그러나 연구에서 활용한 데이터의 숫자가 다소
제한적이고 보다 최신예 기법을 적용하지 않았다는 한계가 있다. 적어
도 필자가 아는 범위에서는 지금까지 딥러닝 기술이 사회언어학 연구
에 본격적으로 도입된 사례는 두드러진 바 없었다. 더구나 한국어 사

---

[6] 이민우, 「의미 변화의 양적 추정: 말뭉치를 이용한 의미 변화 연구」, 『한국어 의미학』
    73, 2021, pp.59~81; 최지명, 「기계학습을 이용한 역사 텍스트의 저자판별: 1920년대
    개벽 잡지의 논설 텍스트」, 『언어와 정보』 22(1), 2018, pp.91~122.

회언어학 연구에서는 더욱 그러한 유사 사례조차 찾기 어렵다. 본 연구는 트랜스포머 계열의 최근 딥러닝 알고리즘을 명시적이고 전면적으로 사용한다는 점에서 선행 연구와 차별성을 보인다.

3. 분석의 내용과 방법

앞서 말한 바와 같이 사회언어학은 인간의 언어를 사회적 행동의 일종으로 간주한다. 즉, 사회언어학에서 언어 능력은 주어진 사회 환경 내에서 언어를 사용하는 의사소통 능력과 동치이다. 이때 의사소통에 관여하는 여러 사회적 변이 현상들이 존재하는데, 연령, 성별, 계급, 지역, 대화 참여자 사이의 관계, 대화의 목적 등이다. 본고는 딥러닝 아키텍쳐를 구성하여 주어진 언어 표현에서 이상의 변인을 자동으로 탐지할 수 있는 가상의 인공지능 환경을 구성한다. 사람의 경우 우리는 대화 상대방이 가려져 있다고 하더라도 위의 변인을 어느 정도는 예측할 수 있다. 나에게 전달되는 문자 데이터(예컨대, 카카오톡 메시지 혹은 이메일)만 보고도 우리는 글쓴이가 대략적으로 노년층인지 젊은 층인지를 예측할 수 있다. 두 사람이 나누는 대화를 옆에서 관찰하였을 때, 그 두 사람의 지역 정보(예컨대, 경상도 혹은 전라도)를 어렵지 않게 가늠할 수 있다. 인공지능이 사람의 언어 능력 더 구체적으로 언어의 사회적 맥락을 이해하는 능력을 실제로 모델링하였다면, 이와 같은 능력을 사람과 유사하게 구사할 수 있어야 한다.

2024년 현재 이용가능한 딥러닝 아키텍쳐는 한국어의 대표적인 사전 학습 모델에 전이 학습(transfer learning)을 적용한 분석과GPT 등의 대규모 언어 모델에 기본적인 프롬프트 엔지니어링을 적용한 분석이 존재한다. 본고는 이 가운데 전자를 사용한다. 대규모 디코더 모델을 활용한 챗봇을 사용한 실험은 흔히 말하는 퓨샷(few-shot) 학습에 따라 진행하는데, 프롬프팅을 통해 언어모델의 사회언어학적 판별 능력을 유추적으로 확인하는 방식이다. 물론 이 방식도 최근에 상당히 유용하게 사용되고 있으나, 예비 실험의 성격을 가진 본고에서는 적용하지 않도록 한다.

사전 학습(pre-training)은 대규모 말뭉치 데이터를 통해 언어모델이 자기 지도 학습을 수행하는 과정으로 정의된다. 이와 대별하여 파인 튜닝(fine-tuning)은 사전 학습을 거친 언어 모델이 특정 과제의 수행을 위해 특정 데이터세트에 대한 학습을 수행하는 과정을 말한다. 기술적으로 설명하자면 성별, 연령 등의 사회적 관계가 단어 토큰의 순차적 분포에서 탐지 가능한지 여부를 계산하는 과제이다. 본 연구에서 적용된 딥러닝 기반 알고리즘은 순차적 입력을 처리하도록 설계되었다. 이러한 정보에 분류를 위한 레이블로 사회적 변인(연령, 성별 등)이 부착된다. 즉, 언어 표현이 연쇄적 토큰의 분포 패턴을 읽어 이를 주어진 사회적 변인의 고정 값과 매핑시키는 훈련 알고리즘이다. 2024년 현재 BERT(Bidirectional Encoder Representations from Trans-formers) 계열의 인코더 기반 트랜스포머 모델은 전이 학습과 결합하여 이미 상당한 성능을 보이는 것으로 평가된다. 그러한 일반적 동향에도 불구하고 사회적 변인을 탐침하는 능력에 있어서 한계가 드러난다면, 현재의 인코더 모델은 인간의 언어 사용을 피상적으로만 모방하고 있다고 볼 수 있다.

1) 언어 모델 일반

트랜스포머는 본래 기계 번역과 같은 과제를 수행하기 위해 고안된 시퀀스 투 시퀀스(sequence to sequence) 모델을 말한다. 여기서 시퀀스란 어떠한 정보가 직선 형태로 나열된 구조를 선형 구조를 뜻한다. 대표적으로 자연언어 문장이 시퀀스 형태의 데이터에 해당한다. 텍스트로 구성하였을 때 왼쪽에서 오른쪽으로 (아랍어 등의 언어에서는 오른쪽에서 왼쪽으로) 정보가 차례로 덧붙여지는 구조이기 때문이다. 이러한 선형 관계를 확률적 모델로 구현한 것이 흔히 말하는 언어 모델이다.

언어 모델이란 글자, 형태소 단어 등과 같이 언어를 이루는 구성 요소에 확률을 부여하여 이를 바탕으로 다음 구성 요소를 예측하거나 생성하는 시스템을 지칭한다. 즉, 주어진 문맥에서 다음에 나올 단어를 예측할 수 있는 환경이라고 할 수 있다. 이 모델은 주어진 텍스트에서 패턴을 학습하여 새로운 문장을 만들거나 의미를 파악하는 데 사용되는데, 예컨대 "오늘 날씨가"라는 표현이 주어졌을 때 이어서 "맑습니다"라고 자연스럽게 이어지는 문장을 떠올릴 수 있다. 이러한 능력은 방대한 양의 텍스트 데이터를 통해 단어 간의 관계를 학습함으로써 가능하다.

기본적으로 언어 모델은 사람들이 사용하는 언어를 수학적으로 표현하는 것을 목적으로 한다. 따라서 단어와 단어의 조합이 나타날 확률을 계산하여 다음에 올 단어를 예측하거나 문장을 완성하는 역할을 수행한다. 이는 언어 모델이 컴퓨터가 인간의 언어를 이해하고 생성할 수 있도록 확률과 통계를 활용하여 작동한다는 것을 의미한다. 두 가지 주요 단계로 작동하는데, 첫 번째 단계는 훈련 단계이다. 훈련 단계에서는 방대한 양의 텍스트 데이터를 사용하여 모델을 학습시킨다. 이 데이터는 다양한 문장 구조와 어휘를 포함하고 있어, 모델이 단어 간의 관계와 패턴을 학습할 수 있게 한다. 두 번째 단계는 예측 단계이다. 훈련이 완료된 후, 모델은 새로운 문장이 주어졌을 때 다음 단어를 예측하거나 문장을 완성할 수 있는데, 모델이 학습한 확률 분포에 기반하여 이루어진다. 이러한 언어 모델은 일상생활에서 이미 다양하게 활용되고 있는데, 예를 들어, 번역 소프트웨어, 문서 요약, 맞춤법 검사기 등에는 언어 모델이 내장되어 있다. 대표적으로 스마트폰의 자동 문장 완성 기능은 사용자가 메시지를 입력할 때 다음에 올 가능성이 높은 단어를 계산하여 더 빠르고 편리하게 대화를 이어갈 수 있도록 한다. 즉, 사용자의 입력 패턴과 문맥을 분석하여 가장 적합한 단어를 예측하여 추천하는 것이다.

언어 모델의 큰 변화는 2017년에는 트랜스포머 모델이 등장과 함께한다고 해도 과언이 아니다. 트랜스포머 모델의 핵심은 "Attention is All You Need"라는 논문에서 소개된 어텐션(attention) 메커니즘이다. 이 메커니즘은 문장에서 모든 단어를 동시에 고려하여 각 단어가 문맥에서 얼마나 중요한지를 계산한다. 즉, 어텐션은 문장 내의 단어들 중 어떤 것이 중요한지를 판단하고, 그 단어에 더 많은 주의를 기울이도록 한다. 이러한 과정을 통해 모델은 상대적으로 더 중요한 정보를 골라 효과적으로 처리할 수 있어, 결과적으로 더 나은 예측을 할 수 있게 된다. 이러한 메커니즘에 힘입어 이후 트랜스포머는 BERT와 GPT와 같은 더 발전된 언어 모델의 기초가 되었다.

한편으로 언어 모델은 크게 인코더(encoder)와 디코더(decoder)로 나뉜다. 인코더는 아날로그 신호를 디지털 신호로 변환하는 장치이

며, 디코더는 반대로 디지털 신호를 아날로그 신호로 변환하는 장치
이다. 예컨대, 어떤 가수의 노래를 녹음하여 음원으로 변환하면 원래
아날로그였던 정보가 디지털 정보로 변환되는 것이기 때문에 인코딩
작업이다. 반대로 그 음원을 플레이어에서 재생하면 스피커에서 소리
가 흘러나오게 되는데, 이는 디지털 정보를 아날로그 소리로 바꾼 디
코딩 작업이다. 언어모델도 이와 유사하다. 자연어 데이터를 입력으
로 받아들이고 이를 언어 모델이 이해할 수 있도록 변환하는 역할은
인코더 모델(예컨대, BERT)이 수행한다. 반대로 인코더에서 받아들인
입력에 대한 반응을 산출하고 이를 인간이 이해할 수 있는 자연어 데
이터로 다시 변환하는 역할은 디코더 모델(예컨대, GPT)이 수행한다.

2) 분석 알고리즘

자연어 처리를 위한 딥러닝 알고리즘의 최신 트렌드에는 인코딩 모
델의 전이 학습과 디코딩 모델의 프롬프팅으로 대별할 수 있다. 전이
학습 방법은 인간이 이전의 학습으로 습득한 지식을 새로운 학습에
적용하는 것과 유사하다. 따라서 전이 학습은 일반적으로 2단계 훈련
절차를 사용하여 언어 모델의 성능을 향상시키는 것을 목표로 한다.
먼저 BERT와 같은 사전 학습 모델이 필요하다. 이 모델은 별도의 사
람 주석이 없는 대규모 언어 데이터를 대상으로 대규모 학습을 거쳐
구성된다. 다음으로 특정 목적에 따라 구축된 소규모 코퍼스를 통해
사전 학습 모델에 대해 추가 학습을 거치는데, 이 과정을 미세 조정
(fine tuning)이라 칭한다. 따라서 사전 학습 모델이 얼마나 견고한가
와 동시에 미세 조정이 얼마나 체계적으로 이루어졌는가 양쪽 모두에

영향을 받는다. 이와 대조적으로 디코딩 모델의 방법은 첫 번째 단계의 사전 학습 모델의 성능에 크게 의존하며, 수작업으로 구축되는 2차 데이터는 종종 생략된다. 다만, 프롬프트 방식은 언어 모델이 주어진 작업을 수행하는 방법을 학습할 수 있도록 질문과 답변 쌍으로 구성된 이른바 인스트럭션 데이터를 요구하기도 한다. 최근 연구에 따르면 대략 1천 건에서 4천 건의 인스트럭션 데이터면 충분하다고 한다. 즉, 별도의 미세 조정이 크게 필요하지 않다. 물론 근래의 연구는 챗GPT의 선풍적 인기에 힘입어 디코딩 모델의 중심으로 이루어지고 있다. 그러나 각 방식의 장단점이 있고 인공지능 언어모델 전반을 살필 필요가 있으나 본고는 우선 전이 학습에 방점을 찍는다.

전이 학습(Transfer Learning)은 때로 도메인 적응(Domain Adaptation)이라고도 하며, 대규모의 일반 언어 데이터를 사전 학습한 후 도메인 특정 데이터에 대해 언어 모델을 추가로 학습하는 일련의 절차를 전이 학습으로 정의할 수 있다. 쉽게 말해 기구축된 하나의 모델이 새로운 도메인 환경에 적응하는 과정을 말한다. 비유를 하자면 운동선수가 새로운 운동 종목에 적응하는 과정과 같다. 기존에 다른 운동을 통해서 기본 체력과 운동 능력을 갖춘 사람이라면 축구와 같은 구체적인 운동 종목에 쉽게 적응할 수 있는 것과 같다. 사전 학습 모델에서 사용하는 일반 언어 데이터는 인터넷 매체나 디지털 서적 등에서 수집되는 반면, 도메인 적용에 사용되는 데이터는 모델에게 특정 작업을 수행하는 방법을 지시하기 위해 사람이 추가한 주석을 포함한다. 다시 축구에 비유를 하자면, 사전 학습은 운동 분야를 막론하고 공통적인 체력 단련 과정인 달리기와 같다고 할 수 있고, 도메인 적응과정은 드리블이나 슈팅 연습에 가깝다고 할 수 있다.

전이 학습은 언어 모델의 성능을 단기간에 끌어올릴 수 있는 대표적인 학습 방법으로 알려져 있다. 특히 사회적 변인 탐지와 같은 분류 체계(classification system) 구축에 상당히 효과적인 방법이다. 더군다나 딥러닝 모델에 대한 훈련을 반드시 처음부터 할 필요가 없나는 점도 큰 장점에 속한다. 본고에서는 대표적인 한국어 트랜스포머 계열 인코딩 모델이라고 할 수 있는 KLUE-RobERTa-base모델을 사용한다(Park et al. 2021). KLUE-RobERTa-base모델은 온라인 댓글을 학습 데이터에 포함하였기에 구어 텍스트의 속성을 일부 반영한다는 점에서 대화체로 구성된 도메인 적응 데이터와 일부 부합하는 강점이 있다.

구체적인 훈련 절차를 설명하면 다음과 같다. 활성화 함수로는 교차 엔트로피 손실(cross-entropy loss)을 사용했으며, 역전파(backpropagation) 단계에서는 소프트맥스(SoftMax) 값을 사용하였다. 모델과 데이터로 이루어진 각 쌍에 대해 최대 30회의 학습 과정(epoch)을 실시하였으며, 평가에서 검증 손실 값(validation loss)이 가장 작고 F1이 가장 높은 체크포인트를 뽑았다. 딥러닝 학습용 스크립트는 PyTorch (Paszke et al. 2019)와 HuggingFace(Wolf et al. 2020)의 트랜스포머 패키지를 사용하여 파이썬으로 작성되었다. 기계적으로는 두 개의 RTX-3090 GPU가 장착된 로컬 머신을 사용하였다.

3) 분석 자료

분석의 대상이 되는 자료는 한국어 모국어 화자들 사이의 대화를 전사한 한국어 구어체 텍스트이다. 일반적으로 문어는 특정한 환경과 목적에 따라 기술하는 것을 특징으로 하기 때문에, 글쓴이는 일종의 사회적 가면을 쓰고 글을 쓰게 마련이다. 따라서 문어를 통해서는 자연스러운 화자의 사회적 특성이 드러나기 어렵다. 따라서 분석의 대상은 구어 특히 대화 상황의 한국어 문장으로 국한하는 것이 타당하다. 원천 데이터는 화자에 대한 메타 정보(연령, 성별, 지역 등)가 포함된 한국어 구어 코퍼스를 활용하였다. 해당 데이터는 2020년 버전과 2021년 버전의 국립국어원 한국어 일상 대화 코퍼스로 구성된다. 두 데이터 세트는 참가자들의 다양한 대화를 전사하는 방식으로 구성되어 있다. 수집된 코퍼스는 균형을 고려한 계층 집합의 수에 따라 성별, 연령대 등 이용 가능한 인구통계학적 특징에 따라 분류 작업을 거쳐 다시 한번 정리되었다.

수집된 데이터의 일반적 속성은 다음과 같다. 해당 데이터는 언어 표현을 다채롭게 수집하고자 여러 주제를 미리 설정한 상태에서 최대한 참여자의 자연스러운 대화를 유도하는 방식으로 구성되었다. 공식적으로 주제를 주고 요청한 대화이기 때문에 현대 한국어의 구어적 속성을 완전하게 반영되지 못하였을 수는 있다. 그러나 과거 이와 유사한 연구에서는 라디오 혹은 텔레비전 프로그램에서 참여자의 발화를 전사한 것을 데이터로 삼았는데, 본 연구의 데이터는 적어도 선행 연구의 데이터보다는 더 일상적인 한국어 구어 대화체를 반영한다고 판단한다. 더구나, 참가자가 무작위 선별되었고 이후 녹음된 대화의 품질을 필터링하였다는 점에서 최소한의 대표성을 가진다고 판단한다. 해당 데이터가 본 연구에 유용한 또 다른 이유는 최초 데이터 세트 안에 화자의 사회적 변인이 메타 정보로 포함되어 있다는 것이다. 모든 대화 참여자 발화 정보를 제공하는 과정에서 각자의 연령, 성별,

직업, 출생지, 거주지, 교육 수준 등의 정보를 밝혀야 했기 때문에 이진 분류기(binary classifier) 구현을 위해 매우 적합한 데이터 구성이 된다.

최초의 데이터는 당연히 대화가 녹음된 음성 파일이었으며, 이후 표준 전사 규정에 따라 인간 작업자가 대화 내용을 수동으로 기록하였다. 배포판 데이터는 json(JavaScript Object Notification)으로 구성되어 있는데, 국립국어원 표준 양식을 따른다. 본 연구에서는 배포된 데이터 형식으로부터 딥러닝 학습에 필수적인 정보만을 따로 추출하여 별도의 json 파일을 구성하였다. 구성된 json 파일은 추출된 문장이 form정보로 포함되며 그 문장을 산출한 화자의 사회적 변인 항목이 label 정보로 부착된다. 예시는 아래와 같다. 아래에서 예시된 바와 같이 데이터쌍은 form과 label로 구성되며, form에는 문장이 문자열로 제시된다. 이진 분류를 위한 정보는 label에 담기는데 여기서 0과 1은 각기 True와 False에 해당한다.

```
{
"form": "옛날에는 눈 오는 날이 좋았어요",
"label": 0
}
```

4) 분석 절차

본고의 파인 튜닝 파이프라인은 일반적인 흐름에 따라 다음과 같이 구성된다. 첫째, 데이터세트를 훈련용과 시험용으로 나눈다. 여기서는 가장 널리 사용되는 구획 방식에 따라 각기 80%, 20%로 나눈다.

둘째, 언어 모델(KLUE-RoBERTa-base)의 토크나이저를 통해 데이터 세트를 전처리한다. 토크나이저는 자연언어 문장을 컴퓨터 언어모델이 이해하기 수월하도록 분절하는 과정을 말한다. 자연언어에 대해 사람이 처리하는 과정의 형태소 분석과 유사하지만 완전히 동일하지는 않다. 기계적 처리 효용성이 우선하기 때문이다. 셋째, 전처리가 완료된 데이터세트를 통해 언어 모델의 파인 튜닝을 수행한다. 파인 튜닝은 단번에 끝나는 것이 아니라 복수로 시행된다. 넷째, 훈련 손실(training loss)과 검증 손실(validation loss) 등 파인 튜닝의 결과를 산출하고 여러 단계를 거쳐서 가장 최적의 성능을 기록한 모델을 자동적으로 추출한다.

본고에서는 가장 일반적인 인공지능 과제인 이분지 분류(binary classification)를 수행한다. 학습 방식은 주어진 문장에 대해 메타 정보(연령, 성별, 지역)를 정답으로 활용하는 지도학습(supervised learning)을 사용한다. 분류 과제는 언어 모델이 여러 선택지 중 올바른 선택지를 고르도록 하는 과제이며 이분지 분류 과제는 두 개의 선택지가 주어지는 경우에 해당한다. 즉, 과제의 성격은 남성/여성, 노인/비노인, 충청/비충청 등과 같은 형태로 계산하는 방식이다. 전술한 바와 같이 사용되는 데이터세트에는 각각의 메타 정보가 개별 발화마다 매핑(mapping)되어 있다. 즉, 한국어 화자의 메타 정보에 따라 일종의 선택지를 주고 각각의 발화 데이터에 알맞은 선택지를 고르도록 하는 과정을 무수히 반복하도록 실시한 것이 본고의 학습 과정이다. 사용된 메타 정보 3종은 연령, 성별, 지역이다. 연령은 노인/비노인으로 구획이 나뉘어지고, 성별은 남성과 여성으로 구분된다. 지역의 경우에는 특정 지역/타지역(그 특정 지역을 제외한 나머지 지역)으로 이분지 분류된다.

각각에 대해서 좀 더 구체적으로 살펴보면 다음과 같다. 우선, 연령에 대한 사회언어학적 연구는 발화자의 연령대에 따라 발화 양상이 달라지는 현상에 주목한다. 본고의 실험에서 연령 정보는 '노인'과 노인을 제외한 나머지 연령층에 해당하는 '비노인'으로 구분하였다. 이때 '노인'에 해당하는 대상은 해당 발화를 말한 날짜를 기준으로 만 70세 이상이다. 반대로 '비노인'에 해당하는 대상은 그 발화를 행한 날짜를 기준으로 만 60세 미만이다. 즉, 60대를 구분애서 아예 제외한 것이다. 이는 현재 한국사회의 60대가 가지는 특수성을 감안한 것이다. 사회적 인식으로나 의학적 판단으로 보거나 한국 사회의 현 60대는 노년으로 간주하기에 반례가 너무 많다. 정치적으로도 60대는 70대보다 40~50대에 더 가깝다는 의견 또한 존재한다. 따라서 사회적 변인에 대한 판별을 객관적으로 도모하기 위해 60대는 분석에서 제외하였다.

둘째, 앞서 밝힌 바와 같이 성별에 따른 언어 사용 양상의 차이는 사회언어학에서 중요 연구 대상이 되어 왔다. 예컨대, Tannen(1990)은 남성과 여성은 각기 언어를 보고(report)와 사회적 관계 형성(rapport)의 수단으로 쓴다는 차이를 밝힌 바 있다. 이때 사회언어학에서는 성별을 생물학적 성으로 규정할 것인가 사회적 성으로 규정할 것인가와 관련된 논의가 발생한다. 그러나 본고의 성별 구분은 매우 단순하여 애초에 메타 정보에 포함된 남성(Male) 및 여성(Female)의 구분에 따라 학습을 진행하였다. 결과적으로 화자의 성별에 해당하는 메타 정보 데이터세트로 파인 튜닝을 수행한 언어 모델은 특정 발화가 남성/여성 중 어떤 선택지에 해당하는지 분류할 수 있어야 한다. 이

때, 이상적으로는 남성과 여성의 데이터 분포가 거의 동률로 같아야 하겠으나 실제 자료의 규모에서는 여성의 데이터가 남성의 데이터의 3배 가량이다. 학습 데이터 구축 과정에서 참여하는 인원 대부분이 여성이라는 특성에 근거한다. 따라서 데이터 무결성은 본고에서 함부로 주장할 수 없다.

끝으로 지역에 따른 언어 변이는 방언학(dialectology)이라는 분야가 독립적으로 존재할 정도로 사회언어학의 주요 연구 분야이다. 물론 한국어의 방언 구분도 따지자면 상당히 난해한 논쟁거리가 될 수 있다. 본고에서는 일반적인 한국어 방언 구분법을 준용하여 강원, 충청, 전라, 경상, 제주의 5개 지역으로 구분한다. 이때 각 지역별 방언의 숫자 규모가 상이하여, 학습 결과의 신뢰성을 다소 희석시킨다. 당연히 위 5개 지역 가운데 경상도가 인구가 제일 많기 때문에 무작위 추출을 거친 결과 경상도의 데이터 숫자가 가장 많았다. 반면 제주도 자료는 전체의 3%에 불과하였다. 따라서 본고의 결과를 절대적인 수치로 내세울 수는 없다고 평가한다.

4. 결과

본고에서 학습된 결과에 대한 총평을 내리면 다음과 같다. 첫째, 데이터 과적합이 발생하였다. 이는 구축된 모델의 산술적 신뢰도에 다소 흠결이 있다는 의미이다. 과적합(overfitting)이란 모델이 학습 데이터에 과도하게 특화되어 학습 데이터가 아닌 다른 데이터로 평가 시에 성능이 떨어지는 것을 말한다. 아래의 그림은 한국어 언어 모델

파인 튜닝의 결과는 모델들이 과적합의 문제에 봉착하고 있음을 보여 준다. 훈련 손실(train loss)은 epoch가 지남에 따라 점점 감소하는 반면에 검증 손실(validation loss)은 점점 증가하는 양상을 보이기 때문이다. 아래의 학습 그래프를 참조하기 바란다. 파란 선(train loss)는 일정하게 하단으로 수렴되는 반면, 붉은 선(validation loss)는 지속적으로 상승하고 있다. 즉, 손실률이 작아지지 않고 있다.

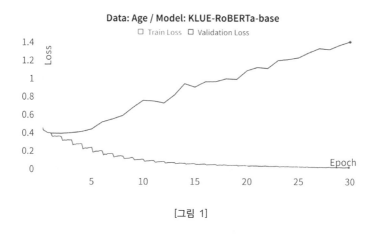

[그림 1]

둘째, 그러한 과적합에도 불구하고 앞서 제시된 예측 과제 수행 결과들은 모델들이 대체로 주어진 발화가 어떤 연령/성별/지역에 해당하는지 예측하고 있음을 확인할 수 있었다. 이러한 측면은 딥러닝 결과물에 대한 또 다른 시각화 도구인 히트맵(heatmap)을 통해서 확인된다. 히트맵은 발화에 대한 예측 결과와 함께 모델이 예측을 수행함에 있어 어떤 단어에 초점을 맞추는지를 시각화한 것이다. 이때 초점을 둔다는 것을 기술적인 용어로 풀이하면 어텐션(attention)이 놓인다는 것인데, 히트맵 상에서는 색상이 밝을수록 어텐션 강도가 크다.

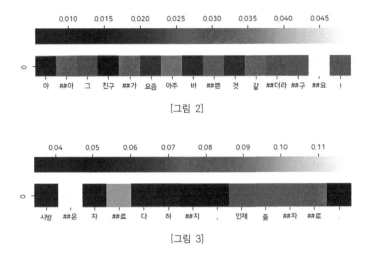

[그림 2]

[그림 3]

위 [그림 2]는 비노인이 산출한 문장에 대한 판단으로 실제 언어
모델은 그 정보를 높은 확률로 맞추었다. 그리고 그렇게 판단하는데,
어미 "~구요"가 중요한 기준이 되었음이 확인된다. [그림 3]은 지역
방언에 대한 판별로 마찬가지로 "시방은"이라는 정보에 언어 모델이
특별히 주목한다는 점이 히트맵에서 드러난다. 참고로 [그림 2] 및
[그림 3]의 하단에 제시된 언어 표현의 연쇄는 자연어 문장을 컴퓨터
가 처리하기 용이한 형태로 변환(토크나이저)한 결과임을 다시 밝힌다.

1) 연구의 한계

과적합이 발생하는 데에는 여러 가지 이유가 있을 수 있다. 첫째,
사용된 데이터세트가 한국어의 사회적 변인을 충분히 파악하기에 부
족함이 있을 수 있다. 다시 말해, 대화 전사로부터 도출된 자료는 한국
어로 된 일상 대화의 풍부함을 제대로 포착하지 못할 수 있다. 예컨대,

주어진 데이터는 대화를 다양화하기 위해 설정된 주제를 사용했는데 그로 인해 다소 불균형한 언어 분포가 발생했을 가능성이 있다. 둘째, 대회 참여자의 구성이 인구통계학적으로 다소 불균형한 점도 한계로 들 수 있다. 화자 모집을 무작위로 했기 때문에 자료의 불균형한 분포가 내재되고, 이러한 잠재적 문제점이 결과에 나타났을 수 있다. 결과적으로는 보다 다양하고 균형 있는 데이터를 입수하여 실험을 확대 강화할 필요가 있다고 판단한다.

2) 연구의 시사점

앞서 밝힌 바와 같이 지금까지 언어 모델 관련 연구는 모델이 자연어에 존재하는 문법적 제약을 처리할 수 있는지 여부에 집중해 왔다. 언어 모델이 자연어 처리에서 뛰어난 성능을 보인 이후, 언어학자 그룹은 언어 모델에 대한 언어학적 검증을 반복 시도해 왔다. 특히, 그 검증 체계는 언어 모델이 자연어에 존재하는 통사적 제약을 다룰 수 있는지에 초점을 두었다. 한국어 모델의 경우에도 한국어에 존재하는 다양한 통사적 제약에 초점을 맞춘 일련의 연구들이 있었다. 이러한 방향의 연구들은 모두 언어 모델이 언어의 내적 구조를 이해하는 능력을 가지고 있는지를 실험하려고 하였다는 점에서 공통점을 가진다. 그러나 보다 자연스러운 언어 모델의 개발을 위해서는 자연어를 구사하는 화자의 속성(연령, 성별, 지역과 같은 메타 정보)에 대한 학습 또한 이루어질 필요가 있다. 언어는 사회적인 현상이기 때문이다(Bucholtz & Hall 2005).[7] 언어를 이해하고 사용하기 위해서는 단순히 문장 단위의 내적 구조뿐만 아니라 언어가 사용되는 상황에 대한 이해, 나아가 언어가 사용되는 공동체와 사회의 구조에 대한 이해가 필요하다. 따라서 언어 모델의 언어 능력을 종합적으로 평가하기 위해서는 언어 데이터에서 드러나는 사회적 특성을 처리할 수 있는지에 대한 검토가 종합적으로 요구된다. 이러한 문제 의식 하에 본고는 한국어 화자의 연령, 성별, 지역과 같은 메타 정보의 학습을 통해 한국어 특화 언어 모델의 사회언어학적 특성을 고찰하고자 하였다.

5. 맺으며

본고는 한국어 문장 토큰에 대한 순차적 패턴을 파악하여 성별, 연령, 지역 등의 사용역을 예측할 수 있는 탐지 알고리즘을 구성하였다. 딥러닝 알고리즘의 중요한 축이라 할 수 있는 전이 학습을 사용하였으며, 사전 학습 모델로는 KLUE-RoBERTa-base를 활용하였다. 그 결과 모델의 성능에서 과적합을 발견하게 되었다. 이를 통해 현재의 언어 모델과 분류 알고리즘이 사회언어학적 변인을 반영하는데 일부 한계가 있을 수 있음을 확인 하였다. 그러나 그러한 총량적 결과에도 불구하고 개별 문장에 대한 예측은 비교적 잘 작동하여 히트맵 모델을 통해 성공적인 예측을 확인할 수 있었다. 이러한 결과는 향후 한국어 언어 모델을 바탕으로 한 사회언어학적 분석에 더 연구할 여지가 많다는 점을 함의한다.

7) Bucholtz, M. and Hall, K., "Identity and interaction: A sociocultural linguistic approach" Discourse Studies, 7(4-5), 2005, pp.585~614.

　　제시된 실험에서 나타난 일부 한계에도 불구하고 본고는 언어 모델을 통해 언어 표현 이면의 사회적 요인의 존재를 밝히는 선도적인 연구로서 나름의 의의를 가진다. 언어의 사회적 요인이 기계가 감지할 수 있는 방식과 수준으로 발화에 영향을 미치는지 여부는 여전히 중요한 연구 주제에 해당한다. 이러한 점에서 본고는 언어 행동 내의 사회적 요소를 인공지능 기법으로 발견하는 기본적인 과정을 제시하였다. 나아가 본고의 주요한 의의는 한국어 기반 전산사회언어학 연구의 선례 중 하나로 기능할 수 있다는 점에 있다. 특히 본고는 한국어 데이터를 사용하여 한국어 언어모델을 검증하였다는 점에서 분명한 가치를 지닌다. 영어권에 집중된 전산사회언어학 연구에 새로운 방향을 제공하기 때문이다. 이러한 본고의 결과가 향후 딥러닝 기법을 활용하여 사회언어학적 연구를 수행하고자 하는 디지털 인문학 연구자들에게 실물적인 도움을 줄 수 있기를 기대한다.

제13장
디지털 인문학을 위한 시간 정보 개강

세키노 다쓰키

1. 시작하며

　시간은 모든 일에 부수적으로 따라오는 정보 중 하나이다. 주위를 둘러보면, 신문의 날짜, 이벤트가 개최되는 시간, 책의 출판일 등 시간이 포함된 정보는 얼마든지 찾아볼 수 있다. 이러한 날짜 등의 시간정보는 컴퓨터를 이용한 여러 가지 처리 방법에 있어서 다양한 역할을 한다. 예를 들어 정보를 검색할 때에 시간의 범위를 조건으로 지정하는 것은 많은 정보 시스템에서 일반적으로 사용하고 있는 방법이다. 시간정보는 정보를 처리할 때에 축이 되기도 하며, 연표나 그래프 등에 있어서 정보의 가시화나 검색 결과를 정렬하는데 이용되고 있다. 게다가 시간정보는 여러 가지 정보들을 연결하기 위한 접점으로서도 활용되고 있다. 이를 통해 여러 가지 정보들 사이의 동시성이나 전후관계가 명확해지며, 인과관계를 추측하기 위한 단서가 되기도 한다.

　인문학연구에 있어서도 시간정보가 가지는 역할은 비슷하다. 역사나 고고학과 같은 시간과 직결되는 학문분야는 물론이고, 여러 인문학 분야에서도 연구 대상에 포함되는 시간 정보(예를 들어 문학 작품의 본문 등)나 연구 대상의 메타 데이터에 기술된 시간 정보(예를 들어 그림의 시대 정보 등)가 중요한 역할을 한다. 최근에 주목을 받고 있는 디지털 인문학에서도 이러한 시간 정보들을 컴퓨터로 기계적으로 처리하는 것을 통해서 다양하고 방대한 양의 정보를 사용한 검색, 가시화, 해석 등이 가능해지며 사람의 손으로 직접 하기 어려웠던 새로운 지식의 발견으로 이어질 것으로 기대되고 있다. 하지만 실제로 인문학 연구의 시간 정보를 컴퓨터로 다루려고 하면 시간 정보 표기의 차이나 표기의 다양성으로 인해 문제가 발생하는 경우가 흔히 있다.

필자가 중심이 되어 운영하고 있는 Hutime 프로젝트에서는 인문학 정보의 시간 정보를 디지털 인문학이라는 분야에서 다루기 위한 기반이 되는 데이터나 소프트웨어의 개발과 제공을 진행하고 있다[1]. 본고에서는 이 프로젝트 활동 중에서 일본의 인문학 연구에 관한 자료들을 컴퓨터로 처리하기 위한 논리나 기술의 구축과 이를 기반으로한 소프트웨어의 실제 사용과 그에 관한 방법들을 소개해보겠다.

2. 시간 정보를 컴퓨터로 다루기

1) 컴퓨터의 날짜 입력

인문학 연구에 관한 자료는 다종다양하지만 실제로 컴퓨터가 처리할 수 있는 데이터의 수치는 한정되어있다. 문자이든 날짜이든 컴퓨

---

[1] Hutime 프로젝트, 「HuTime – Time Information System」, 〈https://www.hutime.jp/〉 (최종 접속: 2024.7.1)

터에서 다루는 정보는 어떠한 과정을 거쳐서 수치로 변환해야만 한다. 그렇기에 많은 컴퓨터 시스템들은 수치로 변환하기 쉽게 정돈된 정보만을 선별하여 받아들이고 있다. 날짜에는 연, 월, 일의 수치가 정해진 장소(텍스트박스 등)를 입력하거나, 국제표준인 ISO 8601형식[2] 등으로 정식화된 문자열(표기예: 0794-11-22)로 입력하는 것이 일반적이다. 디지털 인문학에 있어서도 모든 시간정보는 이처럼 컴퓨터가 받아들일 수 있는 형태로 바꿀 필요가 있다.

인문학연구에서 다루고 있는 시간정보를 컴퓨터에 입력할 때 가장 먼저 문제가 되는 것이 역(曆)이다. 일반적으로 컴퓨터에서 다루고 있는 날짜는 서력(그레고리력)에 기반을 두고 있다. 이는 컴퓨터가 미국에서 개발되었기 때문이기도 하지만, 연, 월, 일을 정하는 방법(역법)이나 표기가 단순하고 다루기 쉽다는 것도 하나의 요인이다. 한편 일본의 역사 자료 안에서 기술되고 있는 날짜의 대부분은 화력(和曆)으로 되어있다. 화력을 포함한 날짜의 표현이나, 메이지 5년 이전에 사용된 달의 차오름에 기반한 날짜의 결정 방법 등 화력은 서력과는 다른 관점이 많아 단순하게 변환하는 것이 어렵다. 그렇기 때문에 일본의 인문학 연구에서 사용되고 있는 시간정보를 컴퓨터를 통해 처리하기 위해서는 화력의 날짜를 서력의 날짜로 변환하는 작업이 별도로 필요하다.

화력과 서력긴의 날짜 변환은 날짜 대조표를 가지고 사람이 하던 작업이었다. 현재는 이러한 변환을 할 수 있는 여러 웹페이지상의 어

2) International Organization for Standardization(2019) ISO 8601-1, Date and time
   - Representations for information interchange - Part 1: Basic rules.

플리케이션이 제공되고 있으며[3], 화력의 날짜를 구성하는 연호, 연, 월, 일을 화면상의 여러 텍스트박스에 입력하거나, 풀다운 메뉴에서 선택하는 것을 통해 기술적으로 화력과 서력의 날짜를 변환시키고 있다. 하지만 날짜를 구성하는 각 요소를 그때마다 입력하는 방법으로는 한 번의 조작으로 하나의 날짜만 처리할 수 있다. 따라서 디지털 인문학에서 요구되는 대량의 날짜 데이터를 처리하는 장치를 만든다고 하더라도 다양한 날짜의 표현으로부터 연, 월, 일을 도출하여 데이터를 만드는 작업은 결국 사람의 손에 의지하게 되며, 사람의 지식과 노력이 필요하다. 화력에 의한 시간정보를 컴퓨터를 통해 효율적으로 다루기 위해서는 표기의 변환뿐만 아니라 날짜를 표현하는 문자열(날짜문자열)을 해석하여 연호, 연, 월, 일을 자동적으로 도출해내는 프로세스까지 필요하다.

2) 화력의 날짜 표기

여기서 날짜문자열을 해석하는 프로세스를 장착시키는데 있어서 화력의 날짜 표기의 특징을 정리해 두고자 한다. 화력의 날짜 표기에서 먼저 문제가 되는 것은 한자이다. 화력의 날짜에서는 연호는 물론이고 연, 월, 일을 나타내는 숫자도 한자로 표현되어있다. 게다가 연호에서 사용되는 한자에는 지금은 사용하지 않는 한자나 특이한 한자(예를 들어 게이오(慶応, 慶應) 등)가 사용된다. 한자로 숫자를 표기할

---

3) 국립천문대, 「일본의 역일 데이터베이스」, 〈https://eco.mtk.nao.ac.jp/cgi-bin/koyomi/caldb.cgi〉(최종 접속: 2024.7.1)

경우 10이상의 숫자는 복수의 표현방법이 존재하기도 한다. 예를 들어 22의 경우에는 '二十二', '廿二', '二二'와 같이 여러 방법으로 표현된다.

역사 자료에서는 연도나 일을 나타낼 때 간지(干支)가 사용되는 경우도 많다. 예를 들어 엔랴쿠 13년을 의미하는 '延曆十三年'과 '延曆甲戌年'은 같은 연도를 나타내는 표현이다. 마찬가지로 엔랴쿠 13년 10월 22일은 '延曆十三年十月二十二日'과 '延曆十三年十月辛酉'의 두 가지로 같은 날짜를 표현할 수 있다. 또한 일부의 연, 월, 일에는 특정한 명칭이 부여되어 있다. 1년을 표현하는 '원년(元年)', 1월을 표현하는 '정월(正月)', 1월 1일을 표현하는 '원단(元旦)'은 지금도 사용되고 있는 표현 방법이다. 역사 자료에서는 한 달의 첫 날을 '삭일(朔日)'로, 마지막 날을 '회일(晦日)'로도 기술하기도 한다.

날짜문자열을 해석하기 위해서는 이러한 다양한 날짜의 표기에 대응하면서, 연호, 연, 월, 일을 도출하여 수치와 같은 범용적인 형태로 변환시킴과 동시에 다음 처리 수순인 표기의 변환기능으로 넘어갈 수 있어야 한다.

3) 화력의 역법(曆法)

다음으로 화력과 서력간의 날짜의 변환기능을 만드는데 있어서 화력과 서력의 차이를 정리해 보고자 한다. 서력(그레고리력 및 율리우스력)은 태양년(약 365.24219일[4])에 기반하여 만들어진 태양력이다.[5] 연

----

4) 국립천문대 편, 『이과연표2024(理科年表2024)』, 마루젠 출판, 2023.

도의 길이는 365일이며, 정기적으로 윤일을 끼워 넣어서 연도 길이의 평균을 실제 태양의 움직임(태양년)과 가깝게 하고 있다. 또한 율리우스력의 윤일의 삽입 방법(치윤법)을 개량하여 연도의 길이(평균치)를 더욱 태양년에 가깝게 한 것이 그레고리력이다. 월의 길이는 월마다 정해져 있고, 윤일이 추가되는 2월을 빼고는 연마다 월의 길이가 바뀌는 일은 없다. 화력도 메이지 6년 1월 1일에 태양력으로 개편하였고,[6] 이후 월일이 서력과 일치하게 되었다.

한편 메이지 5년 이전의 화력은 태양년과 삭망월(달이 차오르는 주기: 평균적으로 약 29.5일[4])에 기반하여 만들어진 태음태양력이었다.[7] 월은 달의 삭망과 일치하게 만들어져 있었으며, 삭(신월)의 순간을 포함한 날이 그달의 시작이 되었다. 월의 길이는 삭의 타이밍에 의해서 29일간(작은 달) 또는 30일간(큰 달)이 되었으며, 고정되어 있지 않았다. 따라서 같은 달이어도 그 길이가 연도에 의해서 달랐다(예를 들어 메이지 5년 1월은 29일간, 메이지 4년 1월은 30일간이었다). 또한 12삭망월은 약 354일간으로 상술한 태양년과 차이가 생겨난다. 이 차이를 해소하기 위해서 3년에 한 번 정도의 비율로 윤달이 들어갔다. 그러나 윤달이 들어가는 타이밍은 태양의 운행에 기반하여 정하기 때문에 일정하지 않았다(최후의 윤달은 메이지 3년 윤10월, 그 전은 게이오 4년 윤4월).

비교적 단순한 역법인 서력의 날짜로는 일자간의 전후관계의 비교

5) Dershowitz, N. and Reingold, E. Calendrical Calculations, Cambridge University Press, 2007.

6) 태정관포고,『메이지5년 태정관포고 제337호(개력의 포고)(明治五年太政官布告第三百三十七号(改暦ノ布告))』, 1872.

7) 오카다 요시로(岡田芳朗),『음력독본: 일본의 생활을 즐겁게 하는「달력」의 지혜(旧暦読本: 日本の暮らしを愉しむ「こよみ」の知恵)』, 소겐샤, 2006.

나 일수를 구하는 등의 처리가 단순한 계산으로 실현 가능하다. 한편 화력의 날짜로는 이러한 처리를 행하기 위해서는 달이나 태양의 위치에 관한 복잡한 계산이 필요하다. 게다가 과거에는 정치적인 이유 등으로 인해 월의 시작이 인위적으로 바뀐 적이 몇 번 있어서 단순히 계산으로만 날짜를 파악하는 것은 불가능하다. 또한 역월의 연도도 인위적으로 결정된 연호와 연도의 조합으로 표현되기 때문에 연호의 차례나 변경의 타이밍을 계산하는 것이 불가능하다. 이 때문에 화력을 컴퓨터에서 다루기 위해서는 연호나 월에 관한 정보를 가지고 날짜를 처리할 때 이러한 사항을 참고해야 할 필요가 있다.

3. 화력과 서력의 상호 변환 장치

HuTime 프로젝트에서는 상술한 화력의 특징에 대응하여 화력의 날짜문자열의 해석과 그 결과에 기반한 화력과 서력간의 날짜의 변환 기능을 서버 내부의 프로그램(라이브러리)으로 개발했다. 거기에 프로그램을 외부에서 이용할 수 있게 하는 Web Application Programing Interface(Web API)가 개발, 공개되었다.

1) 화력의 날짜문자열의 해석

날짜문자열을 해석하여 연호, 연, 월, 일을 도출하는 기능은 패턴 매칭 기술을 응용하여 만들어졌다.[8] 정규표현으로 대표되는 문자열의 패턴 매칭은 부여된 문자열을 새롭게 준비한 패턴과 비교하여 문자열이 패턴에 어떻게 매칭되는가를 도출하는 수법이다[9]. 패턴은 문자열에 포함된 문자 및 특정 그룹에 속하는 문자나 문자열을 나타내는 지정자 등에 의해서 구성된다. 날짜문자열을 해석하는 기능으로는 이 지정자로 날짜문자열을 구성하는 연호, 연, 월, 일의 각 요소를 표현하는 것을 통해서 이러한 기호들이 어떻게 기술되어 있으며, 어떠한 순서로 날짜문자열 안에서 나타나고 있는가를 패턴을 통해서 표현한다. 또한 이들 지정자에 매치된 문자열을 추려내어 각 요소의 날짜문자열에서 도출해낸다.

예를 들어 상술한 바와 같이 연도는 상용숫자, 한자숫자, 간지 등으로 표현된다. 여기서 각각의 표현에 "y", "yK", "yE"라는 식별자를 할당한다. 이 식별자를 사용하여 연도가 표현된 문자열의 패턴을 작성하는 것이 가능하다. 구체적인 예를 들자면, 식별자 "yK"를 사용한 패턴 "yK년"은 "십삼년(十三年)"이나 "일삼년(一三年)"에는 매치되지만, "13년"(아라비아 숫자)이나 "십삼"("년"이 없음)에는 매치되지 않는다. 그리고 이 식별자 "yK"에 매칭된 "십삼"이나 "일삼"이 연을 표현하는 문자열로써 도출된다.

또한 이러한 "y", "yK", "yE"의 어딘가에 매치되는 식별자는 "ya"라고 정의하고, 어떠한 문자열(공문자열을 포함하여)에 매치되는 식별자를 "*"로 정의해보자. 그러면 이 양자를 사용한 패턴 "ya*"는 연도를

---

8) 세키노 다쓰키(関野樹)・야마다 타이조(山田太造), 「날짜를 표현하는 문자열의 해석과 표기의 변환: 표기에 관한 총합기반의 구축을 위해서(日付を表す文字列の解釈と暦の変換: 暦に関する統合基盤の構築に向けて)」, 『정보처리학회 심포지움』 2013(4), pp.161~166.

9) Friedl, J.(주식회사 롱테일・나가오 타카히로 역), 『상설 정규표현 제3판(詳説 正規表現 第3版)』, 오라일리 재팬, 2008.

나타내는 여러 가지 표현에 매치된다. 전술한 "십삼년"이나 "일삼년" 및 "13년"이나 "십삼"뿐만이 아니라 "13년"이나 "갑술해(甲戌歲)"에도 매치가 가능해진다. 여기에 이 "ya"에 매치시킨 부분을 연도를 나타내는 문자열로써 도출할 수 있다.

이와 같이 연호, 월, 일을 나타내는 식별자를 정의할 수가 있다. 예를 들어 "ya"와 같이 어느 쪽의 표현에 매치되는 연호, 월, 일의 식별자는 각각 "ga", "Ma", "da"이다. 이러한 식별자에 관한 상세한 내용은 HuTime 프로젝트 웹사이트상에 공개되어있다.[10]

이들 식별자를 사용하여 임의의 날짜문자열의 패턴을 작성하는 것도 가능하다. 정해진 패턴으로써 "ha*ya*Ma*da*"이 있으며, 패턴이 지정되어있지 않은 경우에는 이 정해진 패턴을 사용하여 날짜문자열을 해석할 수 있다. 이러한 패턴은 연호, 연, 월, 일의 순번으로 기술된 대부분의 날짜문자열에 매치된다. 즉, "엔랴쿠 13년 10월 22일"에도 "엔랴쿠 갑술해 십년 이이일"에도 매치되어 날짜문자열을 구성하는 각 요소를 도출할 수 있다.

2) 역의 변환

날짜문자열을 해석하여 도출한 연호, 연, 월, 일의 값을 사용하여, 화력의 날찌를 서력의 날짜로 변환할 수 있나. 난, 화력에서는 연호를 붙이는 방법(북조와 남조), 서력에서는 개력 시기(율리우스력에서 그레

---

10) HuTime 프로젝트, 「시간기반정보-역변환(화력의 서식)」, 〈https://www.hutime.jp/ basicdata/calendar/calendars/JapaneseFormat.html〉 (최종 접속: 2024.7.1)

고리력으로의 개력)의 차이에 의한 복수의 베리에이션이 존재하며, 각각 다른 표기 방식으로 처리해야 할 필요가 있다. 게다가 표기의 변환은 화력과 서력 사이뿐만 아니라 중국력 등의 다른 표기들과의 변환기능도 염두에 두고 있다.[11] 이 때문에 화력의 날짜와 서력의 날짜를 직접적으로 엮어서 변환하는 것이 아니라, 공통의 시간축을 매개로 상호 변환하는 것으로 한 것이다.[8] 이로 인해 각 표기들은 공통의 시간축과의 사이에서의 변환만을 생각하면 되기 때문에 복수의 표기에 대응되면서도 구조 자체는 간단하게 만들 수 있었다.

공통의 시간축은 율리어스일(日)로 했다. 율리어스일은 기원전 4713년 1월 1일 정오부터의 경과를 일수로서 나타내며, 소수점 이하는 시각을 나타낸다.[5] 2025년 1월 1일 오전 0시(협정세계시)는 율리우스일로 환산하면 2460676.5로 표기된다. 율리우스일은 연, 월, 일 등의 구조를 가지지 않고 실수로 표현된다. 또한 개력과 같은 일에 의한 불연속성도 없다. 이 때문에 컴퓨터상의 일수를 계산하기 용이하며, 천문학에서는 일식의 예보 등에 사용하고 있다.[12] 결과적으로 화력에서 서력으로의 변환이라면 화력의 날짜를 일단 공통의 시간축인 율리우스일로 변환하고, 여기서 얻은 율리우스일을 서력의 날짜로 변환하는 식으로 진행한다.

화력, 서력 모두 상술한 바리에이션에 따라서 율리우스일과의 표기

---

11) Sekino, T. "Construction of a Calendar Conversion System with a Function to Interpret Chinese Calendar Date Expressions," Proceedings of the 2023 Pacific Neighborhood Consortium Annual Conference and Joint Meetings(PNC), 2023. DOI: 10.23919/PNC58718.2023.10314976.

12) National Aeronautics and Space Administration, 「NASA Eclipse Web Site」, 〈https://eclipse.gsfc.nasa.gov/〉(최종 접속: 2024.7.1)

변환의 대응이 가능해졌다. 화력에서는 북조 및 남조의 연호에 대응하는 두 가지와 메이지 6년 이후의 태음태양력(흔히 말하는 현대의 음력)까지 총 3개의 바리에이션이 존재한다. 서력에서는 율리우스력에서부터 그레고리력으로의 개력의 시점이 다른 두 가지(1582년과 1752년)와 현대까지 개력을 하지 않은 율리우스력 및 그레고리력의 역법을 1582년 이전까지 적용한 선발 그레고리력이라는 총 4개의 베리에이션이 있다.

상술했듯이 화력의 날짜를 변환하기 위해서는 연호와 월에 관한 정보를 새롭게 준비할 필요가 있다. 연호에 대해서는 『국사대사전(国史大辞典)』[13]을 참조하여 각 연호가 사용되기 시작했던 날(연호를 고친 날)의 율리우스일의 데이터를 작성하였다. 한편 월에 대해서는 『일본역일원전(日本暦日原典)』[14] 및 『일본서기력일원전(日本書紀暦日原典)』[15]을 참조하여 각 월의 초일(삭일)의 율리우스일의 데이터를 작성하였다. 인문학 연구자가 수작업으로 표기 변환에 임한 이러한 자료들에 기반하는 것으로 인해서 종래의 수작업과 동일한 결과를 컴퓨터상의 처리에서도 얻는 것이 가능해졌다.

---

13) 국사대사전 편집위원회 편, 『국사대사전(国史大辞典)』, 요시카와 고분관, 1979~1997.
14) 우치다 마사오(内田正男), 『일본역일원전 제4판(日本暦日原典 第四版)』, 유산각, 1994.
15) 우치다 마사오(内田正男), 『일본서기력일원전 신장판(日本書紀暦日原典 新装版)』, 유산각, 1993.

3) 날짜문자열의 출력

화력에서 서력으로의 날짜의 변환기능에 의해서 화력에 기반한 시간정보도 컴퓨터를 사용하여 처리하는 것이 가능해졌다. 하지만 이러한 과정을 통해 얻을 수 있는 결과는 서력의 날짜로 표현된 것이었다. 얻어진 결과를 기존의 화력에 기반한 인문학 연구의 시간정보와 비교하기 위해서는 컴퓨터에서 출력된 서력의 날짜를 화력의 날짜로 되돌릴 필요가 있다.

이 처리는 지금까지의 날짜문자열의 해석과 표기 변환의 처리를 역으로 행하는 것으로 실현 가능하다. 먼저 서력의 날짜를 화력의 날짜로 변환한다. 이때 세 가지가 존재하는 화력의 베리에이션 중 어떤 것으로 변환해야 하는지도 지정해야 한다. 다음으로 출력된 날짜문자열을 연호, 연, 월, 일이 어떤 식으로 기술되며, 어떠한 순번으로 나타나는지를 지정자를 포함한 패턴에 따라서 지정한다. 예를 들어 연호를 나타내는 지정자 "gg" 및 한자 숫자에 의한 연, 월, 일을 나타내는 지정자 "yK2", "MK2", "dK2"와 간자에 의한 연도를 나타내는 지정자 "yE"를 이용한 패턴 "ggyK2년(yE)MK2월dK2일"을 사용하면 서력(선발 그레고리력) 794년 11월 22일로부터 화력의 날짜문자열 "엔랴쿠 십삼년(갑술) 십월 이십이일"을 얻을 수 있다. 날짜문자열의 해석과 마찬가지로 날짜문자열의 출력에도 기존의 패턴이 정의되어 있으며, 화력의 경우에는 "ggy년 MMM월 d일"이다(출력 예: 엔랴쿠13년 10월 22일).

4) Web API

날짜문자열의 해석이나 표기 변환의 기능은 데이터 구축, 검색, 가

시화, 해석 등 디지털 인문학의 다양한 곳에서 유용하게 활용될 수 있다. 이를 위해 상술한 기능들을 특정한 애플리케이션을 통해서만이 아니라 다양한 소프트웨어에서 활용이 가능한 Web API로써 제공하였다.[16] API는 서버 내부의 소프트웨어의 기능을 외부에서 이용하기 위한 인터페이스로서, 이 구조를 통해 외부의 소프트웨어가 그 서버의 기능을 자신의 것으로 포함시킬 수 있다. 이 API를 웹 페이지의 전송에 사용되는 HTTP 프로토콜로 이용할 수 있도록 한 것이 Web API이다.

날짜문자열의 해석과 역 변환의 Web API에서는, 변환의 기준이 되는 날짜문자열, 변환의 기준과 변환할 역 등을 지정해 물어보는 것을 통한 결과가 텍스트 데이터로서 나온다. 예를 들어, 한자수를 사용해 표현된 일본식 달력의 날짜문자열 "엔랴쿠 십삼년 시월 이십이일"을 서력으로 변환한다면, "https://ap.hutime.org/cal/?method=conv&ical=1001.1&ocal=2.1&itype=date&ival=엔랴쿠십삼년시월이십이일"가 된다. 이를 실행한 결과로 "C.E. 0794 November 22"가 텍스트 데이터로서 나타난다. 여기서 "method"는 API를 통해서 행하는 작업을 지정하는 것이며, "conv"는 달력의 변환을 의미한다. "ical"과 "ocal"은 각각 변환 기준과 변환 결과의 날짜의 달력에서 역을 식별하기 위한 ID로 지정된다. "1001.1"과 "2.1"은 각각 화력(남조), 서기(선발 그레고리력)를 나타낸다. "itype"에는 입력되는 데이터가 역일임을 나타내는 "date"가 지정되어 있다. 마지막으로 "ival"로 변환하는 날짜

16) 세키노 다쓰키, 「표기에 관한 Web API: 역법의 변환과 기간의 계산(曆に関するWeb API: 曆法の変換と期間の計算)」, 『정보처리학회 심포지움 시리즈 인문과학과 컴퓨터 2017』, 2017, pp.23~28.

의 날짜문자열을 부여한다. 다른 기능을 포함하여 이 웹 API에 대한 자세한 내용은 HuTime 프로젝트 웹사이트상에 공개되어 있다.[17]

이 Web API의 사용 예로서 HuTime 프로젝트가 제공하는 역 변환 웹 애플리케이션이 있다.[18] 변환 기준과 변환 결과의 역을 풀다운 메뉴에서 선택하고 좌측 텍스트 영역에 날짜문자열을 넣어 변환 버튼을 누르면 우측 텍스트 영역으로 변환 결과가 출력된다. 이 애플리케이션에서는 복수의 날짜문자열을 한 번에 처리할 수 있는 것이 기존의 애플리케이션에는 없는 큰 특징이다. 이로 인해 표 계산 소프트웨어의 스프레드시트 상에서 복수의 날짜 데이터를 변환 기준 데이터의

[그림 1] HuTime 프로젝트의 날짜 변환의 웹 어플리케이션

---

17) HuTime프로젝트, 「HuTime Web API - Calendar Calculation」, 〈https://ap.hutime. org/cal/〉 (최종 접속: 2024.7.1)

18) HuTime프로젝트, 「HuTime - 역변환 서비스」, 〈https://www.hutime.jp/basicdata/c alendar/form.html〉 (최종 접속: 2024.7.1)

텍스트 박스에 복사&붙여넣기 하고, 이것들을 한 번에 변환하는 것이 가능해진다.

날짜문자열의 해석과 달력 변환의 Web API는 상기의 HuTime 프로젝트의 애플리케이션 이외에도 다양한 소프트웨어 등에서 이용되고 있으며, 연간 700만회 이상 접속한 기록이 존재한다. 이 중 그림 1의 HuTime 프로젝트의 애플리케이션으로부터의 액세스는 5,000회 정도이기 때문에, 대부분이 외부로부터 접속되고 있다는 것을 알 수 있다. 최근 Google 스프레드시트에서 이 Web API를 호출하는 방법이 소개됨에 따라[19) 이용이 더욱 확대되고 있는 추세이다.

4. 시간정보의 기술

1) 자료 정보 남기기

지금까지는 화력의 시간 정보를 컴퓨터에 입력하기 위한 달력 변환 등의 기술에 대해 소개해 왔다. 그러나 인문학 연구의 정보를 데이터로 기술하고 축적한다는 점에서는 이야기가 달라진다. 예를 들어, 일본의 역사에 관한 시간정보로서 "0794-02-09"라는 서기의 날짜가 기술되어 있는 경우, 그 날짜 자체의 의미를 추측하는 것은 어렵다. 그런데 이것을 화력의 날짜로 기술하면 "엔랴쿠 13년 1월 1일", 즉 설날이다. 이를 통해, 자료에 기록된 정보를 바라보는 관점이 달라지

---

19) mir「[화력변환] 스프레드시트 수식으로 변환하자! – 1 API식」, 〈https://note.com/mir4545/n/n1bc8984c9c27〉(최종 접속: 2024.7.1)

게 된다.

또 인문학 연구 자료에는 연월까지밖에 없는 시간 정보가 많이 나
온다. "엔랴쿠 13년"이나 "에랴쿠 13년 10월"이라고 기술되어 있으면
그 의미를 쉽게 이해할 수 있지만, "0794-02-09/0795-01-29"나
"0794-11-01/0794-11-30"이라고 기술되어 있으면 왜 이러한 어중
간한 날짜가 지정되어 있는지 바로 이해하기 어렵다.

시간정보를 컴퓨터로 처리할 때는 그것들을 서력으로 변환할 필요
가 있지만, 자료 중의 정보를 기술하고 축적해 나간다는 점에서는 서
력이 아니라 원래의 화력 시간정보를 데이터로서 기술하기 위한 수단
이 필요하다.

2) 링크드 데이터

2010년경부터 링크드 데이터(Linked Data)라는 개념이 확산되고
있다. 웹 페이지끼리 하이퍼링크로 연결되도록 데이터를 서로 링크시
킴으로써 데이터의 웹을 형성하고, 데이터의 발견 및 유통을 촉진하
려는 것이다.[20] 링크드 데이터 중에서도 누구나 자유롭게 이용할 수
있는 데이터는 링크드 오픈 데이터(Linked Open Data: LOD)로서 데이
터 공개나 공익성 등의 관점에서 주목받고 있다. 이 데이터 간의 링크
에 의해 화력의 날짜와 서력의 날짜를 연결시킬 수 있다면, 화력의
날짜로 기술된 데이터를 링크드 데이터의 구조를 통해 자동으로 서력

---

20) C. Bizer, T. Heath and T. Berners-Lee, "Linked Data - The story so far,"
International Journal on Semantic Web and Information Systems, 5(3), 2009,
pp.1~22.

으로 대체하여 컴퓨터로 처리할 수 있다.

링크드 데이터는 데이터 간의 링크에 의미를 부여하는 것을 목표로한 시맨틱 웹 기술[21]에 기초를 두고 있다. 시맨틱 웹에서는 이 데이터 사이의 링크를 Resource Description Framework(RDF)라고 불리는 데이터 형식으로 기술한다.[22] RDF에서는 주어, 술어, 목적어의 3개의 요소를 1개의 조로 한 데이터(RDF 트리플)를 단위로 하여 술어가 주어와 목적어 사이의 의미를 가진 링크로서 기능한다.[23] 예를 들면, 헤이안쿄가 시작된 날(간무 천황이 헤이안쿄로 옮겨간 날)을 RDF식으로 나타내면 [그림 2]와 같다.

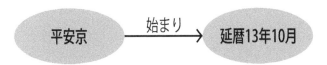

[그림 2] RDF 방식으로 표현된 헤이안쿄의 첫 날

여기서 주어는 헤이안쿄, 목적어는 날짜, 술어는 목적어가 주어의 시작일을 나타내는 링크임을 나타낸다. 또한, 일력의 날짜와 서기의 날짜의 관계를 같게 나타내면 [그림 3]과 같다.

21) Berners-Lee, T., Hendler, J. And Lassila, O. "The Semantic Web: A new form of Web content that is meaningful to computers will unleash a revolution of new possibilities," Scientific American, 284(5), 2001, pp.34~43.

22) World Wide Web Consortium, 「RDF - Semantic Web Standards」, 〈https://www.w3.org/RDF/〉 (최종 접속: 2024.7.1)

23) World Wide Web Consortium, 「RDF 1.1 Concepts and Abstract Syntax」, 〈https://www.w3.org/TR/rdf11-concepts/〉 (최종 접속: 2024.7.1)

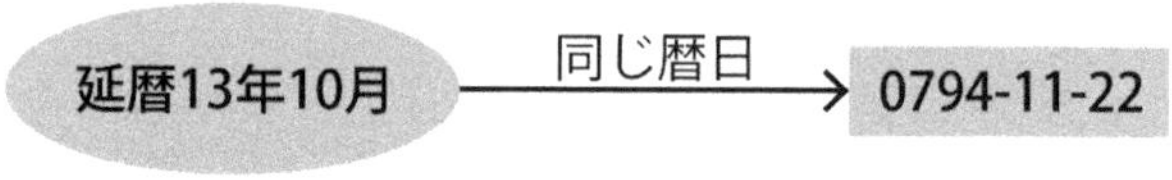

[그림 3] RDF 방식으로 표현한 화력의 날짜와 서력의 날짜의 관계

이 2개의 데이터가 나타내는 링크를 통해서 화력의 날짜에 의한 데이터 기술과 서력의 날짜에 의한 컴퓨터 처리를 양립시킬 수 있다.

여기에서 헤이안쿄나 화력의 날짜 등, 타원형으로 나타나 있는 주어나 목적어는, RDF 리소스를 나타낸다. RDF 리소스는, 웹 페이지의 주소를 나타내는 URL(Uniform Resource Locator)과 같은 형식을 가지는 Uniform Resource Identifier(URI)로 식별된다. URL도 URI도 인터넷상에서 하나의 값이기 때문에, 특정 사물을 식별하는 식별자(ID)로서 이용할 수 있다. 또 RDF에서는, 술어도 URI에 의해서 식별되어 그 의미가 하나의 의미로 정의된다. 한편, 서력의 날짜와 같이 직사각형으로 표시된 값은 정적인 값인 문자를 나타낸다. 문자는 단순한 수치나 문자열 이상의 의미는 갖지 않기 때문에 RDF의 주어가 될 수 없고, 목적어로서만 기술된다. 따라서 링크드 데이터를 사용해 화력의 시간 정보를 기술하려면 "엔랴쿠 13년 10월 22일" 등의 문자열 문자가 아니라 화력의 날짜를 나타내는 RDF 리소스가 필요하다. 게다가 화력의 월, 년, 연호를 나타내는 RDF 리소스가 있으면, 상술한 "엔랴쿠 13년"과 같이 년까지 밖에 없는 불완전한 날짜도 RDF로 기술해, 데이터간의 링크를 통해서, 서기로 나타낸 기간 "0794-02-09/0795-01-29"로 대응시킬 수 있다.

3) 날짜의 LOD

HuTime 프로젝트에서는 화력이나 서력의 날짜 등에 관한 RDF 자원을 LOD로서 제공하고 있다.[24] 예를 들면, 화력의 엔랴쿠 13년 10월 22일을 나타내는 날짜 리소스의 URI는 "http://datetime.hutime.org/calendar/1001.1/date/ 엔랴쿠 13년 10월 22일"이 된다. 그러나 이 대로는 길고 사용하기 어렵기 때문에 URI를 단축해서 기술하는 방법[25]을 적용할 수도 있다. 이에 따르면 첫머리의 "http://"부터 "/calendar/"까지를 접두사 "hcal:"로 표현하여 "hcal:1001.1/date/엔랴쿠 13년 10월 22일"로 간결하게 표기할 수 있다.

이 날짜 리소스의 URI에는 화력(남조)을 나타내는 날짜 ID "1001.1" 및 화력임을 나타내는 "date"가 포함되어 있다. 또한 URI의 말미는 이 화력의 날짜를 나타내는 날짜문자열이다. 이 부분에는 전술한 날짜문자열을 해석하는 구조가 적용되므로, 이전의 패턴(화력이라면 "ga*ya*Ma*da*")으로 해석할 수 있으면, 임의의 날짜문자열을 이용하는 것이 가능하다. 또, 이 부분에 율리우스력을 이용하는 것도 가능하며, "hcal:1001.1/date/2011387.5"라고, 한자의 입력이나 표시를 할 수 없는 환경에서도 URI를 기술할 수 있다.

화력의 날짜 "엔랴쿠 13년 10월 22일"의 날짜 리소스의 데이터를 그래프화하면 그림 4와 같다. rdfs:label로 나타나는 문자열이 기정

24) Sekino, T., "Basic linked data resource for temporal information," Proceedings of the 2017 Pacific Neighborhood Consortium Annual Conference and Joint Meetings(PNC), 2017, pp.76~82.
25) World Wide Web Consortium, 「CURIE Syntax 1.0」, ⟨https://www.w3.org/TR/2010/NOTE-curie-20101216/⟩ (최종 접속: 2024.7.1)

패턴 "ggy년 MMM월 d일"에 의해 출력된 날짜문자열이다. 또한 hutime:iso8601로 나타나는 문자열이 이 날짜에 대응하는 ISO 8601에 따른 날짜문자열이다(ISO 8601의 규정에 따라 선발 그레고리력으로 나타낸다). 결과적으로, 달력의 변환이 링크드 데이터의 링크로서 표현되고 있다. 이외에도 날짜 자원은 전후 날짜, 이 날짜를 포함한 월, 년, 연호 등의 RDF 자원에 링크되어 있다. 이들 날짜 리소스의 데이터는 웹 브라우저에 URI를 입력하여 접근함으로써 열람할 수 있다.

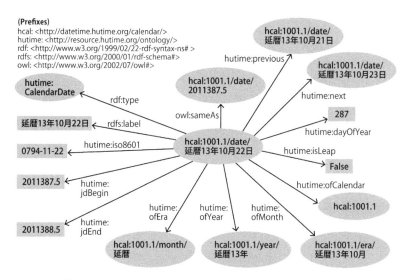

[그림 4] 화력의 날짜(엔랴쿠 13년 10월 22일)을 표시한 RDF 리소스

이 날짜 리소스를 사용해 그림 2의 내용을 나타내는 RDF 트리플을 작성하면 그림 5와 같다. 여기서 주어는, Wikipedia의 데이터를 RDF 자원으로서 제공하는 Wikidata[26)]의 데이터를 사용하고 있다. 이 RDF

26) Wikidata, 「Wikidata」, 〈https://www.wikidata.org/wiki/Wikidata:Main_Page〉

자원에는 일본어(데이터에서는 "@ja"가 붙어 있다)의 라벨로서 "헤이안
쿄"가 부여되어 있다. 또, 술어는 Schema.org[27]가 제공하는 데이터를
사용하고 있어, "startDate"는 목적어가 주어의 개시일임을 나타낸다.
이 데이터가 링크드 데이터에 대응한 소프트웨어에 판독되면 목적어
인 화력의 날짜 리소스의 데이터가 취득되어 그림 5의 ISO 8601 형식
의 서력 날짜를 사용해 가시화나 해석 등의 처리가 이루어진다.

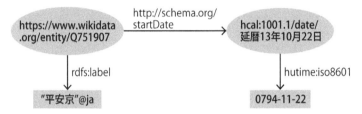

[그림 5] 화력의 날짜 리소스를 사용한 헤이칸쿄가 시작된 날을 나타내는 RDF 리소스.
접두사는 그림 2와 같음

HuTime 프로젝트에서는 날짜뿐만 아니라 월, 년, 연호 등의 리소
스도 제공하고 있다. 또한 화력뿐만 아니라 서력을 포함한 다양한 달
력에 관한 리소스도 제공하고 있어 화력에 관한 리소스와 동일하게
이용할 수 있다. 어떠한 리소스를 이용할 수 있는지는 달력 LOD의
톱 페이지[28]에 접속함으로써(접속한 날의 날짜 정보로 리다이렉트 된다),
일람을 확인할 수 있다. 이들 달력 LOD는 이미 곳곳에서 이용되고
있으며, RDF 리소스의 데이터 요구(액세스 횟수)는 연간 500만회를

(최종 접속: 2024.7.1)

27) Schema.org, 「Schema.org」, 〈https://schema.org/〉 (최종 접속: 2024.7.1)

28) Schema.org, 「Schema.org」, 〈https://schema.org/〉 (최종 접속: 2024.7.1)

넘는다.

5. 결론

본고에서는 화력의 시간정보를 다루기 위한 기술이나 소프트웨어 등에 대해 소개해 왔다. 이러한 기반적인 대처는 단순히 작업시간의 단축이나 연구의 효율화뿐만 아니라 디지털 인문학의 학문적인 목표나 효과라는 관점에서도 큰 의의를 가진다.

서두에서도 말했듯이, 디지털 인문학의 최대 성과는 인문학 연구에 컴퓨터를 도입함으로써 대량으로 다양한 정보의 처리를 가능하게 한 것이다. 이외에도 디지털 인문학에는, 데이터의 공유화나 수법의 재현성을 담보한다고 하는 측면이 있다. 누구나 같은 데이터를 사용해 같은 결과를 얻을 수 있는 상황은, 연구 성과의 검증이라고 하는 학술적인 요구도 그렇지만, 같은 데이터를 다른 수법이나 아이디어로 검토하거나, 기술이나 수법을 다른 소재에 응용하거나 하는 데이터나 수법의 상호 운용을 재촉해, 인문학 연구를 한층 더 확대시킨다.

이러한 점에서, 본고에서 소개한 것과 같은 기반적인 데이터나 기술을 개발하고 제공하는 것들은 공통의 기반에 입각하는 데이터를 충실하게 만들어 인문학 연구 자료의 상호 운용성을 향상시킨다. 향후, 시간에 한정되지 않고, 공간, 사건, 인물, 예술·문학 작품 등, 다양한 인문학 연구를 위한 정보 기반이 충실해질 것을 기대한다.

한정균 옮김

후기

    본서는 국제일본문화연구센터(国際日本文化研究センター, 일문연)·고려대학교 문과대학이 공동 개최한 디지털 인문학과 관련된 일련의 심포지엄의 기록이다. 제1회 회의는 2024년 2월 5일에「디지털 휴머니티즈와 데이터베이스로 보는 인문학의 세계」라는 테마로 고려대학교에서 개최, 제2회는 같은 해 7월 28일에「인문지와 정보지의 접합−디지털 휴머니티즈의 가능성과 과제」라는 테마로 일문연에서 열었다. 본서에서는 이러한 보고 발표를 재구성함과 동시에 제42회 일본 인문문화연구기구 심포지엄「디지털 휴머니티즈가 개척하는 인문학의 미래」(2024년 7월 27일)에서 기조 강연을 해주신 김준연 선생님으로부터 기고를 받아 권두에 배치하였다.

    발표해 주신 여러 선생님들, 사회나 코멘테이터를 맡아 주신 선생님께는 다시 한번 감사 인사를 드린다. 일문연·고려대학교 문과대학의 2회에 걸친 공동 심포지엄은 모두 학문에 대한 진지한 자세와 마음 따뜻한 환대가 인상에 남았다. 이 기록집에서 그 일단이 전해졌으면 생각하는 한편, 발표자의 유머러스한 화술이나 열기가 담긴 토론 등은 역시 완전히 전해지지 않는 곳도 있을 것이다. 예를 들어 김준연 선생님의 강연「문학 연구의 시각에서 본 디지털 인문학의 지향점」은 이발소에서 가위를 사용할 것인지 바리캉을 사용할 것인지 라는 이야기로 시작되어 인문학의 새로운 툴인 디지털 기술의 도입에 대해 능숙하게 강연하였다. 송상헌 선생님의「인공지능 기반 한국어 발화의 사회적 요인 탐지」는, 원래의 발표에서는 "요리는 재료가 70% 양념이 30%인데, 인공 지능도 같다."라고 서두를 말하고, 프로그래밍의 각 단계를 된장찌개 만드는 방법에 비유하면서 이야기해 주셨다. 유감스럽지만 이러한 이야기는 본서 수록에 즈음해 삭제되었지만, 여기에 기록해 두는 것으로 당일의 분위기를 남기고 싶다.

한편 개인적으로는 두 번의 심포지엄을 통해 일본의 디지털 휴머니티즈의 현황에 재차 위기감을 느끼기도 하였다. 다른 곳에서 조금 쓴 적이 있지만(松田利彦「東芝特別パネル「東アジアと日本の文化コンテンツ」に参加して」『跨境 日本語文學研究』17号, 2023.12), 일본의 연구자와 동아시아 타지역의 연구자가 디지털 휴머니티즈에 대한 학술 회의에서 패널을 짜면, 일본 측은 데이터베이스 제작이나 연구자의 육안에 의한 자료 읽기 관련 이야기가 중심이 되는 것에 대해, 한국이나 중국의 연구자는 프로그래밍을 스스로 수행하여 빅데이터의 해석에 도전하는 타입의 연구가 많다고 생각한다. 본서에 대해서도, 독자 중에는 같은 감상을 느끼는 분이 있을지도 모른다. 이러한 접근방법의 차이는 단순히 집필자 개개인의 역량이나 연구 스타일에 그치지 않고, 아마 일본에 있어서 디지털 인문학 기반 정비의 지체, 그것에 의한 연구자층의 성장 지체를 반영하고 있을 것이다. 본서를, 이러한 문제를 생각하는 계기로 삼아주었으면 좋겠다고도 생각한다.

마지막이지만, 여유가 없는 스케줄에도 불구하고 일본과 한국에서 각각 출판을 맡아 주신 도요서방(晃洋書房) 및 도서출판 보고사, 그리고 간행의 실무를 서포트해 주신 도요서방 편집부의 도쿠시게 신(德重伸) 씨와 보고사 편집부의 황효은 씨께도 감사의 말씀을 드린다.

2025년 2월
국제일본문화연구센터
부소장 마쓰다 도시히코(松田利彦)

집필진 소개

원고 수록 순

【제1장】 김준연

고려대학교 중어중문학과 교수

『디지털 인문학의 이해』(공저, 고려대학교출판문화원, 2024), 『세상을 움직이는 네 글자』(궁리, 2018)

【제2장】 야마다 쇼지(山田奬治)

국제일본문화연구센터 교수, 총합연구대학원대학 교수

Shots in the Dark: Japan, Zen, and the West (The University of Chicago Press, 2009), *Tokyo Boogie-woogie and D.T. Suzuki* (The University of Michigan Press, 2022)

【제2장 역자】 양성윤

고려대학교 인문사회 디지털융합인재양성사업단 연구교수

『西鶴奇談研究』(文学通信, 2023), 「일본 고전문학연구와 디지털 인문학의 과제: 근세문예와 표현문화사 연구의 시좌를 중심으로」(『일어일문학연구』 130, 2024)

【제3장】 요시가 나쓰코(吉賀夏子)

오사카대학 대학원 인문학연구과 준교수

『IIIF(트리플아이에프)로 개척하는 디지털 아카이브: 콘텐츠의 가능성을 세계로 연결하다(IIIF(トリプルアイエフ)で拓くデジタルアーカイブ: コンテンツの可能性を世界につなぐ)』(공저, 文学通信, 2024), 「향토에 남아있는 에도시대 고기록의 기계 판독화를 위한 시민참여 및 기계학습에 의한 키워드 추출(郷土に残存する江戸期古記録の機械可読化を目的とした市民参加および機械学習による固有表現抽出)」(공저, 『情報処理学会論文誌』 63(2), 2022)

【제3장 역자】 신재민

고려대학교 BK21 중일교육연구단 연구교수

『재일디아스포라와 글로컬리즘 3 사회·문화』(공저, 보고사, 2023), 「'트랜스-동아시아' 연구 동향 및 전망: 디지털 인문학적 방법론에 입각하여」(『중국학논총』 85, 2024)

【제4장】 야스이 마나미(安井眞奈美)

국제일본문화연구센터 교수, 총합연구대학원대학 교수

『괴이와 신체의 일본문화: 이계로부터 출산과 양육을 되묻다』(김용의·김희영·송영숙·주혜정·최가진 옮김, 민속원, 2019), 『요괴가 노리는 인간의 신체(狙われた身体:病いと妖怪とジェンダー)』(김용의·김영복 옮김, 민속원, 2023)

【제4장 역자】 남유민

고려대학교 학부대학 강사

「텍스트 마이닝을 활용한 일본 웹소설 일고찰: 팬데믹과 그 전후 비교를 중심으로」(『일본연구』 40, 글로벌일본연구원, 2023), 「일본 웹소설의 서적화와 라이트노벨 – 텍스트 마이닝을 활용한 비교 분석」(『일본학』 63, 동국대학교 일본연구소, 2024)

【제5장】 류지엔후이(劉建輝)

국제일본문화연구센터 교수, 총합연구대학원대학 교수

『장자커우–망각된 제국의 최전선(張家口–忘却された帝国の最前線)』(편저, 勉誠社, 2025), 『그림 엽서로 보는 일본근대미술 100선(絵葉書にみる日本近代美術100選)』(편저, 法藏館, 2024)

【제5장 역자】 이상혁

충남대학교 인문과학연구소 연구교수

「'이토 게이카쿠 이후'와 데이터베이스로서의 SF문학: 토비 히로타카『자생의 꿈』」(『일본학보』 141, 2024), 「편지의 도착(불)가능성과 일본의 90년대: 이와이 슌지의 《러브레터》를 중심으로」(『일본문화연구』 92, 2024)

【제6장】 정병호

고려대학교 일어일문학과 교수

「テキストマイニングを活用した韓国人の日本文化コンテンツの認識」(『跨境 / 日本語文学研究』 17, 東アジアと同時代日本語文学フォーラム·高麗大グローバル日本研究院, 2023), 『동아시아 재난서사』(편저, 보고사, 2020)

【제7장】 이승은

고려대학교 국어국문학과 부교수

「이야기는 어떻게 데이터가 되는가」(『한문학보』 51, 2024), 「국내외 디지털 인문학

교육 사례와 고전문학 교육에의 시사점」(『고전문학과 교육』 51, 2022)

【제8장】 마쓰다 도시히코(松田利彦)

국제일본문화연구센터 교수·부소장, 총합연구대학원대학 교수

『식민지 제국 일본의 지와 권력(植民地帝国日本における知と権力)』(편저, 思文閣出版, 2019), 『일본의 조선 식민지 지배와 경찰』(이종민·이형식·김현 역, 경인문화사, 2020)

【제8장 역자】 엄인경

고려대학교 일어일문학과 교수

『이시카와 다쿠보쿠 단카집』(이시카와 다쿠보쿠 저, 필요한책, 2021), 『콘텐츠 투어리즘 연구』(오카모토 다케시 저, 보고사, 2023), 『일본대중문화사』(일문연 대중문화연구프로젝트 편, 공역, 보고사, 2024)

【제9장】 정유진

고려대학교 언어학과 부교수

「의미범주와 구성원 전형성의 명명 순서 기반 연구」(『언어』 47(1), 2022), 「A Study on Impolite Expressions Using Metaphor: Focusing on Online News Article Comments」(공저, 『텍스트 언어학』 54, 2023)

【제10장】 류호현

고려대학교 중어중문학과 조교수

「중국 소프트파워 전략의 딜레마: 한국 내 중국 서브컬처를 중심으로」(교신, 『중국과 중국학』 48, 2023), 「중국 게임 〈원신〉의 트랜스: 내셔널 스토리월드 구축」(『글로벌문화콘텐츠』 52, 2022)

【제11장】 정혜윤

고려대학교 서어서문학과 부교수

「스페인 신문 사설에 대한 부정적 댓글 분석」(『스페인어문학』 111, 2024), 「스페인어권 디지털인문학 교육 및 연구 동향」(『스페인라틴아메리카연구』 16(2), 2023)

【제12장】 송상헌

고려대학교 언어학과 부교수

Modeling Information Structure in a Cross-linguistic Perspective (Berlin, Language

Science Press, 2017), "A pre-trained BERT for Korean medical natural language processing"(공저, Scientific Reports, 2022), "Investigating a neural language model's replicability of psycholinguistic experiments: a case study of NPI licensing"(공저, Frontiers in Psychology, 2023)

【제13장】세키노 다쓰키(関野樹)
국제일본문화연구센터 교수, 총합연구대학원대학 교수
「타임 리솔버-시간명 리소스부터의 시간범위취득(タイム·リゾルバ—時間名リソースからの時間範囲取得)」(『情報処理学会シンポジウムシリーズ じんもんこん 2023 論文集』, 2023), "Data description and retrieval using periods represented by uncertain time interbals"(Journal of Information Processing, 28, 2020)

【제13장 역자】한정균
고려대학교 BK21 중일어문학교육연구단 연구교수
「1960년대와 2020년대 일본 정치 상황의 유사점: 가라타니 고진(柄谷行人)의 「역사와 반복(歷史と反復)」론을 중심으로」(『일본근대학연구』, 2023), 「미시마 유키오(三島由紀夫)의 「문화방위론(文化防衛論)」 속 일본문화의 의미도출 과정: 테리 이글턴(Terry Eagleton)의 문화이론과의 비교연구」(『일본근대학연구』, 2022)

고려대 디지털인문융합연구원 디지털인문학총서 01

디지털 휴머니티즈가 개척하는 인문학
한일 연구자의 대화

2025년 2월 25일 초판 1쇄 펴냄

편저자 고려대 D-HUSS사업단·국제일본문화연구센터
발행인 김흥국
발행처 보고사

책임편집 황효은
표지디자인 김규범

등록 1990년 12월 13일 제6-0429호
주소 경기도 파주시 회동길 337-15 보고사
전화 031-955-9797   **팩스** 02-922-6990
메일 bogosabooks@naver.com
http://www.bogosabooks.co.kr

ISBN 979-11-6587-792-7 94300
      979-11-6587-791-0 (세트)
ⓒ 고려대 D-HUSS사업단·국제일본문화연구센터, 2025

정가 26,000원
사전 동의 없는 무단 전재 및 복제를 금합니다.
잘못 만들어진 책은 바꾸어 드립니다.